**彦根城郭旧観図**（彦根城博物館蔵）
上田道三氏が彦根城郭の原形を復元して描いた作品（昭和33年）

絵画専門学校の卒業制作「風景」（昭和10年図録より）

尾末町の埋木舎旧外観（昭和32年）

# 城下町彦根
# ―街道と町並―

―上田道三が描いた歴史風景―

彦根史談会 編

# はじめに

中山道四百年を迎えた今年、全国各地で記念行事や展示会が開催されています。彦根の町も築城四百年を目前に控え、城下町の玄関口となった鳥居本や高宮の歴史を振り返るとき、これら中山道の宿場町と城下町彦根の密接な関係が浮かび上がってきます。

現在の中山道沿いや旧城下町地域は、大きな戦災にも遭わず、比較的江戸時代の街路もよく遺されています。しかし、昭和三十〜四十年代、商業地域の近代化や自動車を中心とした交通体系整備のため、町の主要道路に面した景観は一変していきました。

そうした時代の変化の中、戦後、中央画壇を離れ、京都から彦根に帰っていた画家上田道三さんは、彦根城をはじめ、町のあちこちに昔ながらの姿をとどめていた武家屋敷・町家などの民家に関心を寄せ、精力的にこれらの景観を描き始められました。彼の書き遺した絵は、彼自身が「記録画」と呼んだように、美術鑑賞のための絵ではありません。その数は、優に二百点を超え、今となっては失われた建物がほとんどとなっており、彦根の歴史景観を伝える貴重な資料となっています。

本書は上田道三さんが描いた絵を紹介するものではありません。上田さんの絵を通じて、当時の上田さんの彦根の町に対する思いを伝えようとするものです。

上田さんは、記録画制作のかたわら彦根史談会の会員として、彦根城だけでなく、武家屋敷や町家など民家の保存を訴え続けました。その遺志は、記録画とともに長く忘れさられてきました。幸いにも、昭和六十一年、ご遺族から上田さんの貴重な記録画のほとんどが、彦根市に寄贈され、また再び上田さんの絵が見直されようとしています。

彦根史談会では、ただ懐かしむだけでなく、これからの彦根の町づくりに何かヒントはないか、上田さんの絵から何を学ぶべきか、そんな思いから、この本をつくりました。

中山道沿いの宿場、鳥居本・高宮からはじめ、中山道と城下町を結ぶ彦根道《ひこねみち》を北から南へ、そして、城下町各地の民家・町並を、上田さんの描いた記録画とともにご案内します。ご案内役は、彦根城博物館の学芸員野田浩子、母利美和、渡辺恒一、彦根市教育委員会市史編さん室の井伊岳夫、小林隆、斎藤祐司の各氏にお願いしました。

また、本書刊行にあたり、上田さんの業績や、彦根の町づくりを見直すため、二つの座談会を開きましたので、あわせてその要旨を収録しました。ご協力いただきました方々にこの場をかりてお礼申し上げます。

本書が、彦根の町づくり、また彦根の歴史と文化を見直すきっかけになれば幸いです。

平成十四年（二〇〇二）九月

彦根史談会会長　中野　修吾

# 目次

彦根城天守前でスケッチする上田道三氏

# 第一章　城下町への玄関口

摺（磨）針峠の登り口にある石碑

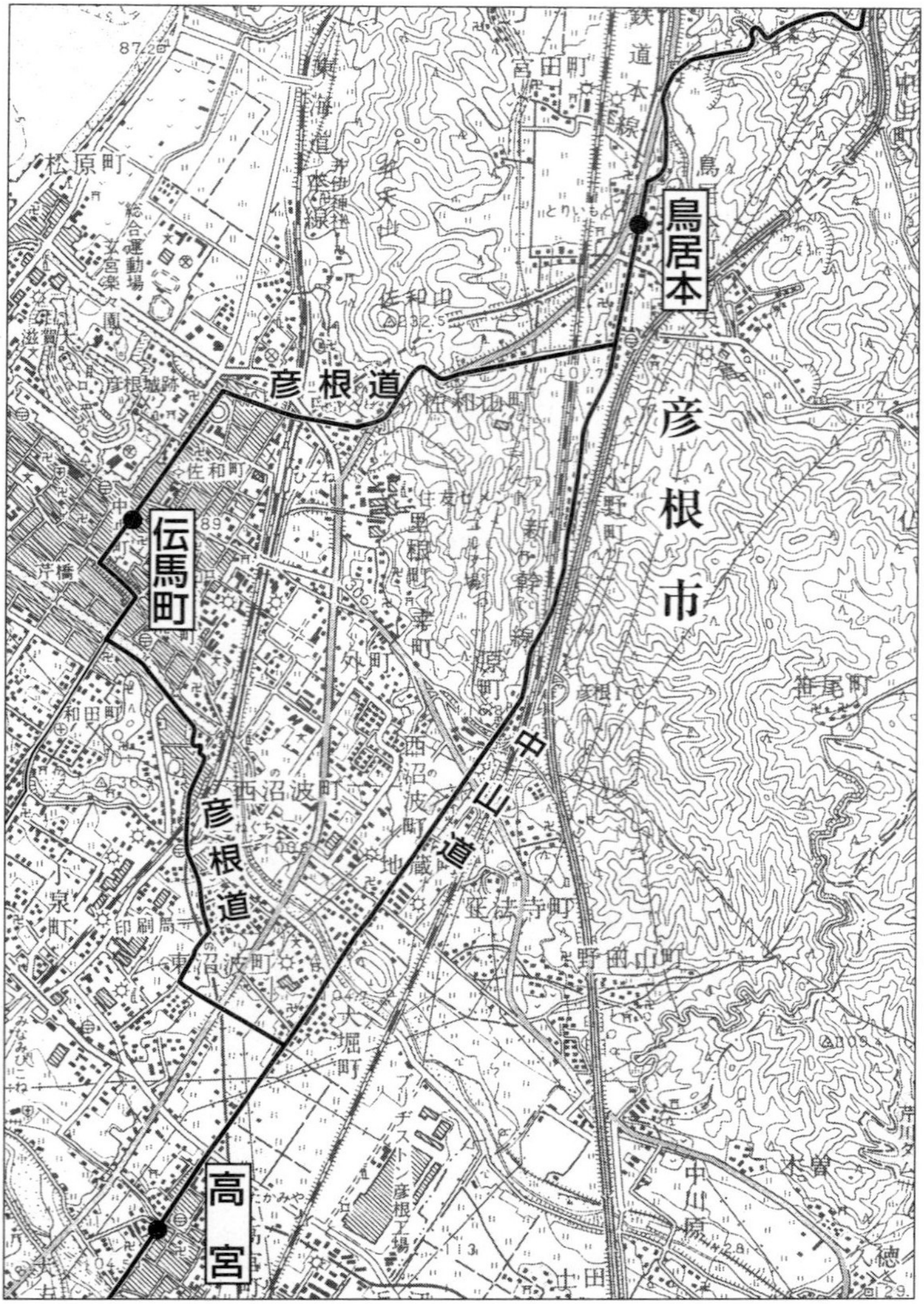
鳥居本
伝馬町
高宮
彦根市
彦根道
彦根道
中山道

# 一　中山道　鳥居本宿

## 摺針峠

**峠のみち**　中山道は、江戸から京都まで列島のほぼ中央を通る街道で、江戸時代の五街道の一つとして旅人や物が行き交った。近江には、東海道との合流地である草津を含め、九つの宿場があった。美濃（岐阜県）から近江に入って最初の宿は柏原、次いで醒井・番場の宿を過ぎると、摺針《すりはり》峠を越えて鳥居本宿に至る。江戸から数えて六十三番目の宿である。

番場宿から鳥居本方面へ向かうと、今は名神高速道路に沿って道がつながっている。ちょうど米原町と彦根市の境界の

中山道分間延絵図（東京国立博物館 蔵）

木曽海道六拾九次　鳥居本（東京国立博物館 蔵）

あたりは高速道路はトンネルとなっておりその上を旧道が乗り越えるように通っている。小摺針峠である。峠を下り、しばらくしてY字に分岐する道を右に進むと、やがて集落に入り、坂道となる。この坂を登りきった所が摺針峠である。今は、内湖が埋め立てられているため、峠から見下ろすと田畑が広がり、湖水は遠くに見えるばかりであるが、かつては眼下に湖面が広がっていた。この絶景を画題として多くの絵師が作品を残している。

**摺針峠の由来**　摺針の名の由来は、次のような民話が有名である。昔、京都で学ぶ学僧が志半ばに去ろうとしてこの峠を通ったところ、老婆が鉄斧を磨っている。学僧がその理由を尋ねたところ、針が折れたので新しい針を作るために斧を磨っていると答えた。気の遠くなる作業を続けようとする姿を眼にした僧はみずからの意志薄弱を恥じ、京に戻ったというものである。この僧は若き日の弘法大師であったという。小倉遊亀の代表作「磨針峠」でも描かれている。またある説では、当地の名産に金石類を磨いて光沢を出す磨石があり、それが地名に結びついたとも考えられている。

なお、史料では「摺針」「磨針」いずれの文字も使われているが、現行地名では「摺針」であるため、ここでも地名としては「摺針」を用いることとする。

**摺針明神宮**　峠に建つ摺針神明宮にはかつて弘法大師手植えの杉がそびえていた。これも磨針の老婆の姿に感銘を受けて京に戻り、高僧となった弘法大師がふたたびこの地を訪れた際に記念に植えた杉との伝承がある。周囲八メートルにも及ぶ大木であったが、近年伐採されて、切り株のみが残っている。

**望湖堂**　峠には当時「立場《たてば》」と言われた宿の中間に位置する休憩所が置かれた。この茶店の名は望湖堂《ぼうこどう》で、ここの名産として「するはり餅」があった。餅を餡で包んだ一口サイズの餅菓子で、草津の「うばが餅」に似ていたと伝え聞く。

旧摺針峠望湖堂

現在の車道からは少し坂を登り、摺針神明宮の鳥居と同じ高さの所に望湖堂は建っていた。現在もその跡地に同様の外観の家が建っているが、かつての望湖堂は平成三年に焼失してしまい、今の建物は外観を元の通りに建てたものである。

玄関脇に建てられた「明治天皇小休所」の碑は火災で焼け残った唯一の物である。明治天皇は明治十一年十月、

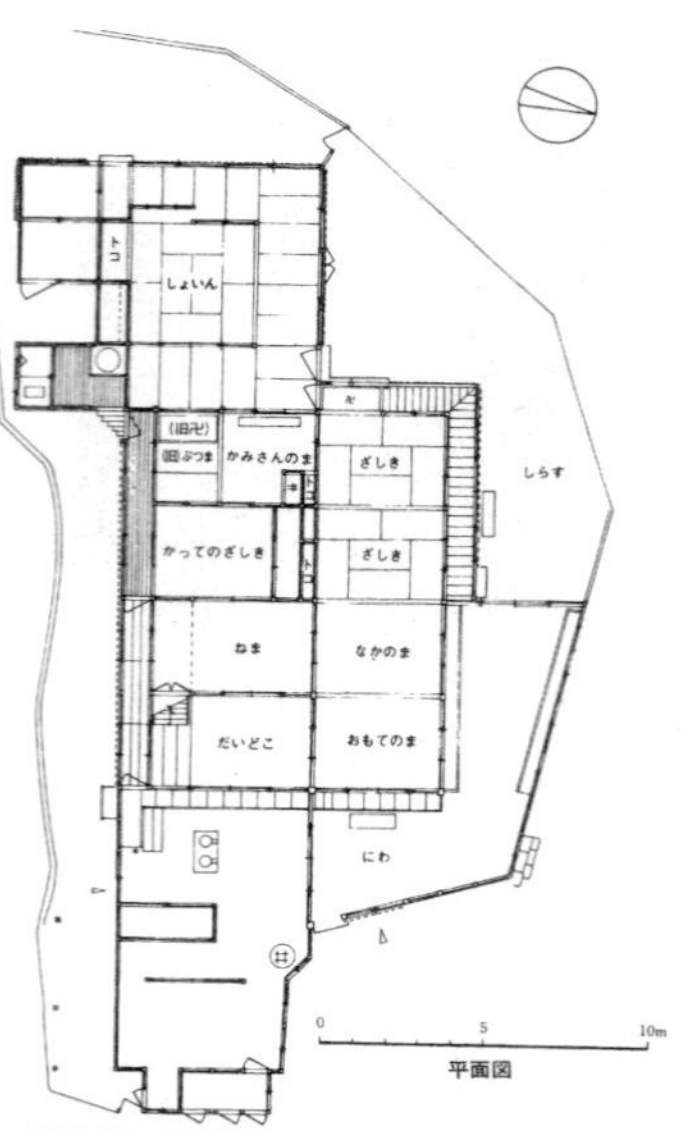

望湖堂図面（『彦根の民家』より）

北陸巡幸からの帰途、ここに立ち寄った。昭和四十年代の調査図面（上図）によると、最も奥に別棟の書院があるが、これは明治天皇が利用するために建てられた入母屋《いりもや》造りのもの。八帖の書院には床の間や天袋・付書院が設けられ、八帖の部屋を囲む「入側」よりも一段高くなっていた。貴人の座所とするための格式ある造りである。南側には天皇のために新築された風呂と便所もあった。

かつて書院には「望湖堂」と書かれた扁額が掛けられていた。これは朝鮮通信使の一行としてこの地に立ち寄った使節の筆になるものである。その他、この地で休息した文人たちの書画が多数伝わっていた。母屋は八室あり、そのうち北半分の四室は旅人が休息を取った部屋である。床の間をしつらえた座敷が二室並んでおり、ここから湖岸の絶景が見渡せた。庶民は土間のにわや屋外に腰掛けて、すり餅で一息ついた。

望湖堂を過ぎると急な下り坂となる。今の道は少しでもなだらかにするため峠から約二〇〇メートル下ると大きなカーブを描いて下る坂道が付けられているが、旧道はまもなく折り返す急峻な坂道であった。新道ができると、旧道の一部は地元の小学生が通学路として使うために階段を整備していたが、今はほとんど使われておらず、草が生い茂っている。

坂を下りきると、中山道と北国街道との分岐点。今は国道八号と交わる地点に「磨針峠望湖堂」という石碑が建っているが、これは昭和五十二年に建てられたもので当時の井伊直愛市長の筆による。本来の街道は、その少し手前で山すそに沿って左にカーブを描く道であり、その突き当たりの地点が北国街道との分岐点であった。北国街道はここから湖岸に沿って北上し、長浜の町を抜けて、木之本、柳が瀬の関所を過ぎて敦賀に通じる。その街道は、今は国道八号となっているため、かつてのおもかげはまったく残っていない。

北国街道最初の宿は米原。江戸時代初期に米原湊が開かれ、松原・長浜とともに彦根藩の三つの湊、いわゆる「彦根三湊」として栄えた。東から来た物資は、摺針峠を越える山道を避けて、番場宿から米原に向かう深坂道を通り、米原湊から船積みされた。古来、東国からの物資は湖東で船積みされ、琵琶湖の水運を使って坂本・大津まで運ばれ、そこから一山越えて京都に入るルートをとった。米原湊の開削は、藩主井伊直孝の命により、寛永年間（一六二四〜四四）に世継村（近江町）の北村源十郎により行われた。中山道から最短距離で湖岸に向かうことのできる街道と米原湊の整備は、当時の主要な流通路にバイパスを付けたといえよう。

（野田）

【参考文献】『近江国坂田郡志』（坂田郡役所　大正二年）
『彦根の民家―彦根市民家調査報告書―』（彦根市教育委員会　昭和五五年）

# 鳥居本宿 ― 彦根とともにできた宿場町

**宿場への入口**　摺針峠の坂道を下り、北国街道との分岐点から左に折れ、旧道に入ると、まもなく鳥居本宿である。この辺りには街道の名残をとどめる松並木がわずかに残っているが、江戸時代からあるような太い幹のものはなく、最近さらに若木が植林されている。幕府の命により街道の両側には松などが植えられ、地元で管理をしていた。その並木は雨や雪、日射しから旅人を守る役割を果たした。

宿の入口には「見付け」が築かれていた。これは土塁もしくは石垣の上に柵を築いたもので、道を挟むように両側に建てられた。どの宿場でも宿の両端に築かれ、鳥居本宿の場合には彦根へ向かう「彦根道」の出口にも築かれた。宿場の領域を区切るシンボルといえる。

**宿の成立**　鳥居本に宿が置かれたのは江戸時代に入ってからで、戦国時代以前には、ここを通る東山道の宿は少し南

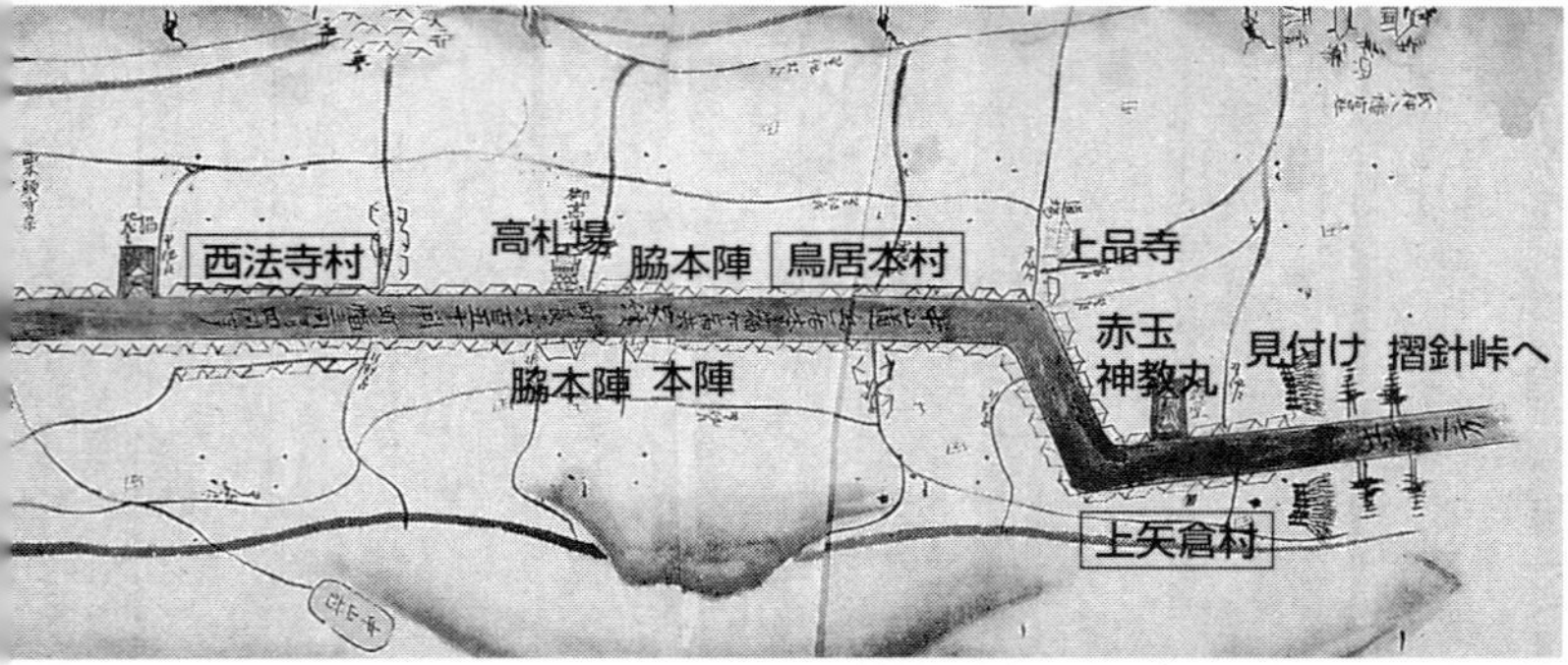

鳥居本宿絵図（高橋家文書：滋賀大学経済学部附属史料館 蔵）

の小野にあった。

古代東山道《とうさんどう》の鳥籠《とこ》駅はやや南にあったと想定されるが、その後、源平の争乱の頃に小野宿の名があらわれる。源頼朝の父源義朝が平治の乱で平氏に敗れて落ち行く途中、東山道を東に向かい小野宿を通ったと『平治物語』に出てくる。その後も京と東国を行き来した人々の記録の中に小野宿で宿泊したことが記されている。鎌倉時代中期には、西大寺を再興した叡尊や『十六夜《いざよい》日記』の作者で息子の所領争いのため鎌倉に出かけて訴訟をした阿仏尼らも小野宿に宿泊している。

関ケ原合戦で勝利した徳川家康が、慶長七年（一六〇二）に中山道を整備した際には、一旦小野宿に宿継をするよう命じている。ところがその後、鳥居本に宿が移されたのは、彦根築城と密接なつながりが考えられる。

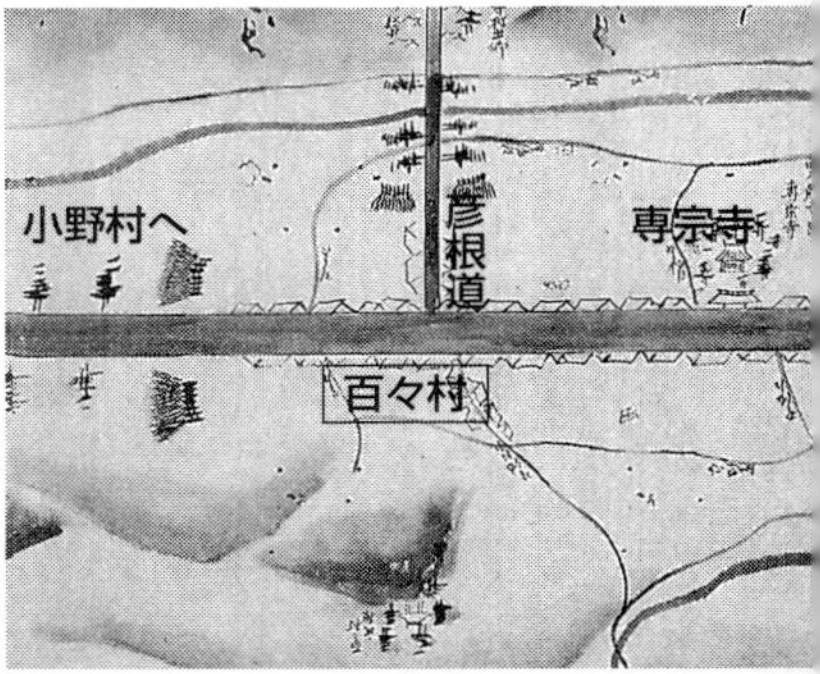


関ケ原の戦功で敵将石田三成の佐和山城を拝領した井伊家が、まず第一に取り組んだのは、新たな城のプランを立てることだった。佐和山城を改修するのも一案としてあったが、湖岸に近く城下町を形成しやすいという点から彦根山に新城を築くことに決まった。この経緯は、井伊家家老の木俣守勝が駿府に行って家康に対面し、新城の計画図を提示したところ、家康がそれを了承し、決定したという。そこでの決定内容には、城下から中山道へ出る二つの脇街道の位置も含ま

れていたという。おそらく、彦根周辺の交通網―各街道のルートや宿場の位置など大部分がこの時に決められたのであろう。

鳥居本に宿場を置くことがこの頃決まったことをうかがわせる新たな資料がこのほど確認された。これまで『彦根市史』などでは、鳥居本に宿場を移した年代は、宿内にある専宗寺の『由緒記』に基づいて寛永年中と言われてきた。ところが、本陣を勤めた家の系図や、問屋の役人を勤めた家の史料の中から、慶長八年(一六〇三)に彦根の地割りをするために江戸から派遣された奉行嶋角左衛門が、小野宿で本陣を勤める庄兵衛に対し、鳥居本に宿を移すよう命じたという記述が確認された。この伝承は享保年中には鳥居本本陣を勤める庄兵衛の子孫から彦根藩を通じて幕府にも届けられているため、当時そのように信じられていたのは間違いない。

では、なぜ専宗寺の由緒で寛永年中(一六二四~四四)とあるのだろう。それは、専宗寺があるのが宿の中でも西法寺村にあたることに起因する。鳥居本宿は鳥居本村および加宿の上矢倉村・西法寺村・百々村からなる。宿の施設は鳥居本村に集中するが、四村の間で家並が途切れることはなく一つの町場を形成していた。このような状態になったのが寛永年中ということである。鳥居本村だけでは家数が少なく、宿場としての機能が充分果たせないため、寛永十四年、彦根藩の判断によりやや西にあった西法寺村を街道沿いに移した。その五年後、寛永十九年に東の山側にあった百々村と上矢倉村も同様に加宿としたと、享保十四年(一七二九)に藩から幕府に届けられている(「御城使寄合留帳」彦根藩井伊家文書)。

**本陣**　このような成立経緯もあり、本陣・脇本陣・問屋場・高札場など、幕府の命により設置された宿場の主要な施設は鳥居本村に集中していた。本陣は、大名や公家・幕府役人などが宿泊したり休息をとる施設で、近江の中山道では草津・守山のみが二軒あり、他の宿では一軒ずつあった。これは利用頻度にあわせてのことである。草津は東海道との分岐点であり、守山は「京発《た》ち守山泊まり」といわれたように京を出発するとその夜は守山で一泊することが多いため、宿泊施設が多かったようである。

鳥居本の本陣は代々寺村家が勤めた。同家に伝わる系図によると、この家は佐々木氏の一族で、蒲生郡寺村（蒲生町）に所領があったため寺村の苗字を称したと伝える。観音寺城主の六角氏の配下にあったが、六角氏が滅亡した後、寺村行隆・規行父子が坂田郡小野宿に居住し、本陣役を勤めた。慶長五年の関ケ原合戦で石田三成の佐和山城が攻撃されると、小野宿も焼き払われたため、慶長八年に江戸からやってきた家康配下の役人嶋角左衛門から、小野宿の代わりに鳥居本で本陣を勤めるよう命じられたという。規行は病身のため武士を諦めて宿場の本陣を勤めていたが、二人の兄弟は長浜城主であった山内一豊に仕えている。江戸時代を通じて同じ場所に本陣を構え、歴

ヴォーリズの設計した寺村家

代がその役職を勤めたが、規行から数えて十代目義貴の代で明治維新を迎え、本陣役は廃止となった。

本陣屋敷は、合計二〇一帖もある広い屋敷であったが、明治になり本陣役が廃止になると、大名の宿泊に利用した上段之間・下段之間・雪隠・湯殿・広間など三三坪が売り払われることになった。

その後、昭和初期には家族の居住空間がヴォーリズの設計による洋館に建て直された。煉瓦造りで暖炉もあるこの洋館は、現在ではヴォーリズの設計した近代文化遺産として高く評価されている。本陣のおもかげは、母屋横の倉庫の門に転用された本陣の門だけが現存している。上田道三氏は、屋敷の南端に残っていた足軽長屋を描き留めているが、今はそれもなくなっている。

**脇本陣**　脇本陣は二軒あり、本陣の向かい側と一軒置いて南側にあった。本陣向かいの脇本陣は早くにその建物が無くなり、その跡が小学校になったが、もう一軒、問屋場も勤めた脇本陣は戦後も建物が残っており、上田氏が外観と間取りを描いている。

上田氏の絵によると、間口のうち左三分の一程は塀があり、かつてその中央に棟門があった旨の注記がある。この棟門から入るのが脇本陣としての施設である。この門から入ると、右手と正面奥の二つの道が付けられている。正面に進んだ方が正式な入り口で、式台の玄関が付けられている。そこから建物に入ると、左手に控えの間・次の間、その奥に上段の間がある。上田氏の絵の中の説明によると、上段の間の中央二帖分は畳を二枚重ねてさらに高くなっており、この周囲

鳥居本脇本陣

を屏風で囲って大名の寝室とした。大名の寝室では、供の小姓らが寝ずの番をしたが、この上段の間は床からの高さが四尺（約一・二メートル）あり、床下に忍んで入ることができないように、床下で寝ずの番をする供侍《ともざむらい》までいたという。一角には六帖の畳敷きになっている大名便所も設けられている。

門をくぐって右に進むと、供侍の使う入り口がある。図中では「友侍」と記されているが、正しくは「供侍」である。

屋敷の南半分、街道に面した棟は問屋場の施設であった。問屋場とは、人馬継立をする施設のこと。人馬継立とは当時の街道輸送のシステムで、ある宿から次の宿まで、その宿に常備した人足や馬を使って運び、それを宿ごとに繰り返して目的地まで荷物を運ぶというもの。そのため、隣の宿から運ばれてきた荷物を下ろし、それを積み替える拠点が必要となる。その施設が問屋場であった。問屋場の最高責任者が問屋で、その他に問屋の役人として年寄なども いた。その下で、人馬の出入りを記録する帳付や、馬方の差配をする馬指などがいた。中山道では、宿ごとに五〇人の人足と五〇疋の馬を常備するよう定められていた。

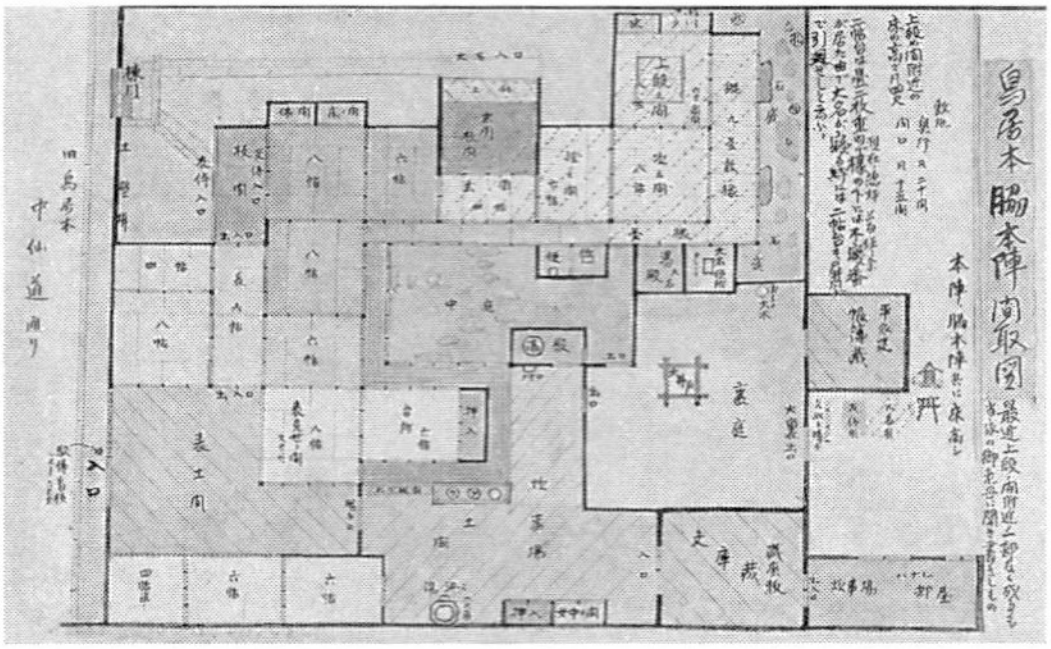


鳥居本脇本陣間取図

問屋場の入口脇に「駅伝所」という看板が描かれており、間取図には寸法—二尺—六尺余—とまで書かれている。この看板は、上田氏が描いた時に掛かっていたものではないが、同家に保管されている明治初期の「鳥居本駅〃伝取締所」の看板を念頭に置いて、看板がかつて掛かっていた風景を思い、描かれたものであろう。

入口を入ると約一〇坪の広い土間があった。土間の中央には、人足らが暖をとるために火を焚いた跡も残っていた。人馬継立の事務作業をする部屋が帳場で、玄関を入って正面にある部屋がそれに当たる。隣の宿から荷物を運んできたり、ここから駕籠に乗って隣の宿まで行こうとする旅人などは、ここに詰める役人に申し出た。問屋場をとりしきるのは、この家の主人で問屋役の太吉であるが、一人だけでこの重職を勤めるのではなく、それを補佐する役がいた。年寄・庄屋などと呼ばれ、鳥居本では近所に住む嘉右衛門らが勤めた。

玄関を入って左側が同家の生活空間で、右側に並ぶ三間続きの部屋は奥側にしか入り口がなく、おそらく奉公人らの部屋だったと思われる。その奥は土間の炊事場で竈が並んでいた。

この脇本陣屋敷は、上田氏は貴重な民家資料と高く評価されていたが、上田氏の調査された時点ですでに脇本陣の施設は取り壊されており、上田氏も画中で、上段の間付近の間取りは同家のご老母に尋ねて描いたと注記している。一方屋敷の外観は、上田氏は当時そのままの光景を描いており、脇本陣の門がなくなって板塀になっているのも、昭和二十五年頃の改修後の景観という。

また、この絵では判りにくいが、同家の方の話では、街道に面している表の庇は同じ街道沿いの商家などよりもかなり広かったという。柱まで一間、さらに半間外に張り出しており、一間半もの広さがあったというが、これは問屋場での荷物の積み替えや休息するための場所として使われたのであろう。なお、この景観は、昭和四十五年頃に改築されるまで残っていた。

**高札場**

高札場《こうさつば》は、問屋場の正面、街道を挟んで向かい側にあった。高札場は宿の中心、問屋のすぐ近くに設置されることが多い。これは、宿と宿の間の距離を計るポイントが高札場とされたためで、高札場と問屋の距離が離れていると、距離をもとに算出される賃銭の設定に誤差が生じることになるためである。

隣の宿までの駄賃は高札に記され、誰もが見えるように掲げられた。これは幕府が公定した賃銭で、幕府役人や大名行列などの荷物を運ぶ場合にこの賃銭で計算されるなど、基準となった額である。大名行列でも一定量を超えて追加する場合や一般の旅行者は、これを基準にしてそれより高額に設定された相対《あいたい》賃銭を支払って人馬を使用した。この相対賃銭は江戸時代後期で公定賃銭の二倍ほどだった。

鳥居本の高札場に掲げられた賃銭を見てみると、行き先は番場・高宮・彦根・米原と四カ所があり、それぞれ内容によって三区分されていた。鳥居本から高宮までは、荷物一駄（四〇貫目まで）と「乗り掛け」（人と荷物二〇貫目まで）は六二文、「から尻」（人のみ、または荷物二〇貫目まで）は四二文、人足一人につき三一文であった。また、夜通し運ぶ急ぎ荷物の場合は、から尻であっても本駄賃と同額になるとの但し書きが入っている。

高札は江戸幕府の民衆支配を象徴する物であったため、明治にはいると新政府によって壊された。

（野田）

【参考文献】『中近世古道調査報告書2　中山道』（滋賀県教育委員会　平成八年）

## 鳥居本の名産 ― 三つの赤いもの

**赤玉神教丸**　鳥居本の名産といえば、三つの赤いものと言われている。赤い丸薬の神教丸《しんきょうがん》、赤い渋紙の合羽《かっぱ》、赤いすいかの三つである。

赤玉神教丸は、その名の通り赤い丸薬で、腹痛・食傷・下痢止めといった効能があった。その名は、多賀大社の神教によって調合したことに由来するという。創業は万治元年（一六五八）頃と伝える。南からまっすぐ伸びてきた街道がほぼ直角に曲がる正面に、大きな店構えが見える。表通りで通行する旅人に販売し、裏手で製造していた。それに従事する職人や番頭などは四〇人を数え、最も多いときには八〇人を数えたという。

当時の旅人は、万一の体調不良に備えて薬を持ち歩いていたが、街道に面しており、かつ名の通ったこの薬は、旅人が立ち寄って買い求めるには適していた。この薬はあまりにもよく売れたため「仙教丸」や「神吉丸」といった類似品まで出回っていたという。そこで、同店には偽薬の注意をうながす看板まで掲げられた。そこには、この薬と紛らわしい偽薬を揃えたり、取次など と申し立てて売り広めようとする者がいるが、この宿では茶屋・旅籠へも売人を出していないので、入用の人は直接お買い求め下さいと書いている。鳥居本宿の中ですら、茶屋や旅籠で旅人に偽物を売りつけようとする者がいたことがわかる。

赤玉神教丸本舗の現況

「近江名所図会」（彦根城博物館 蔵）

もっとも、今では鳥居本の丸薬といえば神教丸であるが、かつてこの近辺には小野村にあった小野丸や百々氏が製法を伝えた百々薬など、それ以外にも特産の薬があったことが「近江木間攫《こまざらえ》」に記されている。

ともあれ、江戸時代後期に作られた「近江名所図会《ずえ》」では、鳥居本の項では神教丸が取りあげられており、この頃には神教丸が鳥居本の名産として諸国に名が知られていたことであろう。絵の中では、立派な店構えの神教丸本舗の店先に腰を掛けて薬を買い求める旅人の姿が描かれており、店の中には、「本家神教丸　有川製」と記された大振りの衝立看板が見える。現在の建物は宝暦年間（一七五一～一七六四）のものと伝えるため、ここに描かれたのも現在ある建物であろう。また、母屋の右手には、明治天皇小休所として増築された別棟がある。

今も昔ながらの製法で作られた薬はレトロなパッケージで販売されており、店頭で買うことができる。

**鳥居本合羽**　合羽も当地の名産としてその名を馳せた。その創始者は馬場弥五郎と伝える。弥五郎は正徳五年（一七一五）三月、十五歳で江戸に出て坂田屋呉服店に奉公すること十数年、合羽の需要に対して供給が伴わず、将来も需要が多いことを考え、合羽の商売をしようと主人に話した。それに感じ入った主人からいくばくかの開業資金と屋号の坂田屋を授けられ、故郷に戻って合羽業を始めたのが享保五年（一七二〇）十月のことという。『近江国坂田郡志』に記すこの内容では、奉公から独立まで十数年とする年数が実際には五年と勘定が合わないが、享保頃から鳥居本で合羽製造が始まったことは間違いないだろう。元文から寛保年間（一七三六〜一七四四）頃には合羽製造業者が十戸を数えたという。

鳥居本合羽といえば渋紙の油紙製の合羽を思い浮かべる。当初は菜種油を塗っていたが、のちに住田屋（角田屋ともいう）が柿渋を使いはじめて防寒具としての価値が高まり、広く用いられるようになった。その色は青染・黒・あめ地の三種類、形状も袖合羽・丸合羽などがあった。

明治以降も販路を拡げ、明治二十年には合羽組合を結成している。その後、雨具としては振わなくなるが、軍隊で防水シートとして利用したために増産され、昭和二十五年には農業用の田植え合羽や包装用油紙など年間一七〇万枚も生産していたという。その後、防水効果の高いゴム製・ビニール製の合羽が普及すると油紙製の合羽は使われなくなり、昭和三十年代後半にはわずかに一・二軒の生産業者を残すのみになってしまった。

現在、街道沿いに合羽形の看板を掲げている家が二軒ある。木綿屋嘉右衛門家と松屋宇兵衛家

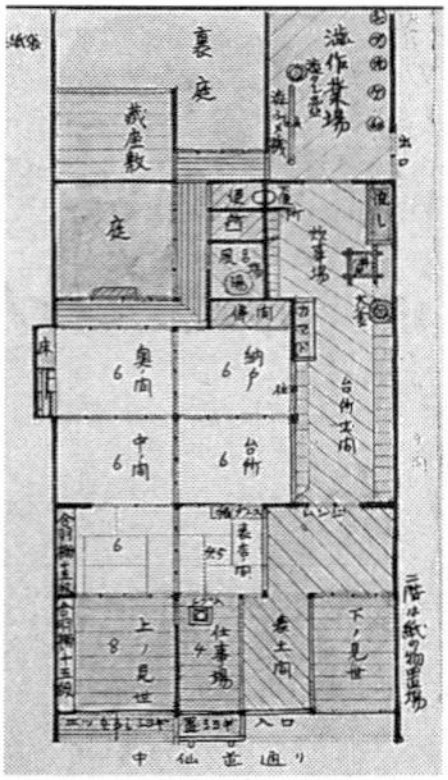

松屋宇兵衛家の間取り図

木綿屋嘉右衛門家の合羽看板

である。嘉右衛門家は合羽製造を開始した年代は未詳であるが、明治時代には合羽組合に加盟していた。昔ながらの町家の軒下に「合羽所」と記した合羽形の看板を吊り下げている。

　松屋宇兵衛家は、文政八年（一八二五）に丸田屋から分家した家で、丸田屋は鳥居本合羽を創始した坂田屋から分かれた家である。二階の軒先に突き出すような格好で掲げられた屋根付きの合羽形看板は遠くからでも目を引く。今は家屋は新しく建て直されているが、町家風の外観で、二階の看板も残っている。合羽製造が振るわなくなると、製縄・筵販売業へと転業したが、合羽製造をしていたころの間取り図が上田氏によって記録されている。それによると、玄関を入った右に「下ノ見世」、左に仕事場と「上ノ見世」「表店ノ間」があり、合羽を入れておく棚も設けられていた。仕事場と「表店ノ間」「下ノ見世」は仕切がなく、玄関を入った客はその場で応対

松屋宇兵衛家の合羽看板（建て替え前）

を受けたことであろう。その奥の田の字型の四間が生活空間で、最も奥には渋作業場もある。和紙に塗る柿渋は、八月中旬に熟す前の柿をつぶしてその汁を搾り取り、約一カ月発酵させて作る。柿渋を絞ったり塗布する作業が、そこでおこなわれた。

**鳥居本すいか**　鳥居本の農産物で特産といえば、すいか。江戸時代から黒い皮の在来品種が作られていた。戦後は各地に普及していた大和種のすいかが生産され、昭和二十四年には一万五五〇〇貫（約五八トン）もの生産量があったという。鳥居本の地形は両側に山の迫った盆地であり、農業で生計を立てる戸数の割合は多いものの、耕地面積は一戸あたり五段とあまり多くない。そのため、彦根の近郊農村として野菜類を作り、彦根に出荷していた。戦後はごぼうやマクワウリなどもリヤカーに積んで彦根へ売りに出かけていた。

（野田）

**【参考文献】**『近江国坂田郡志』（坂田郡役所　大正二年）
『彦根市史　中冊』（彦根市編　昭和三十七年）
『鳥居本村の姿』（鳥居本小学校・鳥居本公民館編　昭和二十五年）

鳥居本宿はずれ矢倉へ

# 鳥居本の町並

鳥居本宿は四つの村から成り、約一キロにわたり、町場が連なっている。北から上矢倉村・鳥居本村・西法寺村・百々《どど》村と並ぶ。天保十四年（一八四三）には、家数二九三軒、人口一四四八人、旅籠は三五軒あり、近江の中山道では、群を抜いて大規模な高宮は例外として、守山・柏原と同じくらいの比較的大きな宿場であった。

街道沿いには町家が何軒も残っている。近代的な建物もなく、市域の中ではもちろん、県内でも数少ない風情ある町並といえよう。

**上矢倉村**　宿の最も北側に位置するのが上矢倉村。北から進むと右方向に弓なりに曲がり、有川神教丸の前で南からまっすぐ来た道とT字に交わる。上田氏は昭和三十二年に茅葺きの家三軒を描いているが（上図）、北側の見付けを入ってすぐの所にある家で、その向こうには松並木も描かれている。これらの家は、ここ二〇年程の内に建て替えられ、今は有川神教丸から少し東に入ったところに一軒だけ茅葺きの家が残っている。このあたりには、地名の由来となった鳥居が建っていたという。この鳥居は、多賀大社のものであるとも馬場村の山田神社のものともいうが、真偽の程は不明である。

有川神教丸の脇から路地を通り国道の方に抜けると、今は国道の向かいに上品寺《じょうぼんじ》がある。かつては神教丸から一軒挟んだ隣に位置していたが、その敷地の中を国道が通ったために、集落から分断されてしまった。石組の上に造られた釣鐘により、そこが寺だと気づく。この寺は、この釣鐘とそれを製作した住職法海坊で有名である。彼は荒れ果てた寺を再興しようと江戸で托鉢をして廻った。そこで新吉原の遊女花里・花扇姉妹らの帰依を受けて釣鐘製作を実現した。その釣鐘には花里・花扇ら寄進者の名が刻まれている。なお、法海坊と遊女らの話を題材に、初世奈河七五三助《しめのすけ》により歌舞伎「隅田川続俤《ごにちのおもかげ》」が作られた。四代市川団蔵らによって好演されて法海坊の名は有名になったが、ここでの「法界坊」はモデルと異なり、恋におぼれる破戒僧という設定になっている。花里・花扇の遺品や釣鐘を運んだ台車が寺に残っている。

**鳥居本村（旧鳥）**　鳥居本村は宿の中心であり、宿の施設や旅籠などが建ち並んでいた。この辺りは昔ながらの町家が何軒も残っており、最も宿場のおもかげがある一帯である。

その一軒、今は旧鳥集会所（次頁写真）となっているが、江戸時代は「米屋」という屋号の旅宿が営まれていた。ここに住む治右衛門は、安政四年、彦根藩普請方の許可を得て、近村の三名とともに民間で湖東焼の上絵付けをおこなった。彼の焼いた湖東焼にはその号「自然斎《じねんさい》」の銘が

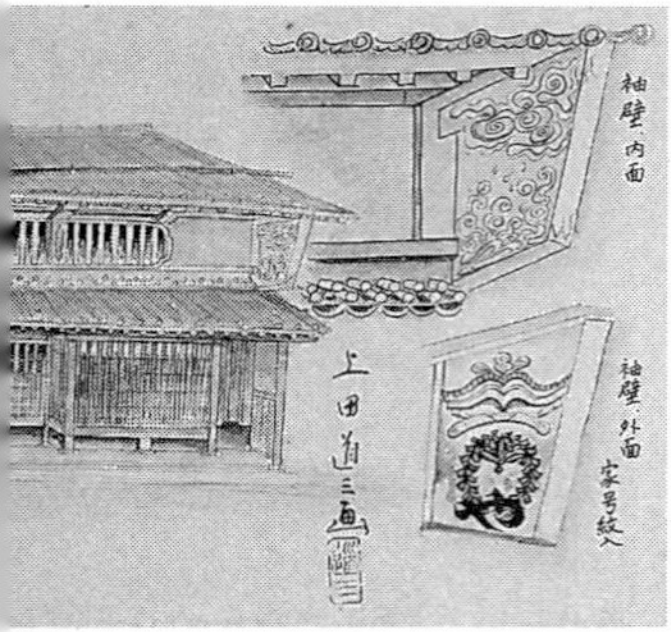


入っている。できあがった作品は、藩に納めるとともに、街道に面した宿屋でも土産物として販売したという。

旧鳥集会所の数軒南には、旅籠大藤《おおふじ》屋がある。風格ある造りで、袖壁には屋号の紋が入っている。上田氏の絵では、その隣の藤屋という旅籠兼左官屋を営む家と並んで描かれているが、藤屋の方は今は建て替えられている。上田氏は大藤屋や藤屋の袖壁の紋もスケッチしているが、これは藤屋清兵衛の手によるものと伝える。大藤屋の袖壁は二百年もの間塗り替えもなく残ってきたが、今や住む人のいない屋敷は手入れもなされず、かなり薄くなってしまった。

上田氏の鳥居本の町並に対する思い入れは強く、この辺りの町家の間取りをいくつも記録している。また、氏は、昭和五十五年に「彦根の夢」という随想（『随想ひこね』所収）で、鳥居本の宿場風景の復元を提唱されている。残っている建物は修理し、なくなっている物は復元して、全国でも残り少ない街道の風景、宿場の面影を観光と学術両面で役立てることを「夢」として語っている。

旧鳥集会所

旅籠屋大藤屋と藤屋

上田氏の描いた町家のうち、すでに何軒もが姿を消してしまった。現在残っている町家も空き家となっているところが多く、このままにしておけば、風情ある町並は消え去ってしまうだろう。上田氏の「夢」をかなえるには、今が最後のチャンスである。

**西法寺村**　更に南に進むと、西法寺村に入る。西法寺村は佐和山麓にあった元の集落（古西法寺）から寛永年間に街道沿いに移された村である。高札場から南はしばらく両側が同村で、専宗寺あたりからは街道の西半分のみが村領であった。西法寺はこのように広いため、さらに分割して京都方面の南から上町・中町・南町と呼ばれた。宿の南の方では上町と百々町が街道をはさんで面している。

町家が立ち並ぶ街道沿いに、大きな門構えの寺が建っている。浄土真宗本願寺派の専宗寺である。街道からも、門の向こうに本堂が見える。その様式から見て、十八世紀後半に建てられたものと推定される。かつては古西法寺にあり、泉山泉寺と号したが、寛永十七年（一六四〇）に洞泉

商人宿　若松屋

山専宗寺と改めたという。おそらく西法寺村を街道沿いに移した際にこの寺地を得て、寺号も改めたと思われる。

専宗寺の北隣に、かつては商人宿若松屋があった。上田氏が絵の中に記した説明文によると、古くからの伊勢神楽の定宿であったという。昼間は表店で旅人相手に煮魚・田楽・甘酒などを売っており、明治以降も表入口で田楽豆腐を焼き、昭和三十年代には豆腐屋をしていた。この建物は、その後建て替えられて今は残っていない。

建物の形式を見ると、自然斎の米屋と若松屋、現存する建物でもう一軒だけが屋根の向きがその他と異なり、妻入造り、すなわち正面から見て左右に屋根が開く形式である。その他の家は平入造りで、玄関の方に屋根が下がってくる形式をとり、二階にはむしこ窓が付いている。上田氏によると、妻入造りの方が古い形態で、江戸期以前からの形式という。

宿の最南端にある百々村については節を改めて見ていきたい。

鳥居本駅舎現況

**明治以降の鳥居本**　明治に入ると、鳥居本の光景は変わってゆく。特に、明治二十二年に東海道線が開通すると、列車は彦根から直接米原へ抜け、鳥居本に旅人の姿が見えなくなってしまった。それから遅れること四十年、昭和六年三月、鳥居本を経由する彦根—米原間に近江鉄道が引かれた。すでに近江鉄道は明治三十一年に彦根—愛知川間の開通にはじまり、南は貴生川まで路線を延ばしていた。彦根—米原線は、昭和三年に開通が決定し、佐和山の麓を開削して線路を引いた。この開通によりかつての鳥居本が甦ると、当時の新聞記事は期待の声を載せている。赤い屋根のモダンな駅舎が注目を集めた。彦根—鳥居本間を四分半で走り、電車賃は七銭であった。（野田）

【参考文献】上田道三「彦根藩時代の民家を訪ねて」（『彦根郷土史研究』第五集　一九六〇年）
『彦根近世社寺建築』（彦根市教育委員会　一九八三年）
『湖東焼—民業湖東の華—』（彦根城博物館編　一九九六年）

# 戦国時代のおもかげ ― 佐和山城と百々村

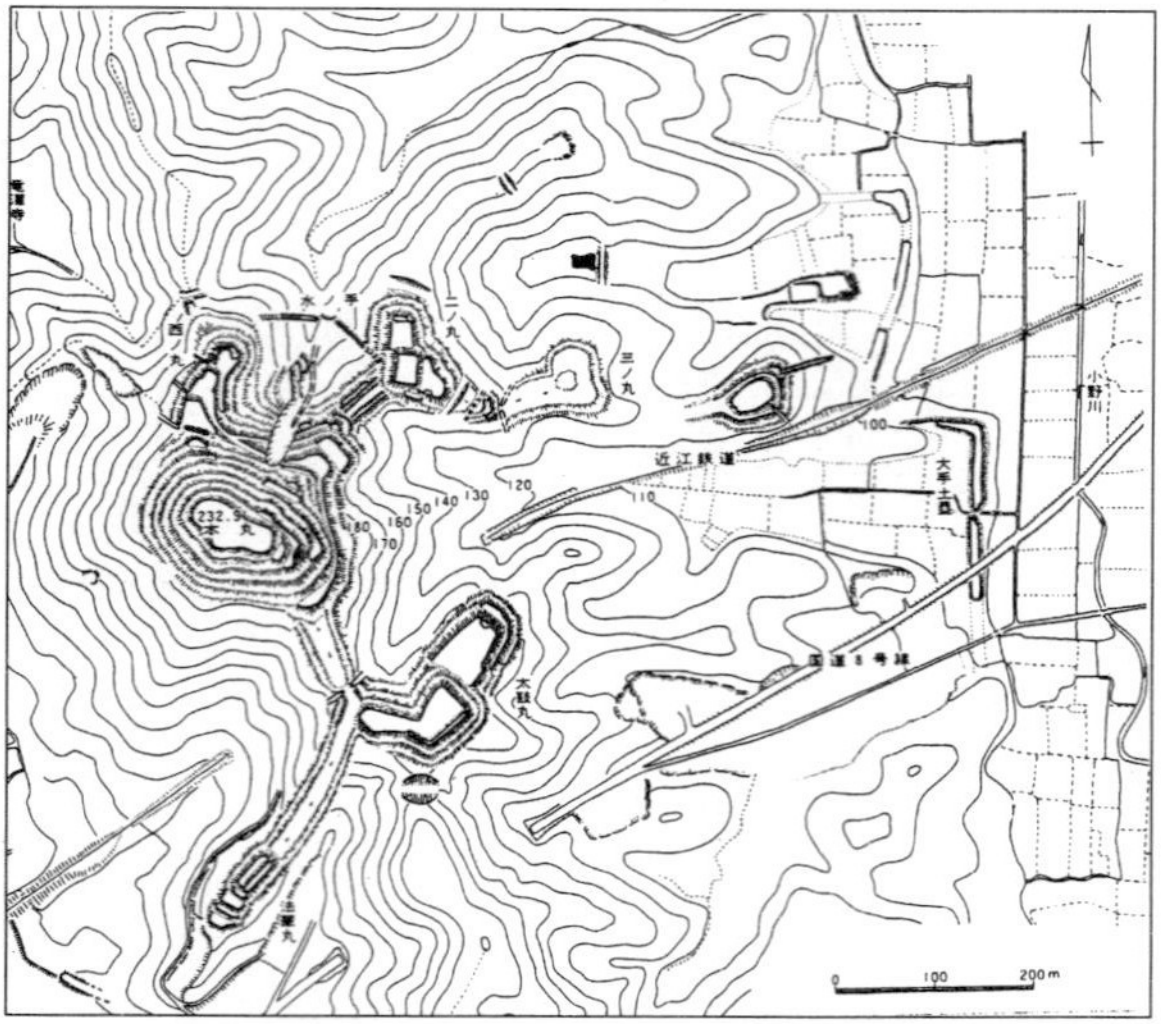

佐和山城跡遺構概要図（中井均氏 作図）

**佐和山城の歴史**　鳥居本の西に位置する佐和山城は、石田三成の居城として有名であるが、佐和山に城が置かれた歴史は古い。ここは東国へ通じる東山道と北陸へ通じる北国街道の分岐点である上、佐和山の北と西は内湖で、東の鈴鹿山脈とのわずかな間に東山道が通っており、戦略上から考えても格好の拠点であった。

佐和山に最初に城が置かれたのは、鎌倉時代初期、佐々木定綱の六男佐保時綱が居城したのが最初という。佐和山は、佐保山・沢山とも呼ばれており、佐々木時綱がここを苗字の地にしたということである。ただ、この時は山頂に城郭を築くといったものではなく、山裾に居館を設けた程度であろう。

その後の佐和山については明らかではなく、応仁の乱後、佐々木一族である北の京極氏と南の六角氏の間で戦いが繰り広げられる中で、佐和山城が注目されるようになった。それは、佐和山の位置がちょうど両者の境界にあたったため、勢力を拡げるにはまず佐和山を手中に収める必要があったからである。まず六角支配下の小川左近太夫ついでその子の小川伯耆守定武が佐和山城を治めた。その後、永正年間（一五〇四～二一）には内紛を続ける京極氏の配下で勢力を伸ばしてきた浅井氏がその家臣礒野丹波守員昌を城主とした。その後も六角氏・京極氏・浅井氏の間で熾烈な争奪戦が繰り広げられた。

**信長・秀吉と佐和山城**　この紛争を吹き飛ばしてしまうような大きな勢力が隣国からやってきた。織田信長である。永禄十年（一五六七）、上洛をめざす信長は浅井長政と手を結んだ。この同盟の証となったのが信長の妹、市で、彼女を長政の妻として小谷城に送ることで同盟関係が築かれた。翌年、上洛を目指す信長は佐和山城に入り、婿である浅井長政と初めて対面した。その後信長への協力を拒否する六角氏を攻撃して観音寺城を落城させ、永禄十一年九月、念願の上洛を果たした。しかしこれで信長の近江支配が完了したわけではない。元亀元年（一五七〇）、浅井氏は越前の朝倉氏と結んで信長に反旗を翻し、六角氏や一向宗、比叡山などの勢力も信長に敵対し、これらの勢力と信長の間で足かけ四年にわたる戦争が繰り広げられた。いわゆる「元亀の争乱」である。

この時も佐和山城は熾烈な戦いの舞台となった。元亀元年六月の姉川の合戦で信長に破れた浅井・朝倉軍は、浅井氏の居城小谷城と磯野員昌の守る佐和山城を拠点とした。佐和山城は丹羽長秀に包囲され、五二名の土豪らが籠城したが、八カ月に及ぶ籠城で兵粮・武器も尽き果て、元亀二年二月、ついに降伏して佐和山城を信長に明け渡した。新たな城主には、佐和山城を攻略した丹羽長秀が就いた。その後、比叡山の焼き討ちや近江の諸勢力との対決の末、天正元年、小谷城の浅井氏を滅ぼして近江が信長の手中に収まった。

丹羽長秀のもと、佐和山城は信長の戦略上の拠点として、重要な役割を果たした。出陣する際の拠点として信長が立ち寄ることもしばしばで、佐和山で作らせた大船を使って、岐阜を出発した翌日に坂本に到着することもあった。その後、信長が安土に壮大な居城を構えると、佐和山の湖東の拠点としての主要な機能は安土に移ってしまった。ただこれは、佐和山ひいては湖東の地は、信長が自ら城を築く場所に選ぶほどの重要なポイントだったことを示す。

信長が本能寺に倒れた後の佐和山城は、織田家の家臣で秀吉方に属していた堀秀政が城主となった。堀は早速城の普請に取りかかっている。これは秀吉の北国攻撃の拠点とするためである。堀はおよそ三年の在城の後、越前北庄へと移っていった。次に城主となったのは、同じく秀吉の家臣堀尾吉晴、天正十八年（一五九〇）に浜松城に転封となるまでこの地で四万石を領した。その次に佐和山を領するのは石田三成であるが、これまで、三成が佐和山城主となった年代には二つの説があった。堀尾が去った後の天正十八年説と、近江八幡城主であった関白豊臣秀次が失脚

江州坂田郡佐和山絵図（彦根城博物館 蔵）

した後の文禄四年（一五九五）の二説である。

近年の研究により、天正十九年五月に秀吉は、古河《こが》公方の嫡流である姫君の女房衆を京から国元の古河鴻巣《こうのす》（茨城県）まで送り届けるために、京都から東山道沿いの城主に対して人馬を出すよう命じているが、その一人に「佐和山　石田治部少輔」があり、この時点で石田三成が佐和山に居城していることが確認される。ただ、この

大手より佐和山城跡を望む（昭和60年頃）

頃三成には近江に所領はなく、秀吉の直轄領を管理する代官の立場での佐和山在城であり、近江に所領が与えられたのが文禄四年というのが妥当なところのようである。（『新修彦根市史編さんだより七』）。

**石田三成の佐和山普請**　三成が佐和山城の普請をはじめたのは、湖北四郡（犬上・坂田・浅井・伊香）を領した文禄四年以降のことであり、領内の百姓や長浜町の職人を集め、城郭の整備をおこなった。現在遺構が残っているのが、この時築かれた本丸を中心に西の丸、二の丸、三の丸、太鼓丸、法華丸などを配した城郭である。本丸は、山頂の平坦地であるが、遺構は全く残っていない。近年わずかな石垣が確認されたが、同時期に作られた近江八幡城や水口《みなくち》岡山城の例から考えて、おそらく当時は惣石垣の城郭であり、その遺構と考えられる。佐和山城の石垣は、彦根城を築城するにあたり転用されたとの伝承があることから、運び出されて現存していないのであろう。

**佐和山城のおもかげ**　佐和山城の大手は東側、鳥居本側にあたる。東山道に正面を向ける城という格好になっていた。かつて

本丸跡に残る石垣

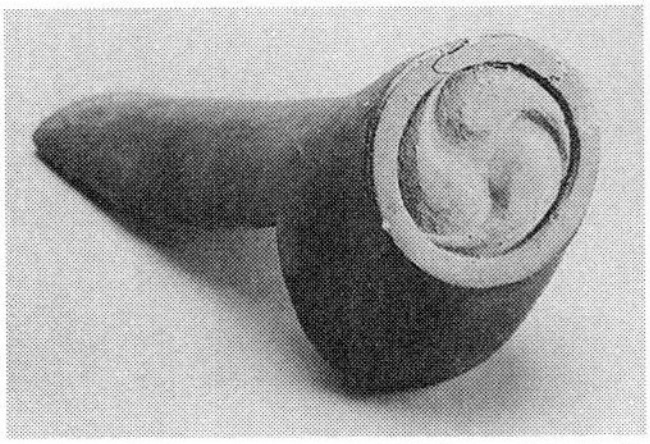
佐和山城跡出土　巴紋鳥伏間瓦　龍潭寺蔵

の大手道周辺は田畑となっており、その遺構が確認できる。国道八号を佐和山トンネルから鳥居本方面に約五〇〇メートル過ぎたところにある「つるやゴルフ彦根工場」手前の道が佐和山城の本町の通りで、この道を北側に折れてすぐに左に、佐和山を正面にのぞむ道がある。これがかつての大手道である。大手道から城の方に向かうと、約五〇メートルで鉤《かぎ》状に曲がっている。大手枡形の跡と思われる。そこからさらに進むと今は両側に田畑が広がっているが、かつては侍の屋敷が立ち並んでいた。その向こうには近江鉄道の線路が通っており、そこから先に進むことはできない。

本町の通りは内堀と外堀の間を通っており、内堀の内側には、大手門を挟んで八五間（約一五三メートル）の土塁が築かれていた。今もほぼ同じ長さの土塁跡が残っている。この土塁のほぼ中央、大手道と土塁が交わるところに六間（約一〇メートル）の

宗安寺の赤門現況

大手門があったという。この大手門はのちに彦根城下の宗安寺《そうあんじ》の表門として移築されたと伝える。土塁の外側を流れる水路は元の内堀で、外堀は小野川として小野から佐和山の東麓を北に流れ、琵琶湖に注いでいる。

このように見ていくと、石田三成の築いた佐和山城の跡は、関ケ原の敗戦によって主要な部分が焼失してしまい、彦根築城に伴って建造物や石垣などが運び出されたため、一見したところその跡を目にするのは難しいが、地形や道路・水路を丹念に見ていくとかつての城をしのぶことができる。今後、発掘調査を進めてさらなる城跡の解明が期待される。

**百々村**　鳥居本宿を構成する四村のうち、最も南に位置するのが百々《どど》村である。この地も戦国時代のおもかげを見つけることができる。

室町時代、この地には百々氏が勢力を張り、館を置いて住んでいた。その祖、百々盛通は、伊予国（愛媛県）の豪族で室町時代には同地の守護大名であった河

阿弥陀堂

野氏の分家筋にあたる河野通春の長男という出自を伝える。盛通の母は近江守護の京極氏の一族、京極中務丞高経の娘で、盛通はこの外祖父のもとに身を寄せていたところ、高経が京極持清から戦功として坂田南郡小野庄と百々村を賜わり、その縁で盛通は百々村に居住した。応仁の乱の際には摺針峠に将軍家が関所を置き、盛通がそこを守ったという。その子孫も百々館に居住していたが、信長の佐和山攻略の際には丹羽長秀が百々館に入っていたことがわかっており、攻略されてしまったのであろう。その子孫は、江戸時代に帰農して百々村に居住したという。江戸時代末期には七軒があったという。その一人百々彦右衛門元信は、長野義言の弟子で、嘉永四年（一八五一）、師に対してみずからの履歴を提出している。そこではみずからは盛通より十二代の子孫で、「本照亭主人」と称している。なお、彦右衛門は百々村の街道沿いに住み、慶応元年には横目という村の役を勤めていた。

盛通の菩提寺として天台宗の百々山本照寺が建立されていた。彦右衛門の履歴書によると、百々一族は本照寺の跡地に居住しているると述べているため、本来は街道からその東側にかけて、本照寺があったものと思われる。その辺りの字《あざ》として「本照寺」「本正寺」と記す図も残っている。

元亀三年（一五七二）信長の鳥居本攻撃の頃に本照寺も廃絶するが、梅本坊なる人物が本照寺持仏堂の永続をはかり本尊を奥の別院に秘仏として隠し、本照寺の境内に八幡宮を建て、百々村の崇敬社とした。つまり表向きは八幡宮であるが、実は本照寺の持仏堂として守ってきた。大正八年の合祀の勅令の際に調査したところ、奥の院の秘仏の阿弥陀如来が確認されたため、八幡宮だけを山田神社に合祀して、従来の神社を百々組の阿弥陀堂（前頁写真）と改め、今に至るまで地元の人々によって守られている。

百々村には彦根方面へ向かう「彦根道」の分岐点があり、今もその角には道標が建っている（写真）。

道標現況

百々村から中山道を南へ向かうと、南の見付けで宿場を出て、小野村へ向かう。さらに原村・地蔵村を過ぎ、芹川を越えて大堀村を通り、次の宿場高宮に到着する。

（野田）

【参考文献】『佐和山城とその時代』（彦根城博物館編　一九九二年）
『ふるさと鳥居本』（ふるさと鳥居本編集委員会編　一九七九年）

# 二　中山道　高宮宿

## 無賃橋

**広重が描いた高宮宿**　旧中山道を愛知川町から北へ向かうと、豊郷町を経て彦根市に入る。この辺りは欅と松の並木が、かつての街道の雰囲気をよく伝えている。出町から葛籠《つづら》町・法士《ほうぜ》町へと道路の両側に町並が続く。現在彦根市内の町である各町は、江戸時代はそれぞれが独立した村であった。街道沿いの村の多くは、各家が街道に面する形で細長い集落を形成する傾向にあるが、これらの村もそうであった。葛籠町村は、籐細工の生産が行われたことが村名の由来であることを、十八世紀の地誌「近江《おうみ》木間攫《こまざらえ》」は記

葛籠町の松並木（昭和60年頃）

す。農業のための水利条件に恵まれず、かつ街道沿いの利便さが、籐細工のような村の生業を発達させたといわれる。

葛籠町から法士町をわずかに蛇行する街道を進むと、江戸時代には、法士村の集落を抜けた村境近くに一里塚があった。そこから街道を北東へと進み、緩い坂を上がると、犬上川に架かる無賃橋にいたる。

「木曽海道六拾九次之内高宮」（東京国立博物館 蔵）

上の絵は、天保年間（一八三〇～一八四四）に歌川広重《うたがわひろしげ》が「木曾海道六拾九次」で描いた高宮宿である。

現在の無賃橋の南橋詰めの地点から、すなわち犬上川をはさみ対岸の高宮宿を見通す構図で描いている。旅人の背後にみえる町並が中山道高宮宿である。絵をみると、人々は街道から川原へ坂を下り、歩いて川を渡っている。川にはほとんど水がなく、何本かの流路もしくはその跡がみえる。犬上川は鈴鹿山系の三国岳を水源とし、琵琶湖に注ぐ。勾配のきつい川であったため、普段は水量はないが、大雨などにより急激に増水した。この辺りでは高宮川と呼ばれた。通常は歩行越えであったが、増水により川止めとなることもすくなくなかった。

もう少し詳細に絵を眺めると、川原に木の枠が立てられていることに気付く。これは、増水時に板を渡して用いる仮橋の橋脚か、あるいは水に濡れてはいけない荷物をはこぶ「荷物川越台」であったと考えられる。この絵では、江戸時代末期に設けられたような恒常的な橋の姿はみられない。

**無賃橋の成り立ち**　犬上川には、江戸時代中期以降には仮橋が架けられるようになったと推測されるが、その始まりははっきりとしない。橋に関するもっとも古い史料は、元禄十五年（一七〇二）、高宮村問屋と庄屋らが同じ村の久左衛門に、「高宮川橋徳用」を売り渡した証文である。「徳用」とは橋の通行料と推測されるので、犬上川（高宮川）に何らかの橋が架けられ、通行人から料金を徴収する権利を高宮村がもっていたことがわかる。明和四年（一七六七）には、幕府の役人が夜間通行に用いる仮橋を設置することを彦根藩へ願い、許可された。宿で勤める川越人足の負担を軽くするためであった。仮橋は中山道往還筋より下流側に設け、通常は片づけておく、というものであった（馬場家文書・塩谷文書　滋賀大学経済学部附属史料館保管、以下同じ）。

橋が無賃橋となったのは、天保三年（一八三二）からである。同年、江畑茂平・上田与三右衛門・馬場新蔵・馬場庄蔵ら高宮村の有力者が他の高宮村民がもっていた「高宮橋株」の権利を買い取り、周辺地域の有志からも資金を募り、通行人から料金を徴収しない無賃の橋、すなわち無賃橋の運営を始めた。これは、地域社会の要求に応えた社会事業的性格のものであったと思われる。一〇年余りのちの天保十四年に描かれた絵図（次頁上図）では、橋はまだきわめて簡易な構造で、二本に分かれており、一方が板葺きで他方が藁のようなものが敷かれている仮設的なものであったことがわかる。

無賃橋石標の現況

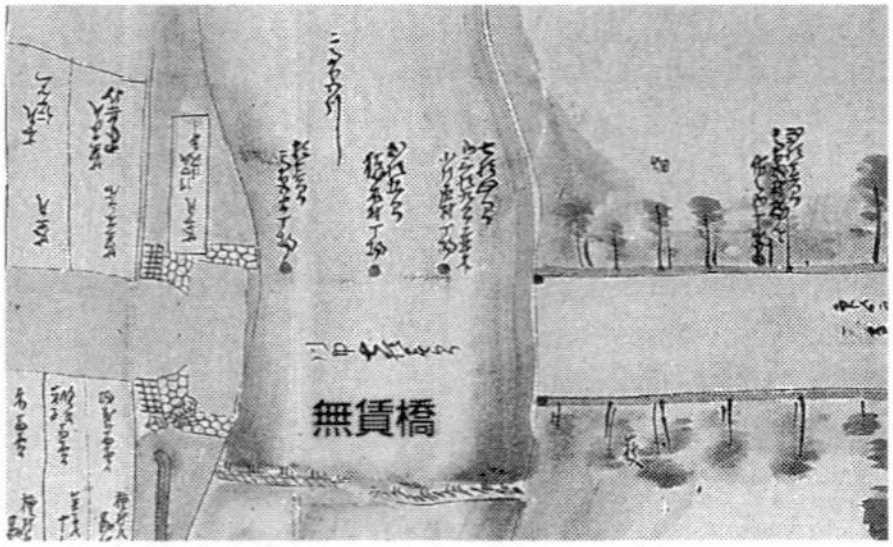


「枝村より高宮宿絵図」（部分：滋賀大学経済学部附属史料館保管塩谷文書）

現在、橋の北詰に天保三年十一月の年月を刻んだ「むちんはし」の石標が建っている（上左写真）。無賃橋の開始時に建てられたものと考えられる。また、嘉永五年（一八五二）には、彦根藩から無賃橋の石標を取り除《よ》けるよう命じられた橋の世話役たちが、無賃橋と知らない旅人から通行料金を取る者があらわれないように、料金不要の旨を書いた板札を建てられるように出願している史料も残っている。なぜ、彦根藩が石標の取り除けを命じたかは不明である。かつては橋の両詰めに二基建てられていたが、明治三年（一九七〇）の洪水で流失し、大正八年（一九一九）に一基が発見され、現在地に建てられたという。

橋の運営は、発起人の一人であり、高宮村の有力者であった馬場家が資金面の中心となり、宿役人の問屋であった塩谷《しおのや》家が橋の管理をおこなった。橋の北詰の堤防上に建てられた茶屋の川口屋長兵衛が詰所などの役割を果たしたと思われる。

**和宮下向と御馳走橋**　文久元年（一八六一）十月二十日、仁孝天皇の皇女和宮は、公武合体政策が進められるなか、徳川家

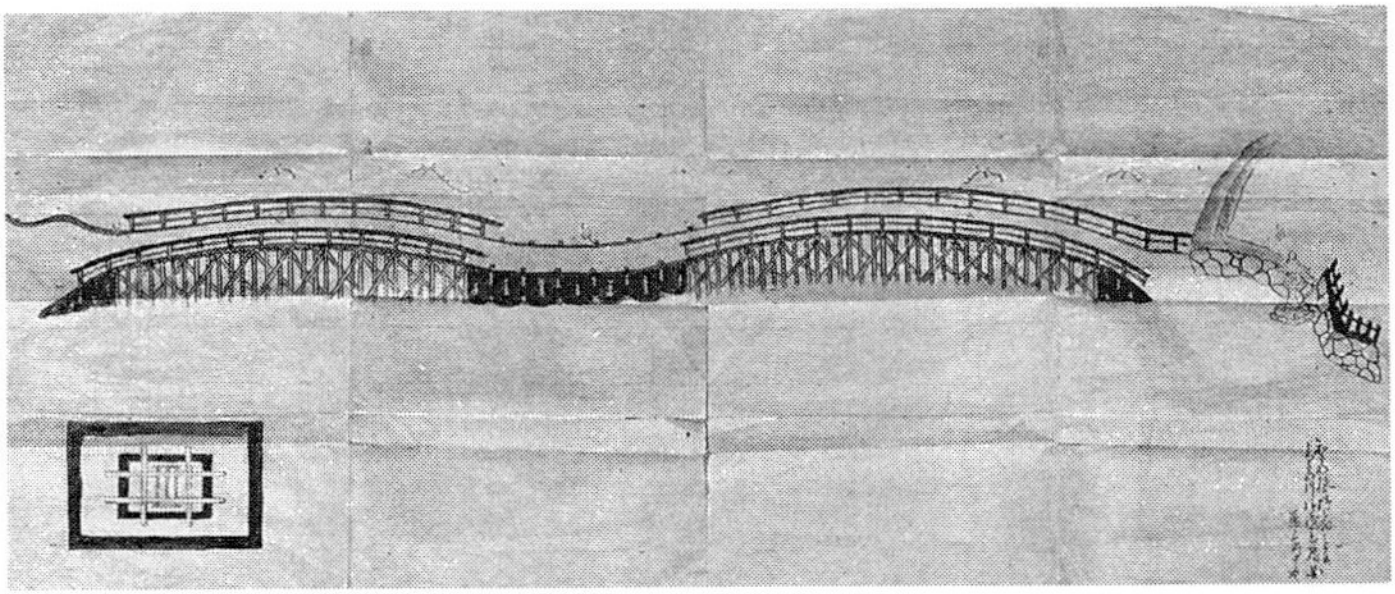

御馳走橋図（塩谷務氏 蔵）

茂との婚儀のため、中山道を京から江戸へ向かった。愛知川宿に宿泊した和宮は、高宮宿で休憩した。彦根藩からも藩士が出役し、宿場・道中には厳重な警備体制が敷かれた。この時、和宮が犬上川を渡るために、上図のような御馳走橋が用意された。

橋の構造は、両岸をひとわたしに架けるのではなく、中洲に橋の受け台を築き、各岸と中洲の間に二本の橋を渡している。川幅が七一間（約一二九メートル）あるので、橋の全長もほぼ同じ長さであろう。この橋は、これより前の時期の仮橋にくらべ、構造的に堅固なものとなっている。また、大水に対しては十分な強度はもっていないものの、仮橋から恒久的な橋への変化の過程にあるものと位置づけられる。ただし、前年の万延元年（一八六〇）九月に描かれた高宮宿絵図にも同様の構造の橋が描かれていることから、橋は和宮を迎えるために新たに建築されたものではなく、従来あった橋（無賃橋）を修繕・改築し、御馳走橋とした可能性が高い。

なお、平成十三年夏、この橋の復元模型（長さ約四メートル）が高宮学区連合自治会と彦根城博物館の共同で製作され、

御馳走橋（無賃橋）復元模型

高宮橋（無賃橋）の竣工式（昭和７年）
（和田敬一氏 蔵）

中山道高宮宿ふれあいの館で常時展示されている（上右写真）。

**維新後の無賃橋**　和宮の御馳走橋は短期間でなくなる。すでに慶応元年（一八六五）の絵図では、別の橋が架けられている。その後、明治三年（一八七〇）の大洪水により橋が流され、同五年から数年間、橋の維持のため、通行料を徴収した時期もあった。さらに明治二十五年に架け替えられた橋は以後四〇年余使われ、昭和七年、鉄筋コンクリートの橋となった（上左写真）。

この橋は昭和四十年の台風により大きく欠損したが、修築され今に至っている。仮設の橋から恒久的な橋へと橋の構造は大きく変わり、無料の橋が当り前のこととなった今でも、無賃橋の名はその歴史とともに、地域の人々に親しまれている。

（渡辺）

# 本　町 ― 本陣・脇本陣・問屋

**本町周辺**　無賃橋を渡ると、左手に「むちんはし」石標が建ち、むちん橋地蔵尊が鎮座する。旧中山道は堤防から緩やかな下り坂となり、旧高宮宿の町並へと入ってゆく。通りの両側は商店が軒を連ね、古い木造建築の家屋が多く見られる。高宮宿は、南から街道沿いに本町・中町・七軒町・高橋・宮町・中北・大北と続く。本町は無賃橋から旧問屋・脇本陣塩谷家を過ぎた辺りまでである。

　平成十二年度に実施された彦根市史景観部会の景観調査によれば、旧高宮宿には、昭和二十年（一九四五）以前の建物が七〇棟、うち明治元年（一八六八）以前の建物が三九軒現存し、江戸時代の宿場町当時の様相をよく残しているという。文化元年（一八〇四）の高宮宿絵図によれば、宿場の南端から北端の距離は七町五四間、約八六〇メートルにわたる。道路幅は、軒先の溝が暗渠化されたため、今は少し広くなっているが、ほぼ江戸時代のままとみられる。

　橋詰から一五〇メートルほど行くと、向かって左手に円照寺があらわれる。同寺は、明応元年（一四九八）、高宮城主高宮氏の重臣北川九兵衛が本願寺門跡実如に帰依し、建立したのを始まりとする。広い境内地には、徳川家康が大坂陣後に関東へ向かう際に腰を懸けたと伝えられる「家康公腰懸石」がある。通りをはさんで円照寺の向かいには、かつての本陣跡が残る。さらに五〇

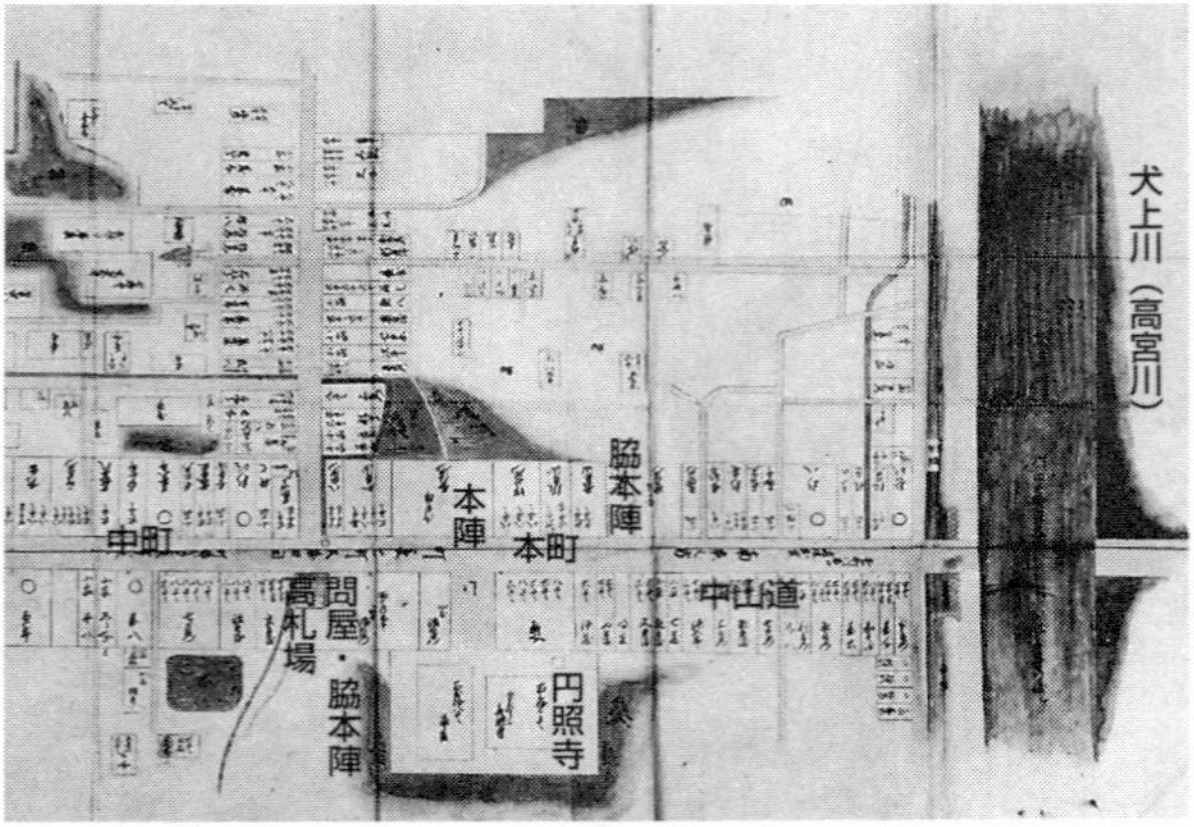

文化元年　高宮宿絵図（部分：滋賀大学経済学部附属史料館保管塩谷文書）

メートル北には、高宮の歴史を紹介する中山道高宮宿ふれあいの館があり、その北隣に宿役人の問屋とともに脇本陣も勤めた塩谷家がある。もう一軒の脇本陣は本陣から南側に五軒おいた所にあった。この地区には宿駅の施設が集中していた。

**本陣・脇本陣**　高宮に宿駅が設置されたのは、中山道が開設された慶長七年（一六〇二）六月である。中世に市の立つ商業地であったが、宿でなかった高宮が宿駅となったのは、彦根築城・城下町建設、交通網の整備の一環であったと推測される。

　本陣・脇本陣は、大名・公家などの公的旅行者が宿泊や休憩をする場所であった。高宮宿には本陣が一軒、脇本陣が二軒あった。本陣は、小林太左衛門家、幕末には小林嘉十郎家が勤めた。本陣の屋敷は現存しないが、かろうじて表門が遺されている（次頁写真）。

　天保二年（一八三一）の高宮宿本陣絵図（塩谷

旧本陣門の現況

文書）では、通りに面した間口は十五間四尺（約二八メートル）あり、街道から向かって右側（南側）半分は、勝手方や料理場であった。左側（北側）半分の門のある側は、大名らが宿泊する表向きの部分で、門から入った宿泊者は、白砂が敷かれた庭を通り、式台のある玄関から上段の間へと迎えられた。

**問屋**　問屋と脇本陣は塩谷家が世襲で勤めた。問屋は、宿場の荷物運送の中心的な役割を担った宿駅役人である。江戸時代の街道荷物は宿継《しゅくつ》ぎで輸送され、問屋場では、新たな人馬に荷物が積み替えられた。問屋は、馬指《うまさし》や帳付などの役人を使い、この荷継の業務を取りしきった。また、大名など大規模な行列が通行する際に、助郷《すけごう》の村と連絡を取り、荷を運ぶ人馬を調達するのも問屋の仕事であった。

天保二年（一八三一）の高宮宿脇本陣問屋絵図（塩谷文書）を見ると、間口が七間半（約一四メー

旧高宮郵便局（塩谷務氏 蔵）

トル）で、街道に面した間口の半分以上が街道から奥まっている。その南側半分が板の縁側のある庇下の空間となり、建物内の土間と八畳間とあわせて問屋場となっている。ただし、荷物の荷継ぎが行われる場所としてはいささか手狭なので、荷継ぎが行われる別の場所が宿場内にあったのかもしれない。また、残る北側半分は脇本陣の門と高札場となっていた。

高札場は、江戸時代後期には、石垣の基礎の上に屋根付きの掲示台が設けられ、数枚の幕府法令を記した高札が掲げられた。高さ一丈三尺（三・九四メートル）、巾一丈三尺、奥行き一間（一・八メートル）余りの巨大な施設であった。

明治になると、郵便制度の整備が進む中、各宿駅に郵便取扱所が置かれ、高宮では塩谷家が勤めた。江戸時代に問屋であった同家に蓄積されていたノウハウが郵便に活かされた。問屋が郵便取扱所となり、その後、郵便役所・高宮郵便電信局・高宮郵便局と名称を変えながら、昭和四十一年に現在の郵便局の場所に移転するまで、かつての問屋場の場所に郵便局があった。この事例は、地域における近代的制度導入の過程を考える上でもたいへん興味深い。

（渡辺）

## 中町・多賀大社一の鳥居付近

**中町周辺**　塩谷家前の高札場跡から右手に高宮寺《こうぐうじ》へ通じる高宮寺道の街路がのびる。一方、旧街道をさらに北へ行くと中町に入る。このあたりは本町とともに江戸時代、旅籠屋《はたごや》が多くあった所である。一〇〇メートルほど進むと本陣を勤めた小林太左衛門家の居宅跡に、松尾芭蕉ゆかりの旧跡である紙子塚《かみこづか》がある。そのまま北へ進み太田川を越えると、多賀大社一の鳥居の前に出る。鳥居の右脇の太田川付近は「憩いのポケットパーク」として整備され、高宮地域文化センター・高宮出張所の敷地と連なる。

　旧街道を離れ、高宮寺道や中町の小道から町の東側の新町・上出地区などに入ってゆくと、白壁の立派な蔵が建ち並ぶ落ち着いた佇まいがみられる。宿場町は街道沿いに両側町を形成し、街区全体として

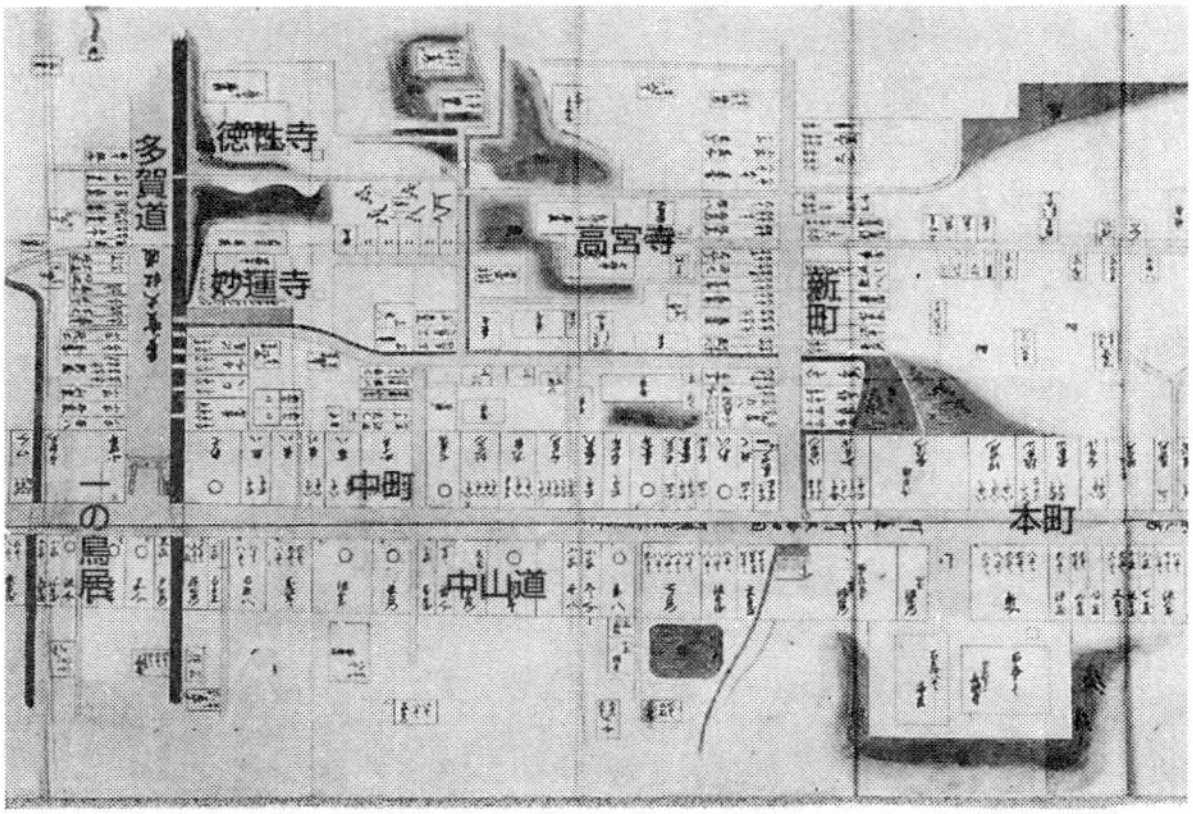


文化元年　高宮宿絵図（部分）

上出地区の不破家住宅付近現況

は細長い形状となるのが一般的であるが、高宮の場合、街道から奥まった所まで街区が広がり、特に街道東側は奥行きのある町となっている。高宮の町の景観の重要な特徴である（上写真）。
また、上出《うえで》・五社《ごしゃ》・東出《ひがしで》地区には妙蓮寺・高宮寺・徳性寺の寺院が集まっている。妙蓮寺は、関ケ原合戦の時に東本願寺初代門跡教如の危機を救い、慶長十六年（一六一一）に道場から寺院となった。高宮寺は、鎌倉時代以来の時宗の古刹。時宗二世他阿真教《たあしんきょう》を開基、切阿《せつあ》を開山とする。戦国時代以前、高宮城主高宮氏の氏寺であり、高宮城落城時に焼失したが、江戸時代に復興した。徳性寺は、のちに永源寺住持となり、彦根藩四代井伊直興《なおおき》の信仰が厚かった南嶺《なんれい》が、慶安四年（一六五一）に開いた寺院である。なお、高宮寺境内に五社明神社があるが、江戸時代には同寺東側字五社の地にあった。

「近江名所図会」高宮駅（彦根城博物館 蔵）

この地区にある高宮小学校の校地は、戦国時代の武将高宮氏の居城であった高宮城跡と伝えられる。江戸時代後期に描かれた高宮宿絵図では、この場所は広い藪地となっており、周辺部にわずかに屋敷地が見られるのみであり、積極的な土地利用は行われていないようである。

**多賀大社一の鳥居**　中山道から多賀へ分岐する道は、多賀大社への参道でもあり、多賀道あるいは多賀大社道と呼ばれた。この分岐点に多賀大社一の鳥居がある。現在の鳥居は、多賀大社復興のため寛永十年（一六三三）から十五年まで行われた「寛永の大造営」の際に建てられたものと推測される。鳥居の扁額は、青蓮院門跡尊純親王の染筆という。また、石鳥居建築以前に木の鳥居があったことが多賀不動院住持であった慈性《じしょう》の日記の記述により知られている。

文化十一年（一八一四）に出版された「近江

鳥居前の旧景観（彦根市高宮出張所 蔵）

名所図会」では、高宮駅の紹介としてこの鳥居付近の光景が描かれている（前頁上写真）。画面左手には鳥居が見え、多賀道が分岐する。右側には旅籠屋の仙台屋と高宮嶋の織元の商店が軒を並べる。中山道には旅人、輸送業者、商人、近隣の農民などが往来する。宿場町であり、かつ参詣の門前町であり、在郷の商業地であるという複数の要素をもつ高宮のにぎわい様相が活写されている。

鳥居周辺の光景も大きく変化してきた。かつて多賀道は中山道で突き当たりとなっていた（上写真）。多賀道は県道多賀・高宮線となり、昭和三十三年、国道八号への道路が新設され、県道が一の鳥居をくぐり抜け、中山道と交差し、国道八号に通じる現在の形となった。同年に国道八号が犬上川を渡る千鳥橋が完成し、同線がこの地域の幹線道路になったことにともなう変化であった。

旧高宮町役場（彦根市高宮出張所 蔵）

一の鳥居の南側には、現在、高宮地域文化センター・彦根市高宮出張所があるが、この場所には、江戸時代、高宮村の惣蔵（郷蔵）があった。この土地の公共的性格は近代以降に受け継がれ、公共施設が建てられてきた。明治八年（一八七五）には、高宮小学校舎が建てられ旧本陣から移された。その後、明治三十三年に小学校は現在地へ移転し、翌年、校舎を修築し、高宮村役場が置かれた。大正元年（一九一二）、町制がしかれ高宮町となり、同四年、高宮町役場庁舎、つづいて高宮町公会堂が新たに建てられた。昭和三十二年には、高宮町が彦根市と合併し、高宮町役場は彦根市高宮出張所となった。平成元年に旧庁舎はとりこわされ、現在の高宮地域文化センターが開設された。現在も地域コミュニティの拠点として様々な活動がおこなわれている。

（渡辺）

## 七軒町・高橋・宮町・中北・大北 ― 高宮の商家

**七軒町・高橋・宮町・中北・大北**　一の鳥居を過ぎた街道の両側は、七軒町《しちけんちょう》と呼ばれる。南側を太田川、北側を新之木川で区切られた一角である。東側は今は高宮郵便局であるが、昭和三十九年（一九六四）まで彦根警察署高宮派出所があった。江戸時代の宿場絵図でこの地区を見ると、街道に面した西側の家が七軒となっている。あるいはこれが町名の由来となったのかもしれない。ここには、昔ながらの提灯屋さんがあり、店先に飾られた提灯が町に彩りを与えている。

古い屋敷の間を情感を漂わせ流れる新之木川を越えると、高橋に入る。通りの東側に残る古い家を眺めながら少し歩くと、高宮神社の鳥居・参道前にたどり着く。この辺りは街道は緩やかに蛇行しており、先が見通せない。この辺りから町名は宮町《みやまち》となる。さらに中北《なかきた》・大北《おおきた》と続く。宿場絵図によると、この辺りになると商家の数は減り、農家が数多く見られるようになる。

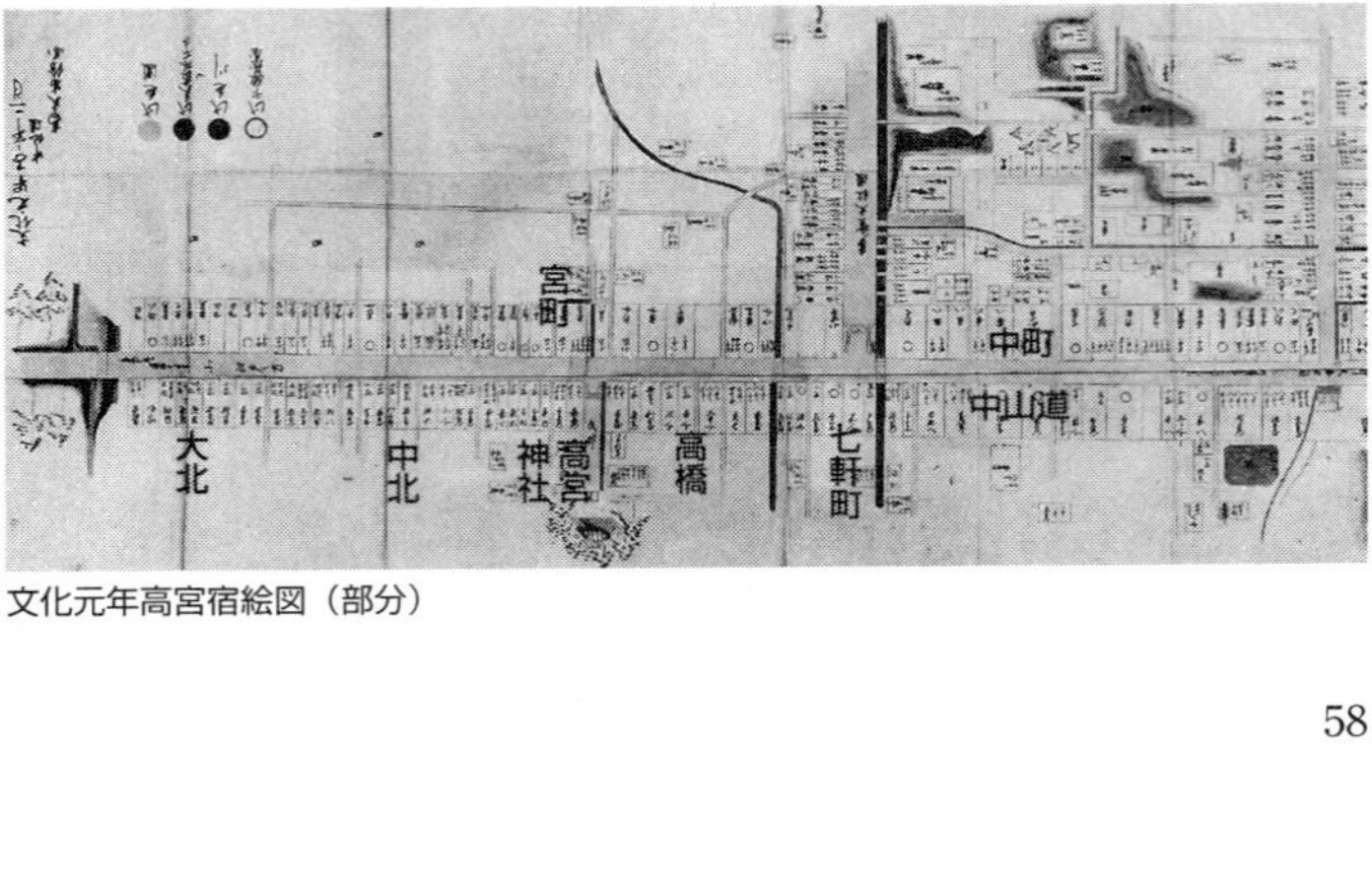


文化元年高宮宿絵図（部分）

中外薬品商　中村孝太郎店

三百メートルほど進むと県道多賀・大藪線の交差点に出る。この場所がかつての高宮宿の北口である。

**大丸屋薬局**　大丸屋薬局は、高宮神社鳥居手前の角地にある。同薬局を経営される中村家は、一時期、写真店を経営されていたこともあったが、江戸時代から続く薬屋である。天保十四年（一八四三）の「枝村より高宮宿絵図」にも、「薬屋　大丸屋西平」の名が確認できる。現在は鉄骨建築の店舗となっているが、旧店舗を上田道三氏が描いている（上図）。

この絵は、国鉄米原駅の駅弁の包み紙に使われたこともあった。同家の方は、知人に教えられ、店舗が描かれ作品となっていることをはじめて知ったとのことである。

この絵は作風からみて、上田氏が昭和三十～四十年代に描いた、滋賀県の風俗の一連作の一つである。作中の人物の衣装や、人力車が店先をゆく様子から、時代を遡り、店舗の様子が描かれていることは間違いない。

絵の題には「中外薬品商　各国売薬・洋酒類犬上郡高宮町　(大)中村孝太郎店」とある。

中村家でお伺いしたところ、中村孝太郎氏は三代前の当主で、万延元年（一八六〇）に生まれ、明治十四年（一八八一）に二十二歳で薬剤師となり、昭和十四年（一九三九）八十歳で亡くなられたということなので、絵の内容は明治十年代から大正年間の時期ということになろうか。店先には一〇枚の商品看板が懸けられているが、孝太郎氏の息女で、のちに高宮町長北川長一郎氏の夫人となられた北川みつ氏は、子供時代を回顧し、雨戸を閉めるため、毎朝夕に店先に懸ける欅の看板を妹さんと一緒に出し入れするのが家の中で与えられた役割であり、子供には看板が大変重かった、と述べられていたという。

中村家では、当時の看板を保存されている（次頁写真）。看板には、白木に墨書をしたものと、塗料を塗り文字を彫り込み金文字としたものとがある。後者の比較的新しい看板には両側面に持ち手の金具がついていて、懸けやすくしてある。蛇足だが、看板にある「アンチピリン丸」（アンチピリンは解熱・鎮痛剤のピリン剤薬品の一種。ドイツ語）は、和洋折衷の薬品名で面白い。右のような大丸屋薬店の様子を想像してからすると、上田氏が単にかつての様子を想像して描いたとは考えられない。おそらくは、見本となる古写真があり、それを見て描いたのではないかと推測される。

次頁下の旧店舗の写真は、昭和四十一年（一九六六）一月に、写真を趣味とされていた先代ご

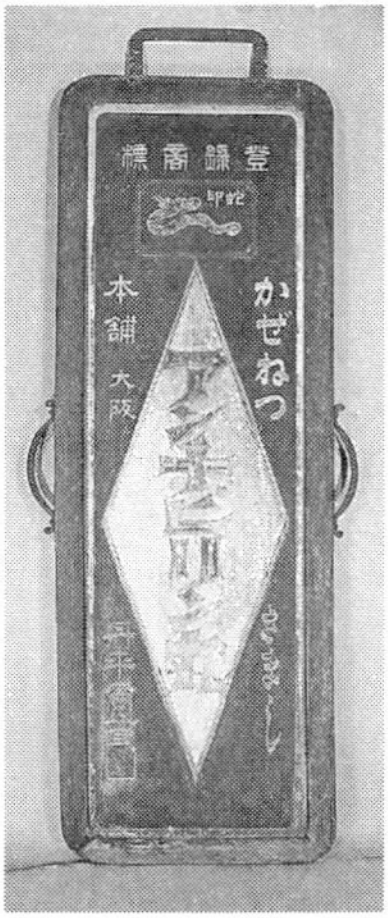

薬品看板

薬品看板（中村宏氏 蔵）

大丸屋薬局旧店舗外観
（中村宏氏 蔵）

同上内部屋根裏

当主の象一氏が「後に何かで役に立つかもしれない」ということで、家の外観と内部を撮影されたものである。同四十四年に御当主の厄年に際し、旧店舗は取り壊され、現在の店舗が竣工となった。

旧店舗の建物の間取りは、先代夫人の中村愛子氏から詳細にお教えいただいた。表の通りに面した空間は、通りから向かって右手（北側）に商品ウインドウとその奥の試験室（当時の法律で薬局には設置が義務づけられていた）があり、左手（南側）に向かい、入口と土間、接客カウンターが設けられ背後に薬品棚が置かれた店舗、調剤室、奥の間と続く。入口はガラス戸を開閉し出入りするようになっていた。上田氏の絵と比べると、右手の格子の部分がウインドウとなり、店と帳場がカウンターのある店舗に、また大の大きな暖簾を掲げたあたりが調剤室に後に改築されたことがわかる。愛子氏のお話では、昭和二十一年（一九四六）に中村家に嫁がれた時には、店にはもう看板を掲げられておらず、写真のような店構えであったとのことである。

その奥の住居空間は、土間の炊事場、納戸、中の間、座敷（仏間・床の間）があった。納戸と中の間の上の屋根裏には藁・柴・薪などが湿気ないように保管する物置である「つし」があり、天井に荷物の上げ下ろしのための滑車が取り付けられていた（前頁下）。さらに奥の空間には中庭をはさみ「隠居」と呼ばれた離れがあり、廊下でつながっていた。隠居の北側には、土蔵があり、一階に薬品、二階に古い家具を収納していた。そのさらに北側には、今も残る炭蔵が隣接していた。炭蔵の前には松の木があった。上田氏の絵では母屋の背後に二棟の蔵と松が描かれている。

布類販売所　堤惣平

**堤惣平店舗**　堤惣平の店舗は、高宮神社鳥居正面に位置する。絵の題には、「布類販売所　高宮宿　堤惣平」とある（上図）。堤惣平は屋号は布屋。布惣と呼ばれた。高宮布は、中世以来、麻布の上製品として全国的に知られ、江戸時代を通じ、高宮の特産品であり、麻布を扱う多くの商人が高宮に店舗を構えた。天保十四年の「枝村より高宮宿絵図」（塩谷文書）では、高宮宿の中山道沿い屋敷地で一一軒の「布商売」の店が確認できる。堤惣平は、江戸時代後期に布仕入問屋として急成長を遂げた商人であった。高宮布の問屋と小売りを兼ね、使用人による行商も行ったという。

　現在、この店舗では、倉儀商店が工具類の販売を行っており、サッシの戸がはめられ、店内部も改築されているが、外観は上田氏の絵と同じく、重厚な黒壁の様相を保っている。

馬場家住宅現況

同商店には、表裏に「織本　高宮嶋」と刻んだ、布惣の看板（縦一三八・八センチ、横五三・二センチ）が伝えられている。

**馬場家・高宮神社**　高宮神社参道の南側、複雑な屋根の構造をもつ、黒壁の屋敷がある。高宮の代表的な近江商人である馬場《ばば》家の住宅である。馬場家は近江屋を屋号とし、当主は利左衛門・新蔵・庄蔵と称した。宝暦年間（一七五一〜一七六四）のころに始めた薬種類の行商を手がかりに、美濃・信濃・甲斐・駿河・伊豆などで持ち下り販売をした。その後、甲斐国で出店を設け、荒物・小間物・呉服などの上方商品の卸商をおこない成功した。本拠は、高宮から移さず、商業さらには地主・金融活動によって得た資産をもとに、さきに見たような無賃橋開設や、村内困窮者への救い米など、社会事業的な活動もおこなった。天保九年（一八三八）には、彦根藩から苗字を許された地域の名望家であった。幕末には高宮村の庄屋も勤めた。

家の呼び名としては、「宮利」「一へ力《いちやまりき》」があり、高宮では「ばんばさん」と呼ばれている。馬場家には、戦前まで家独自の自衛消防組織があり、高宮町内の「出入の家」から駆けつける「カボウサン」（火防さん）が組織されていた。また、馬場家では、急ぎ飛脚など街道を行く旅人に緊急に支給できるように、いつも「用心飯」を炊き用意していた、という話が伝わっている。地域の名望家の馬場家の様子を具体的にイメージしうる興味深い言い伝えである。

高宮神社は高宮村の氏神であり、地域の信仰を集めてきた。江戸時代は山王権現あるいは十禅師宮といい、明治五年（一八七二）以降、高宮神社と改称した。本殿は社伝によれば延宝六年（一六七八）と伝え、高欄擬宝珠に同年の年号を刻む。同神社の春祭りは四月十日（現在は四月十日にもっとも近い日曜日）に行われた。

太鼓祭り（杉山由昭氏 蔵）

本祭の前夜、高宮町内の十七町から神社へ鉦・大太鼓が集まる。本祭当日は、上の写真のように神社を出発し、町内を神輿・大太鼓・鉦の行列が犬上川堤防の御旅所に渡御する。町の青年が、胴回り六メートル余りある大太鼓をかつぐ。その勇壮な姿から高宮太鼓祭りと呼ばれている。

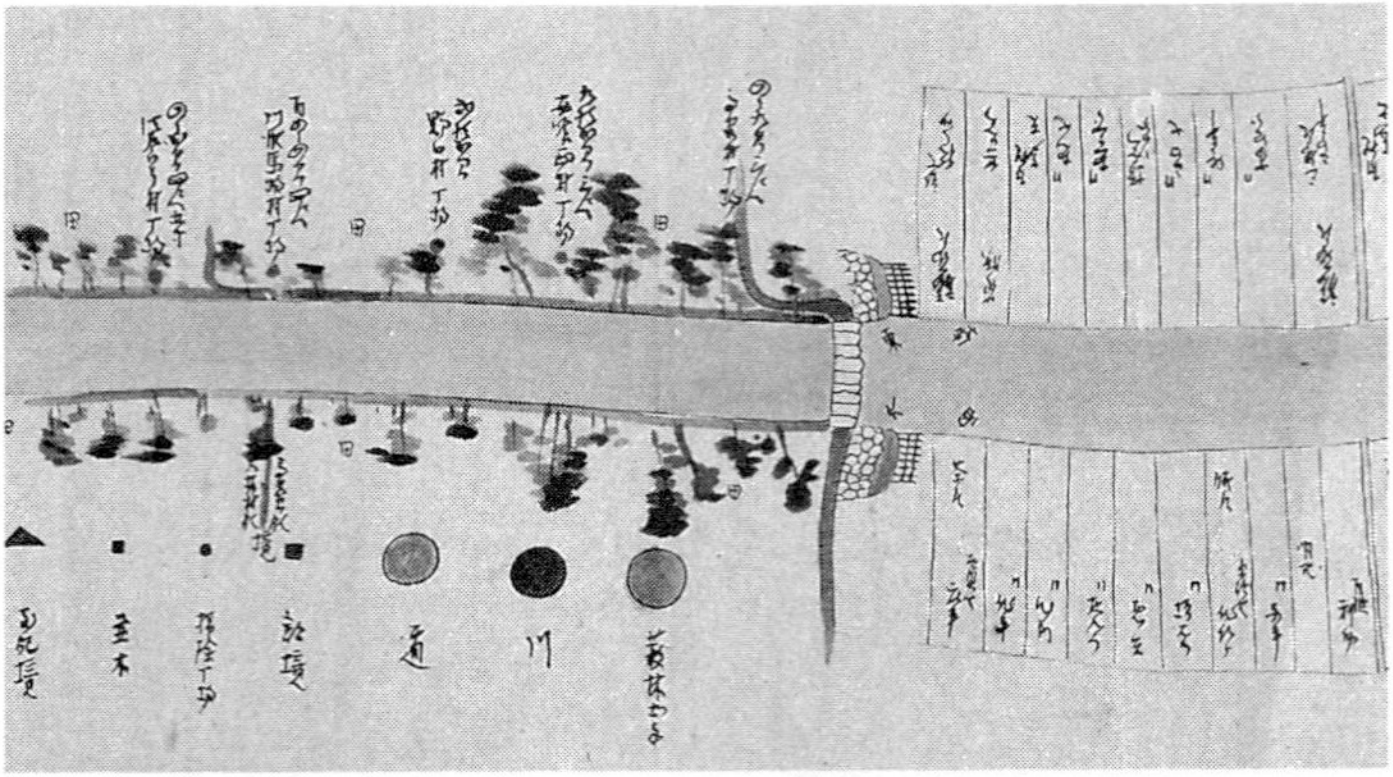

枝村より高宮宿絵図（見附部分：滋賀大学経済学部附属史料館保管塩谷文書）

**宿場北詰**　高宮宿の北端は、江戸時代には用水路で区切られ、石橋が渡されていた。また柵付きの見附《みつけ》が設置されており、宿場の入口が明瞭な形で示されていた。昭和のはじめころまではまだ道の両側の土手が残っており、桜が美しかったという。昭和四十二年（一九六七）、県道大藪・多賀線の拡幅工事がおこなわれた。同三十八年に大日本スクリーン彦根地区事業所が操業を開始し、同四十年、ブリヂストン彦根工場の誘致が決定（同四十四年操業開始）し、これらの工場と国道八号を結ぶ道路が必要となったためである。高度成長期の工場誘致によってもたらされた景観の変化であった。交差点角にある大北地蔵以外には、昔日の様子を窺うのは難しい。（渡辺）

**【参考文献】**『高宮町史』（高宮町史編纂委員会編、一九五八年）
『高宮町のあゆみ』（高宮公民館・高宮の歴史を語る会編、一九九八年）
『江戸時代の高宮—在郷町の歴史—』（彦根城博物館編、二〇〇一年）

# 第二章　城下町への街道と町並

彦根城着見櫓から佐和山を望む（現況）

至鳥居本
彦根道
外船町
切通口御門
切通峠
彦根市
伝馬町
高宮口御門
久佐の辻
袋町
七曲り
中山道
彦根道
至高宮

# 一　鳥居本から城下町を結ぶ彦根道

## 切通峠から松縄手

**彦根城下への入口**　江戸時代、中山道鳥居本宿南部から分岐した彦根道（朝鮮人街道）は西へ向かい、佐和山を越えた。佐和山越の道は切通《きりとおし》峠と呼ばれた。現在は国道八号の佐和山トンネルが佐和山を貫き、旧道は国道により遮断され、通行することができない。かつてこの峠に立った旅人は、彦根城とその城下を一望することができたと思われる（「朝鮮人道見取絵図」下図）。

佐和山トンネル彦根側入口のすぐ南にある旧街道の坂

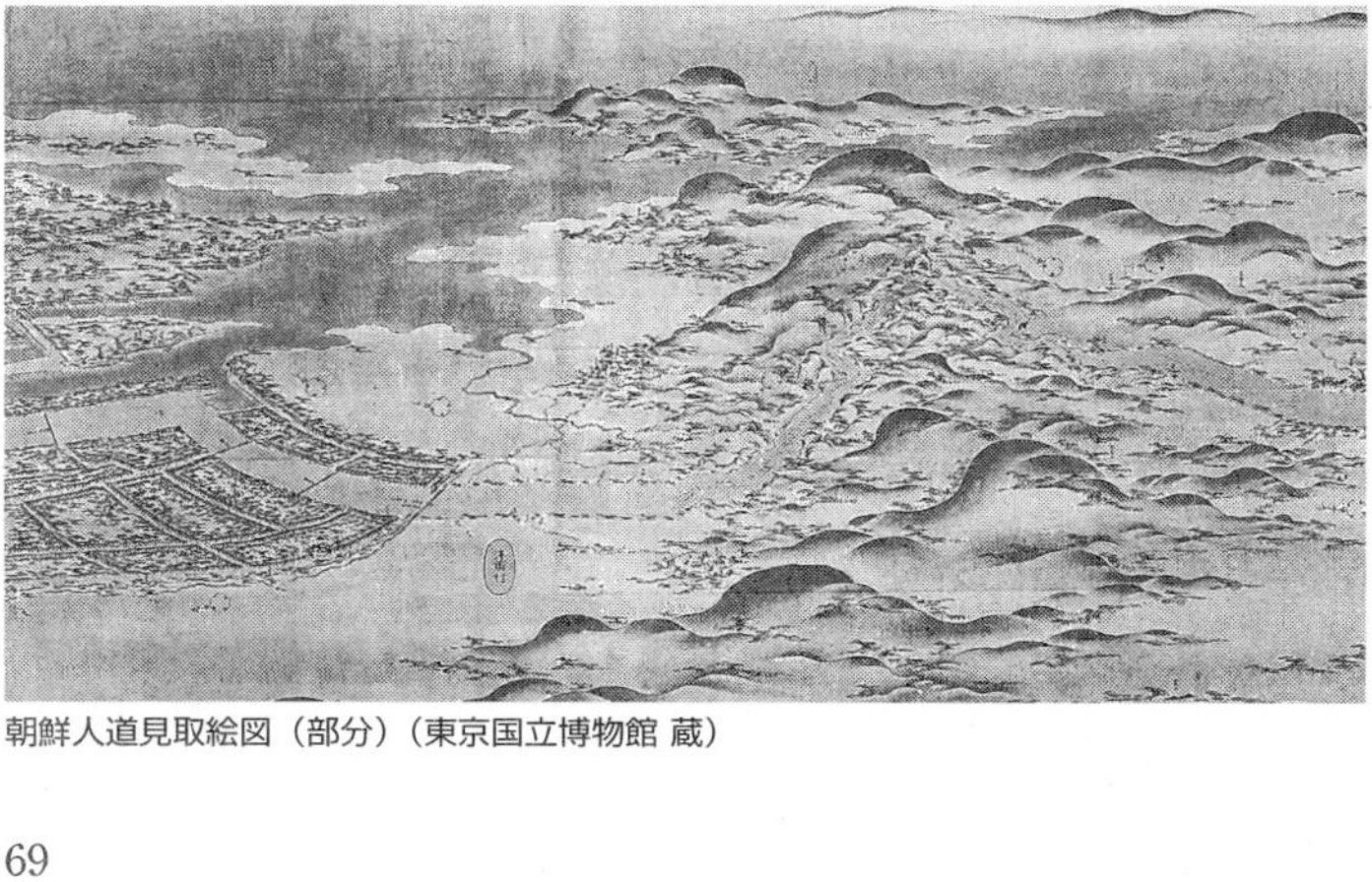

朝鮮人道見取絵図（部分）（東京国立博物館 蔵）

佐和山古図（部分：彦根城博物館 蔵）

道を彦根の市街地へ向かい下ると、かつての古沢村、現在の彦根市古沢町にはいる。現在は住宅街である。天保七年（一八三六）の「御城下惣絵図」（彦根城博物館蔵）では、「坂口」すなわち坂の始まりから峠までの距離を、三二六間（約六〇〇メートル）とする。この辺りから、江戸時代は道の両側が松並木となっており、松縄手《まつなわて》とよばれた場所である。

　そこから道を西へ進むとJRの線路に突き当たる。線路の向かい側（西側）にはさらに道が延びている。ここには以前踏切があったが今はなく、道が遮断されているので、線路の反対側に地下道で迂回する。もとの道筋まで戻ると、道路は橋で猿瀬川《さるがせ》を越える。江戸時代にはここに石橋が架けられており、番所があった。「朝鮮人道見取絵図」では「字猿が瀬」と記す。彦根藩の史料では「猿川《(ママ)》瀬石橋」と見えている（「御参勤《ごさんきん》御上国《ごじょうこく》雑記《ざっき》」彦根藩井伊家文書）。この場所が江戸時代の彦根城下の入口であった。

玄宮園外図（部分：彦根城博物館 蔵）

**切通峠**　切通峠の道は、戦国時代の佐和山城の太鼓丸《たいこまる》の防御施設であった切り通しを利用したものとの説がある（前頁上図）。「朝鮮人道見取絵図」でも、字太鼓丸の字名を付す。井伊家二代直孝の時代に、道路として整備されたと推定されている。元和年間（一六一五～二四）に彦根城下町の整備と並行し鳥居本宿の施設が整う過程で、両地をつなぐ道路が整備されたと考えるのがよいであろう。

十八世紀末の松原内湖周辺の光景を描いた「玄宮園《げんきゅうえん》外図《そとず》」（彦根城博物館蔵）（上図）では、山の稜線を大きく断ち切る形で開削した切通峠がはっきりと描かれている。

**松縄手**　松縄手も、「玄宮園外図」に道の両側が松並木となっている風景が描かれている（上図）。「御城下惣絵図」では、道幅三間半（約六・三メートル）とし、道路の両側には土手が描かれている。この土手に松が植えられていたと思われる。松縄手は城下町の入口を示す施設

千代神社の現況

であった。彦根藩主が江戸から国元へ入部する時、藩主は「坂下」すなわち松縄手で駕籠を下り、将軍から拝領した馬に乗り、彦根城へ向かった。この乗馬は、藩主の帰国を城下町町人も含め視覚的に知らせる効果をもったと考えられるが、常緑の松で彩られた松縄手は、井伊家の治世の永続を願うものとして、この国入りのセレモニーを演出する重要な場所だったのである。

なお、この松縄手から千代宮《ちよのみや》の参道が分岐し、東へのびていた。同社は、もともと彦根山の東に位置した尾末山の麓にあったが、彦根築城にともない江戸時代初期に千代宮の御旅所《おたびしょ》であった長光寺《ちょうこうじ》（彦根市河原一丁目）内に移され、その後、寛永十五年（一六三八）、二代直孝の時に佐和山南麓の姫袋の地（古沢村南部）に移されたといわれる。社殿は当時のまま遺されており重要文化財に指定されている。昭和四十一年（一九六六）に、近隣のセメント工場から出ていた粉塵の害を避け、現在地（京町二丁目）に移転された。江戸時代には、彦根城の中堀と外堀の間に展開した外町《とまち》の町々の産土神《うぶすながみ》であり、城下町人の厚い信仰をうけ、今も変わらず城下町の守り神の一つである。

（渡辺）

## 外船町・裏新町

**城下北部の町**　猿瀬川の橋を越えると外船町に入る。江戸時代は川を渡ると川沿いに小道があったが、現在は拡幅された道路が通り、大きく景観が変わっている。内堀に面した内船町と区別され外船町と呼ばれたが、単に船町ということもあった。同町の西側には、琵琶湖の松原内湖から彦根城外堀の境の水面と接する地点に御舟入が設けられていた。外船町は船町通りと呼ばれた道の両側に東西に長く町人地が展開しているが、天保七年（一八三六）の「御城下惣絵図」では同町の東部の街区を「切通シ町」と

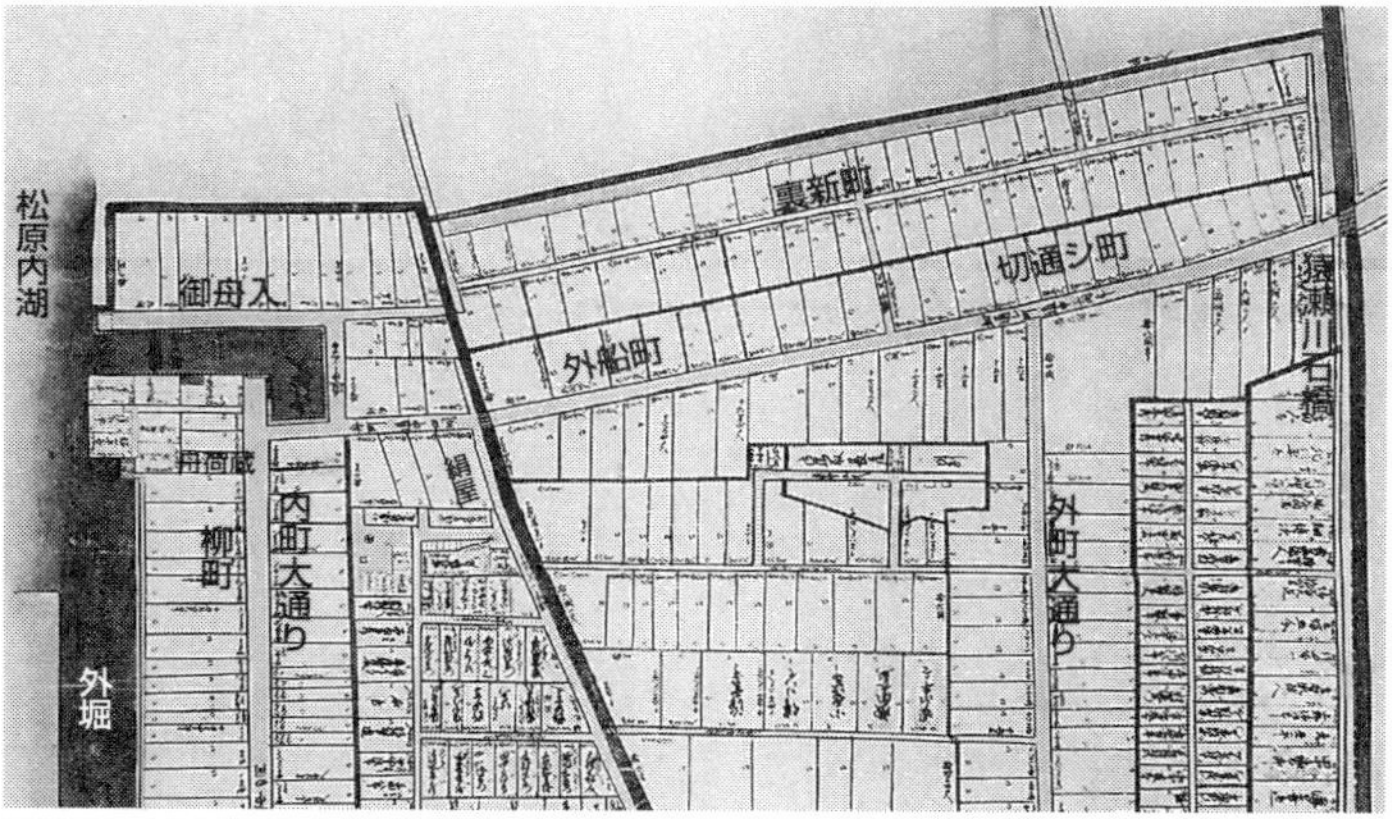

御城下惣絵図（外船町付近：彦根城博物館 蔵）

記す。また、通りの北面の裏新町へ通じる小道から、通りの西側御舟入の突き当たりまでの街区を同絵図では「舟町」とする（前頁下図）。

船町通りの一本北側の通りは、裏新町となる。裏新町は、大坂陣以後に城下町の一番外側に新しく建てられた町で、のち北新町と改称した。切通町から南へ伸び、下瓦焼町・東新町・江戸町・久左の辻に至る通りは、外町大通りとも呼ばれた。

元禄八年（一六九五）の「大洞《おおほら》弁財天《べんざいてん》祠堂《しどう》金《きん》寄進帳《きしんちょう》」（『彦根藩井伊家文書』）によれば、外船町の家数が一五一軒、うち借家軒数は九六軒、人口は五二三人（男二三八人・女二八五人）であった。町役人は町代が二名・横目《よこめ》が一名がいた。町内の職種は、糀《こうじ》屋九軒、舟持四軒、紺屋三軒、古道具屋三軒、油実問屋二軒、薪屋二軒などとなっている。城下各町のなかでも、糀屋の軒数の多さが際だつ。糀は重量物のため、水運の条件に恵まれた当町に展開したのであろうか。また御黒米問屋というのが一軒ある。詳細は不明であるが藩の玄米を商品として扱った問屋であろうか。

**絹屋半兵衛旧宅**　外船町で上田氏が描いたのが古着屋であった絹屋半兵衛の旧宅である。この屋敷は、船町通りと南北に交差する通りの角地にあり、建物が現存する。上田氏は絵の解説で、「入母屋・平入造りで素晴らしい出げたを持つ塗込造りで当地の代表的家屋の一つである。湖東焼創始者で文政十二年に湖東焼を始めたと云う」と記す。上田氏は、自著「彦根藩時代の民家」（『彦根郷土史研究』第五集、一九六〇年）では、内部は改造されていたため外観だけを絵にしたと述べている。古着屋というと現在の感覚では小商いであるが、江戸時代は、多くの古着需要が

湖東焼　絹屋半兵衛

あり、資力を必要とし、大きな利益をあげうる商売であった。このことは、絹屋の屋敷の規模が示すところである。

右の説明文にもある通り、絹屋半兵衛は湖東焼の創始者である。文政十二年（一八二九）、半兵衛は、油屋町古着商油屋平助らと磁器を焼く窯《かま》を城下西方の晒山《さらしやま》で開始した。共同出資者が手を引いてゆくなか、半兵衛は単独で事業をすすめた。この絹屋窯は伊万里・瀬戸など職人を招聘し技術導入し、良品を生産するようになった。しかし、天保十三年（一八四二）、窯は彦根藩に召し上げられ、藩直営となる。十三代当主井伊直弼の代になると、職人の獲得・養成、積極的な技術導入を一層進め高級品が生産された。この時代、多くの名品が生み出され、湖東焼の名が世に広く知られた。絹屋自身は窯の経営としては成功しなかったが、幻の名窯と言われる湖東焼の誕生には彼のような町人の努力があったことを忘れてはならない。

**御舟入**　彦根城外堀は、松原内湖・琵琶湖に通じていた。外堀と内湖の境の地点に御舟入があった。御舟入は、現在は埋め立てられ、道路・駐車場・石材置き場などになっている（八五頁写真）。

「佐和山古図」には、御舟入の場所に「舟着　此所芹川尻」と記す（七〇頁図版）。芹川は、現在、彦根城下の南側を直流し琵琶湖に注ぎ込んでいるが、彦根城築城以前は、大橋村（彦根市大橋町）付近から、のちに城下町東部となる地帯を北流し、松原内湖へと流れ込んでいた。御舟入の辺りに芹川河口があったことになる。

この御舟入の風景が、「玄宮園外図」に描かれているので、見てみよう（左図）。手前の水面が外堀である。御舟入の入口には、両岸から柵が張り出している。御舟入に入ると、まず左手に舟留番所が建っている。出入りの舟をチェックする番所である。舟入内は石垣により護岸されている。左手の岸には屋敷前に通路があり、材木や竹を軒先に立て掛けた屋敷も見える。そして舟入の入口左からやや奥に入った所に蔵修館の建物が見える。

蔵修館は、天明三年（一七八三）九月に藩医であった小県清庵《おがたせいあん》が開設した文庫。藩の許可を得て自分の蔵書を公開し、また、藩の援助により蔵書を充実させ、城下町の人々に広く利用された（「彦根市史稿　文学史教育編」彦根市立図書館蔵）。

一方、右側の対岸には、彦根藩士三浦九右衛門の下屋敷があった。

舟入の中には、俵荷物や人を乗せたひらた舟が往き、また帆船が帆を下ろし着岸する。さらに奥には、町並を描く。右手には舟町の二階建ての瓦葺き屋敷が見え、屋敷裏には蔵が目立つ。左手には藁葺きの平屋が多い裏新町の町並が描かれる。城下開発以来の古い町であり裕福な商家が多い外船町と、新立の町との違いが絵から読み取れる。

玄宮園外図（外船町部分：彦根城博物館 蔵）

御舟入は、大正九年（一九二〇）から昭和二年（一九二七）までの彦根港築造工事により埋めたてられた。幸い、御舟入りの前の角地屋敷で生まれ育った嶋田計男氏が埋め立て前の様子を幼い日の想い出とともに記憶しておられた。嶋田家は、嶋田利作運送店の名で戦前まで船荷の運送業を経営していた。氏によれば、御舟入の岸に千代神社の常夜燈が建ち、舟入内は土砂が堆積し沼地のようになっていた。石垣下の水際に周囲二ひろほどもある柳の大木が一本あったという。

船町通りから折れ柳町に入った所に今も、舟荷物の蔵であった建物が二棟並び、屋根の上にはそれぞれ恵比寿と大黒天の瓦が置かれる。そこがかつて舟の荷が着く場所であったことを恵比寿様と大黒様が慎ましやかに私たちに教えてくれている。

（渡辺）

# 柳町・彦根町

**地域の概観**　船町通りは御舟入の所で突き当たり、南側に折れ、柳町、その南側の彦根町と続く。城下町南部の高宮口に至るこの通りは、内町大通り（八八頁図参照）とも呼ばれた。

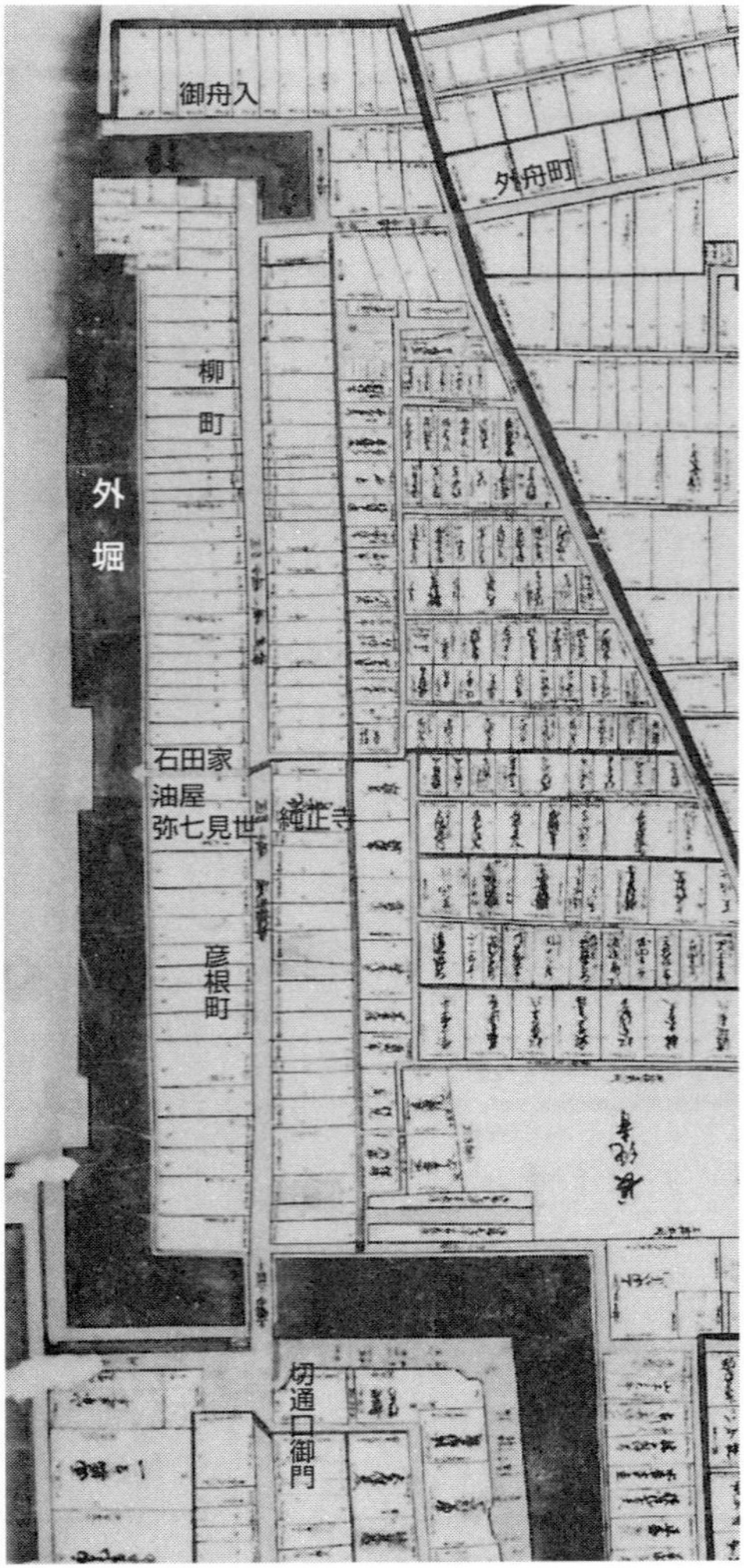


御城下惣絵図（柳町・彦根町付近：彦根城博物館 蔵）

柳町は、曲がり角から、純正寺（旧所在地。現在、佐和町に移転）北側の石橋と小道を境界とする街区までが町域であった。

元禄八年（一六九五）の「大洞弁財天祠堂金寄進帳」（『彦根藩井伊家文書』）によれば、柳町の家は六七軒、うち借家軒数は三三軒、人口は二四一人（男一二一人・女一二〇人）であった。町役人は町代と横目が一名ずついた。町内の職種は、米屋五軒、鍛冶屋三軒、小間物屋三軒、大工・青屋（藍染め屋）・桶屋・油屋が各二軒などとなっている。

続く彦根町の町域は、前述した柳町との境から、外堀の土橋北側までであった（現在地でいうと純正寺・金比羅神社までの街区）。そこから外堀を土橋で渡ると、切通口御門（彦根口とも呼ばれた）であった。

旧彦根町は、明治二〇年（一八八七）に鉄道が敷設された際、護国神社に通じる一直線の駅前通りが切り開かれ南北に分断された。今この通りは「駅前お城通り（県道彦根米原線）」の愛称で彦根の玄関口の通りとして整備されており、北側は元町、南側は佐和町の一部となっている。県道の北側と南側が、かつて一つの町であったことは容易に想像できない景観となっている。

元禄八年の「大洞弁財天祠堂金寄進帳」（『彦根藩井伊家文書』）では、彦根町の家数は六一軒、うち借家軒数は三七軒、人口は二六一人（男一四五人・女一一六人）であった。町役人は代官兼町年寄が一名、町代一名・横目一名がいた。町内の職種は、肴屋・大工・煙草屋が各五軒、米屋・古金屋・鍛冶屋各三軒、木綿屋・菓子屋各二軒などとなっている。

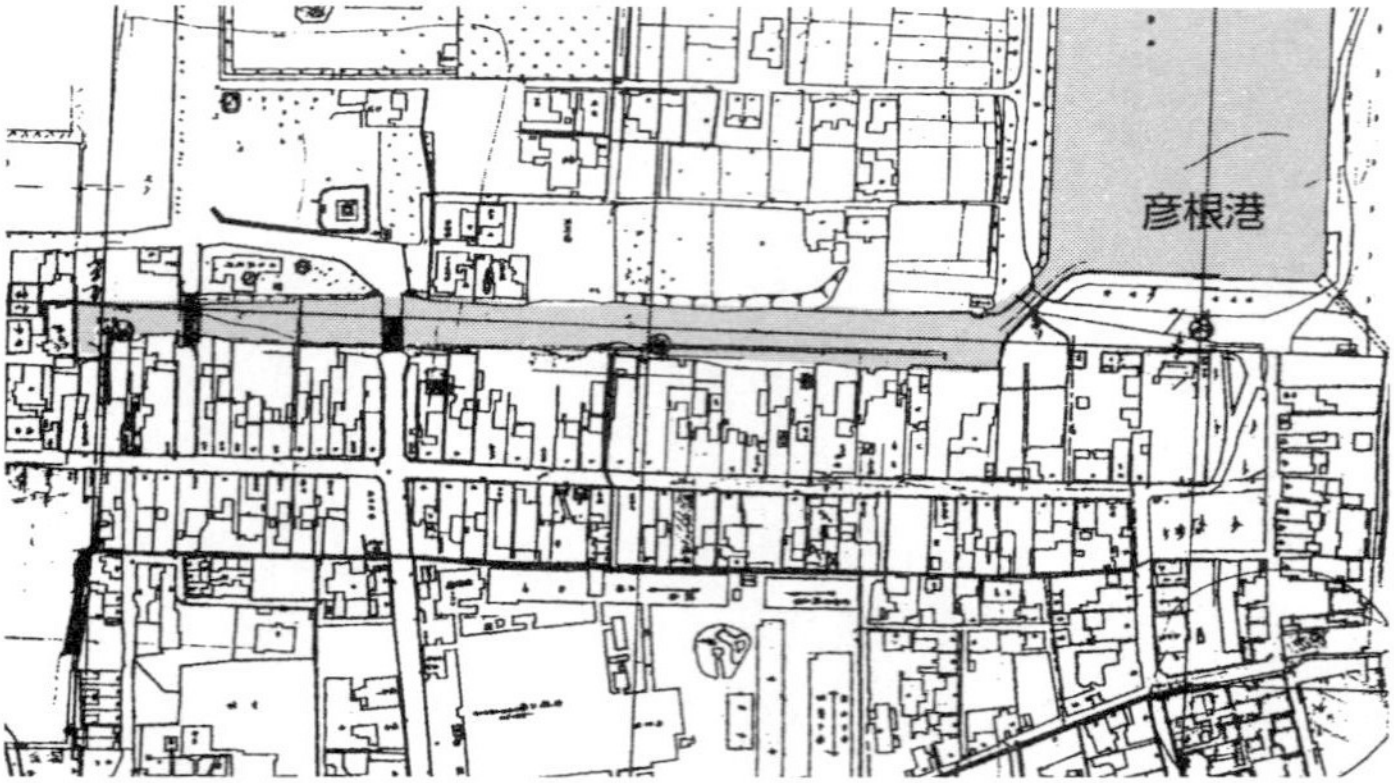

昭和11年の都市図　柳町・彦根町・外堀周辺

柳町・彦根町ともに、西側屋敷の裏は、外堀であった（上図）。屋敷裏から外堀に出入りでき、戦後にも舟を持った家もあったという。外堀は昭和四十年前後に埋め立てられ、県道彦根・米原線となった。

また、柳町と彦根町の東部、現在の彦根市役所と滋賀県庁総合庁舎の区画に、戦前、専売局工場があったが、空襲被害をさけるため各地へ疎開した東京の大蔵省印刷局印刷工場が移転してきた。印刷工場の防火対策として、柳町南部と彦根町北部の東面家屋は撤去された。

**彦根町の開発**　彦根町の名前の由来は、築城以前の彦根村に由来するという。彦根市立図書館蔵の「彦根御山絵図」は、永禄年間（一五五八―七〇）の景観を描いたとする、彦根の築城以前の景観を知る上で貴重な資料である。この絵図では、彦根村は善利川（芹川）旧流路の両岸にまたがるように描かれている（一六二頁図版）。この絵図からすると彦根村は、後の彦根町

油屋弥七見世跡（外観）

よりはるかに広い範囲に村領をもつ村であったようである。

彦根町の開発の過程の詳細は知ることができないが、元禄八年当時、代官と町年寄を兼務した近藤彦惣《ひこぞう》は、石田時代より彦根周辺に居住し、慶長年間に城下町地割を拝領したという由緒をもつ町人であった（「彦根城下御地割之事」『彦根市史中冊』所収）。町年寄が任命されるのは、本町などの一部の内町と、川原町・彦根町などに限られている。また、彦根町は城下五三町を四組に組織化した四手組の一つである彦根町組の筆頭町である。これらのことから類推すれば、彦根町は城下の中でも本町などとならび、城下町建設の最初期に町人への屋敷割りが進められた町であったと考えられる。

**油屋弥七見世跡**　上田道三氏は、彦根町の住宅では、当時、石田五郎氏宅であった油屋弥七店の外観（上図）と間取・店舗内（次頁）を描いている。同住宅は、彦

油屋弥七見世跡（内部）

根町西面の一番北側の屋敷地にあった。残念ながら昭和五十年前後に壊され、現在は駐車場用地となっている。

上田氏が記した絵の詞書には、次のようにある。

「現住　油屋より三代　石田五郎氏。松原では民家最古の形態をもつ切妻妻入ばかりであるが、城下町の商家ではいずれも平入のみである。石田家の如く妻入で通り土間のあるものは鳥居本でも一番古い形の旅籠屋若松屋のみである。同じ妻入でも松原は伊香式でこの石田家は京風である。築城完成時かそれ以前の形式である。特徴として破風は立派な庇が付き、下の庇と二重に成り、三階に近い形で各階に窓が付き、壁全部土壁造りで両袖も付き、入口には面白い肘木もある点味わい深く、亦古く何んとなく品位を持つ点他に類がない。」

近世初期の作例として、この住宅に注目している。その他、住宅の間取りが古い様式の片側住居（うなぎ住まい）であること、柱が全部栗材でチョンナハツリ（手斧《ちょうな》削《はつ》り）であることを指摘する。店舗内の絵は、当時すでに油屋を経営していなかったが、入口ののれん金具や、油売り場の板の間などが残っていたため、石田家の老母に、かつての店の様子を聞き取り、描いたという（前頁上図）。つまり、上田氏は油屋店経営当時の店舗の様子を復元して描いているのである。

この石田家の本家筋に当たる柳町石田家の現当主である石田承玉氏と文子夫人のお話では、柳町の石田本家は、柳町開発以来の町人であり、酒屋を経営し、幕末期には酒屋佐平を名乗った。油屋弥七店石田家は、柳町の石田家から分家した家である。油屋弥七店は石田本家の母屋と酒蔵の南側に隣接する土地にあった。また、本家の通り向かいにある石田家も分家であり、醤油屋を経営していた。柳町石田本家の住宅は、いまも江戸時代以来の建物が現存している（上写真）。

石田家住宅現況

なお、上田氏の絵で油屋弥平店の右側に連なるのが、石田本家の酒蔵である（この蔵は昭和五十年頃に取り壊された）。安政四年（一八五八）に、藩が彦根城下の富裕者の取り調べを行った際に作成された「四手町より藩へ差し出し」では、柳町の酒屋佐平は最上級の「上々」にランクされている（西田集平「彦根城下町の有力商人とその後」『彦根郷土史研究　第九集』、一九六〇年）。油屋弥平が石田本家からの分家の時期は不明であるが、本家の資産形成の結果、隣接地の屋敷を買い与え分家させることが可能になったのではないかと推定される。（渡辺）

## 藩主の国入り経路と切通口御門

**藩主の国入り**　彦根藩主の着城の時の道筋については、切通峠から松縄手の所で触れたが、松縄手以降、ここまで見てきた外船町・柳町・彦根町が城内へ向かう通路となっていたので、国入の様子を「御《ご》参勤《さんきん》御上国雑記《ごじょうこくざつき》」（『彦根藩井伊家文書』、十八世紀末頃作成）によって確認しておきたい。

藩主が江戸から帰国し、彦根城下に入るには二つのルートがあった。一つは鳥居本宿から切通峠、松縄手へ至るもので、もう一つは、番場宿から米原までゆき、そこから舟で内湖を経て外船町の舟入に着き上陸するものである。前掲史料によれば、初入部の時は切通峠越えで城下に入り、舟で入ることはないとする。つまり舟でのルートは、すこし略式の方法であったことになる。

切通峠越えの場合、まず藩主の武芸師範が佐和山の鳥居本側の山田村で出迎え、目付役は道筋を見回る。坂を下り、松縄手から藩主が乗馬することは先に述べた通りである。城下町の入口の猿瀬川石橋を過ぎた切通町の北側に内目付が居並ぶ。着船した場合、御舟入に師範・目付・内目付が居並び藩主を迎える。内目付の役名は側役が藩主へ申し上げた。延享四年（一七四七）の参勤時から、三浦九右衛門（当時側役）が師範の者を披露することになったという。御舟入横に三浦九右衛門の下屋敷があったのは、おそらくこの役割と関連したのであろう。

御舟入現況

御舟入より城下に入る場合、藩主はここで乗馬する。この後、通り沿いに藩の役人が居並ぶ。柳町西側で鉄炮方・京賄手代・御馳走所家守林吉兵衛、同東側で舟方元〆《もとじめ》、彦根町西側で足軽手代、東側で用《よう》米蔵《まいくら》奉行が御目見する。彦根町西側中程には町奉行が出、側役が役名を申し上げ、御目見する。外町の筆頭町である彦根町で城下町を統括する町奉行が藩主に御目見するのは、まさに町方支配の関係を視覚的に表現したものといえよう。

その後、切通口御門外東の駒寄《こまよ》せ際で　御長柄《ながえ》小頭・御鳥毛《とりげ》小頭・御普請手代、藩に出入りする京都町人、切通口御門では普請奉行・作事奉行・普請着到付役、番所前で切通口御門番頭が御目見した。

**切通口御門**　内町大通りが外堀を渡ったところ、ちょうど、現在の彦根キャッスルホテル南側道路に交わるところに、切通口御門は東面してあった。このあたりは、以前は地盤が低くなっており、外堀跡の

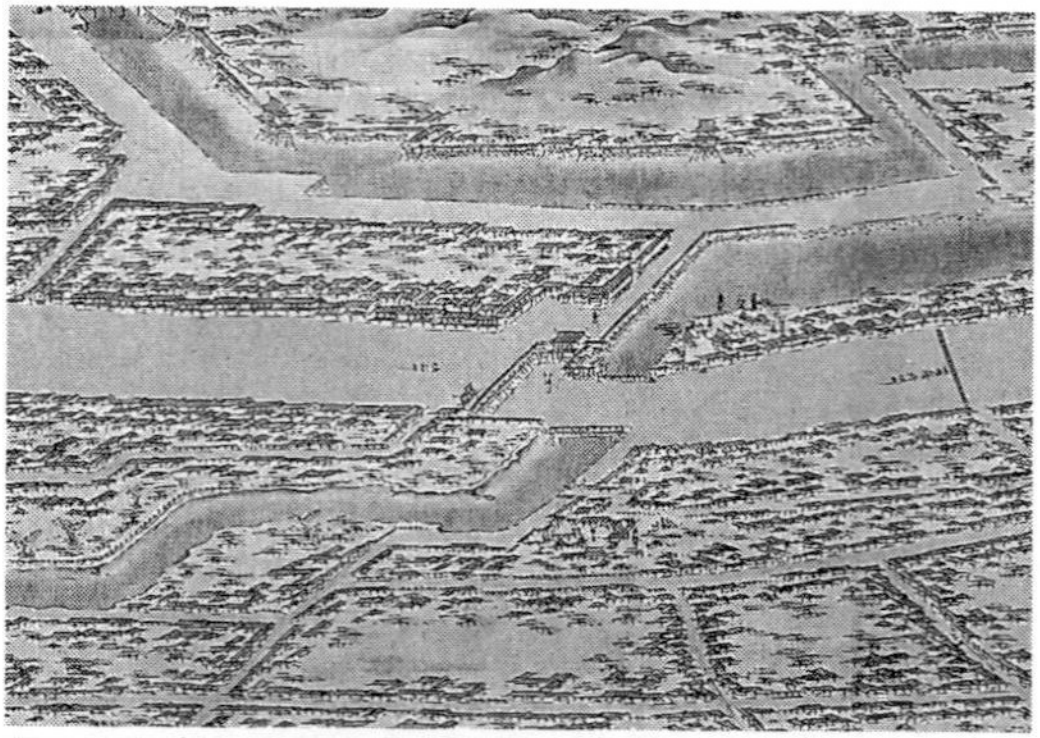

朝鮮人道見取絵図（切通口御門付近：東京国立博物館 蔵）

痕跡が感じられたが、ホテル建設により景観は一変した。今では門の跡を表示した石碑のみが建つ。

「御城下惣絵図」では、彦根町から外堀の土橋を渡ると広場となり、城下の中心に向かう細い道が分かれているが、門周辺の施設が描かれていない（七八頁図参照）。「朝鮮人道見取絵図」では、土橋を渡ると通りはすぐに石垣に白壁の塀は築かれており、通りが遮断され枡形になり、北側の門が設けられている（上図）。これが切通口御門である。絵図上では、朝鮮人道が他の街路に較べ誇張して書いてあるが、当時の御門周辺の様子をよく伝えている。ここには、知行取《ちぎょうとり》身分の門番頭が責任者（隠居前の中級藩士が多い）としており、老年の足軽などが門番として詰め、通行人のチェックを行っていた。

（渡辺）

【参考文献】『中近世古道調査報告書Ⅰ　朝鮮人街道』（滋賀県教育委員会発行、一九九四年）
『日本の藩窯　東日本編』彦根城博物館編、一九九九年）

# 二　城下町の拠点　伝馬町

## 伝馬町

**彦根道と内町大通り**　彦根城下の東側に、外船町の舟入（外舟入）と高宮口御門をつなぐ一直線の道が通っている。この道は、内町《うちまち》を通るメインストリートという意味で、「内町大通り」と呼ばれることもあった（「彦根道図」滋賀大学経済学部附属史料館所蔵高橋家文書、次頁図）。中ほどに切通《きりとおし》口御門があり、切通口・高宮口の二つの門のちょうど中央に伝馬町がある。外舟入から城下の外に出る道は佐和山をめざし、佐和山を開削した切通し坂の峠を越え、鳥居本宿で中山道に合流する。高宮口御門からは川原町・橋本町を通り、芹川を渡ってすぐに左折して「七曲り」を抜け、田畑の中の道を進むと、大堀村の南端で中山道に合流する。

この鳥居本・高宮間を彦根城下に迂回する脇街道は中山道の両側ともから「彦根道」と呼ばれた。彦根城下の堀割りを見ると、外堀の南東部、切通口と高宮口の間が外側に張り出した格好に

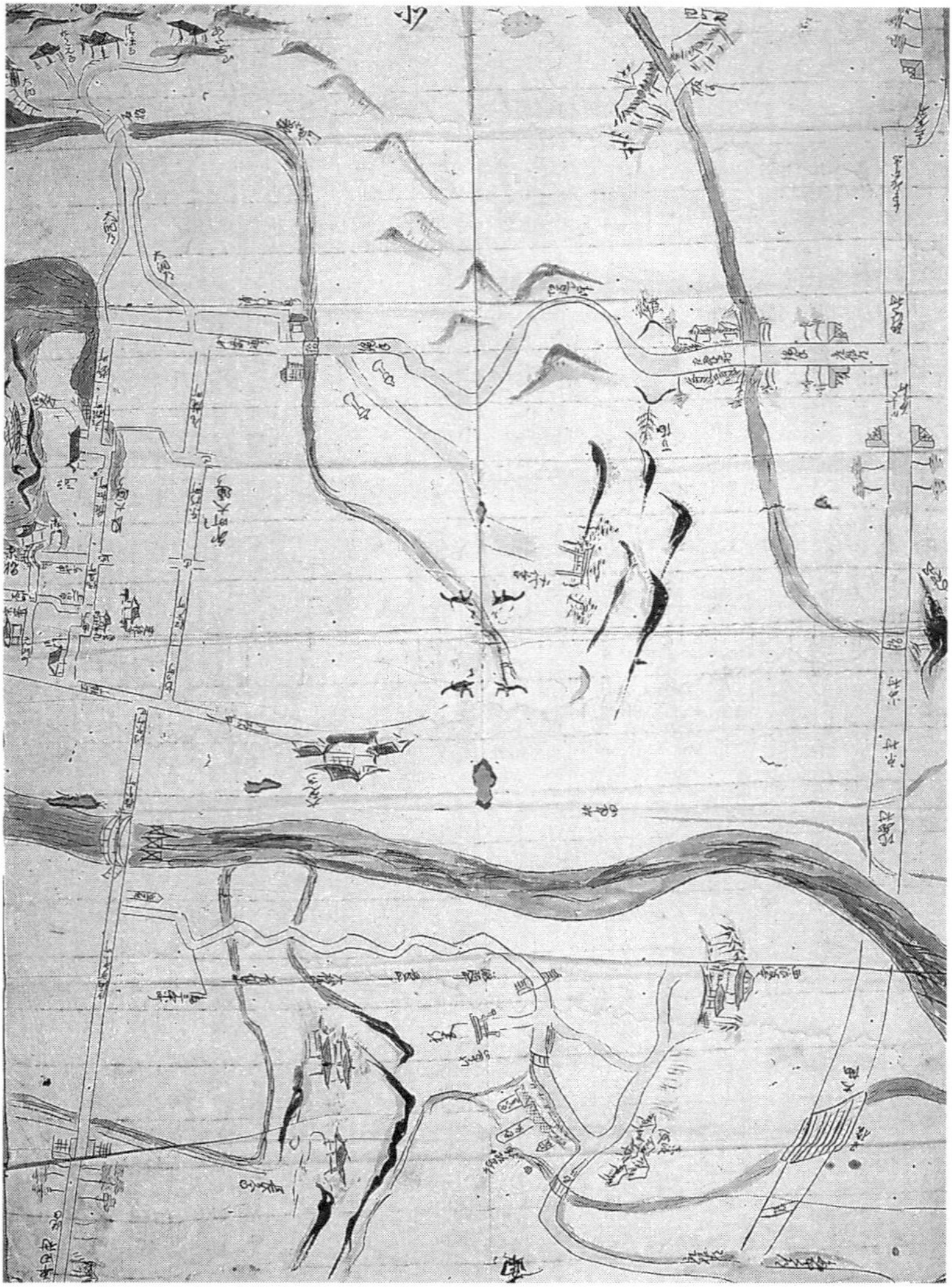

彦根道図（高橋家文書：滋賀大学経済学部附属史料館 蔵）

なっている。これは、中山道の脇街道を「内町」（外堀と中堀に囲まれた第三郭）に引き入れて伝馬町を置き、その両端には門を設置して警備するという構造が読みとれる。

**伝馬役を勤める町**　伝馬《てんま》町とは、江戸小伝馬町やいくつかの城下町にも同名の町が見られるとおり、伝馬役を勤める町という意味である。伝馬とは、街道の一定区間ごとに公用の輸送に使う馬を常に準備しておき、必要な場合にはその馬によって宿を順送りに運ぶシステムのことで、江戸時代には、各街道の宿場ごとに継立をおこなう問屋が置かれ、公用の荷物はもちろん、一般旅行者の荷物もこの輸送方式で運ばれた。彦根城下の伝馬町でも、伝馬の役を勤める問屋がおり、城下の荷物を中山道の宿まで運ぶ人馬が常に置かれた。

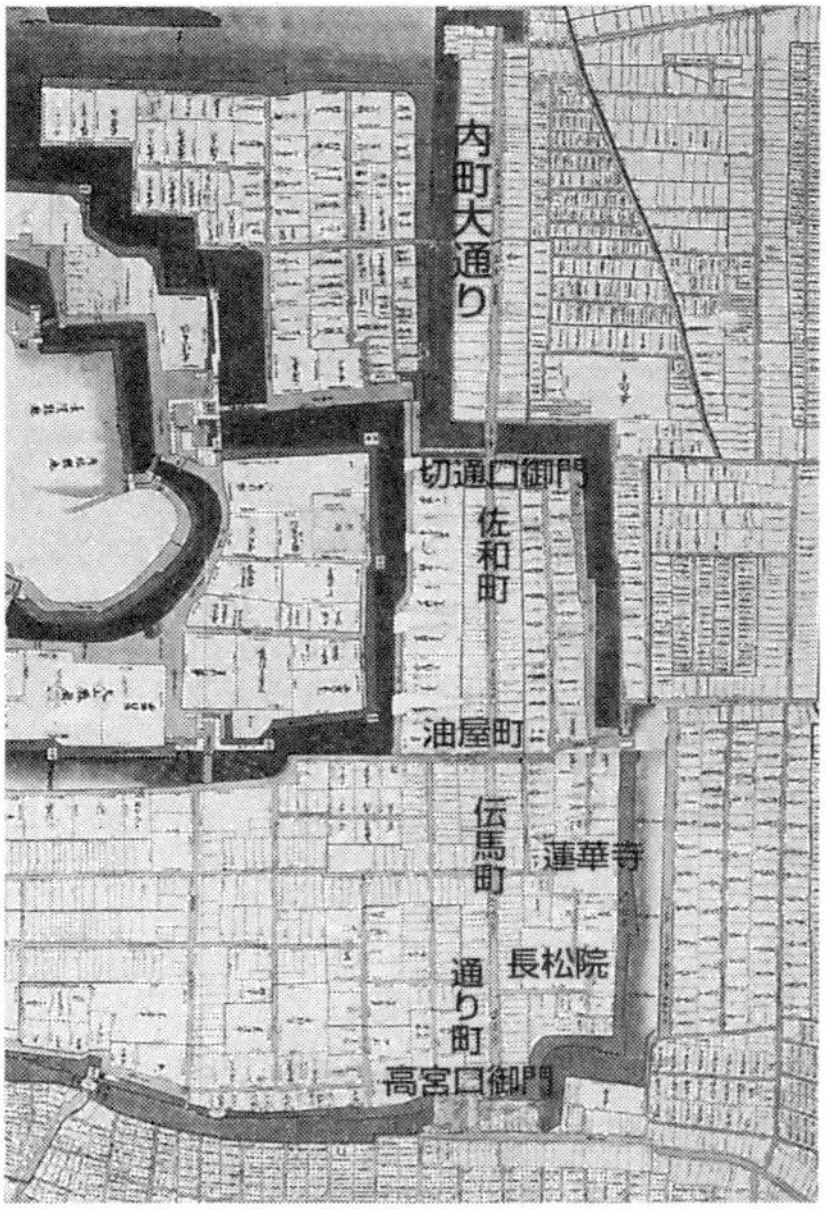

御城下惣絵図（内町大通り付近：彦根城博物館 蔵）

**伝馬町の形成**　伝馬町については、同町に伝来した「伝馬町文書」（彦根城博物館蔵）により詳細が確認できる。以下同文書中心に町の様子をみていく。

伝馬町をこの位置に置くこと

は、計画された城下町の堀割や道から見て、建設当初から考えられていたと思われる。その住人も、藩が城下町を整備する中で集められた。江戸時代後期に問屋を勤めた三郎左衛門らが、大坂の陣が終わって城下町整備の工事が再開された元和元年（一六一五）頃に、近くの安清《やすきよ》村から移り住んだという由緒を持っており、少なくともその頃には伝馬役を勤める町が形成されたのであろう（「古郷御改帳」伝馬町文書）。

伝馬町の人口は、寛文五年（一六六五）には家持四二軒・借家六三軒の計一〇五軒、元禄八年（一六九五）には家持三四軒・借家六八軒の計一〇二軒で人口四四二人、享和三年（一八〇三）には家持四七軒・借家四六軒・空家八軒で人口三一一人、という記録があり、後期になると人口は減少していることがわかる。

**伝馬町の特徴**　彦根城下で問屋場《といやば》の置かれた伝馬町は、寛文六年に中山道の宿場に準ずる扱いを受け、幕府道中奉行の管轄下に置かれた。道中奉行から各宿に宛てて出される触書では、「彦根《ひこね》宿《しゅく》」と記されることもあった。公的な御用としては、彦根から運び出す藩の公用の荷物を隣の宿である中山道の鳥居本・高宮まで継立した。

ただ、他の宿と異なる点もあった。一般の宿には必ずある宿泊施設、本陣や旅籠《はたご》は常設していなかった。参勤交代の大名や一般の旅行者が通る道でないため、必要がなかったのである。臨時に幕府役人らが城下に宿泊する際は、問屋が手配して城下の有力町人宅に宿泊した。

伝馬町には、城下から荷物を高宮・鳥居本まで宿継するための人足と馬が常備されていた。その数は、本来二五人・二五疋であるが、実際にはそれほどの需要はなく、江戸時代後期で六〜一〇疋程度に減少していた。馬持の生活は苦しかったが、公的な御用を勤めるために置かれた馬のため、簡単に廃業できず、藩からは馬一疋につき三俵の米を拝借し、助成を受けていた。

**城下の船場から荷物を運ぶ**　伝馬町の馬持は、公用の荷物を運ぶだけでは生計を立てることはできず、普段は城下町の舟入に荷揚げされた荷物を城下各地に運ぶ仕事をしていた。その駄賃は、

| | | |
|---|---|---|
| 内船場より一駄につき | 四十九町まで | 二十五文 |
| | 中藪町まで | 三十八文 |
| | 桶屋町まで | 三十七文 |
| 外船場より一駄につき | 外船町・柳町まで | 二十四文 |
| | 彦根町まで | 二十八文 |
| | 佐和町まで | 四十三文 |
| | 東新町まで | 五十二文 |
| | 瓦焼町まで | 三十四文 |
| 内舟場・外舟場とも | 本町・伝馬町まで | 四十三文 |
| | 土橋町・橋本町・上川原町まで | 五十二文 |

などとなっていた。

伝馬町の中央、蓮華寺角には彦根城下の高札場《こうさつば》があった。高さ四・二メートルにもなる屋根組

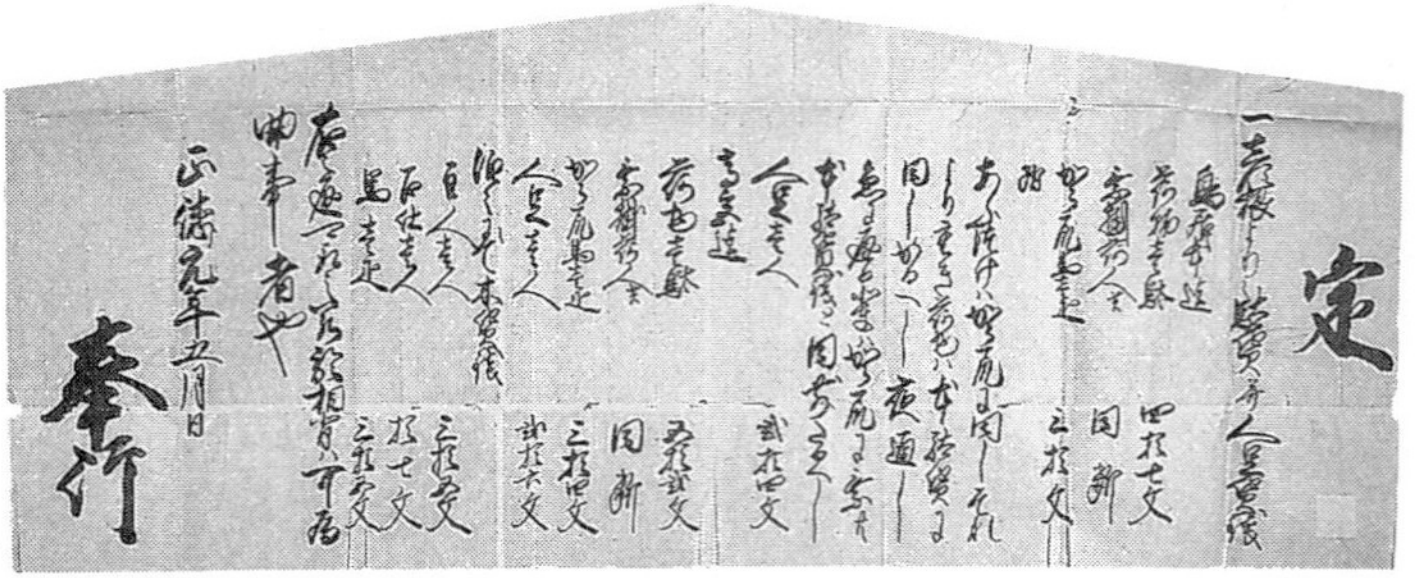


伝馬町高札写　駄賃札（伝馬町文書：彦根城博物館 蔵）

の下に、幕府の基本的な法令や公定賃銭を記した駒形の木札が掲げられた。大きな高札は、幕府の権威を象徴するもので、民衆に威圧感を与えたことであろう。高札が初めて建てられたのは、寛永十九年（一六四二）、藩により城下町や中山道・北国街道の各宿に建てられた。その文言は、当初はたびたび書き換えられたが、正徳元年（一七一一）に出された六枚の高札は、幕末まで内容に変更がなく、そのまま掲げられた。

高札の一枚には次の宿までの駄賃が記されていた。伝馬町の高札には、彦根から鳥居本と高宮までの公定賃銭が明記されている（上図はその原寸大の写）。それによると、鳥居本までは、荷物一駄四七文、高宮までは五二文となっていた。

（野田）

## 内町大通りの町並

**佐和町**　切通口御門から内町大通りを南へ進むと、今でも両側に古い民家の町並が見られ、江戸時代の城下のおもかげが残っている。江戸時代の町名は佐和町、明治には二番町と呼ばれ、今は立花町と町名が変わっているが、町人の住む町であった。道幅がせまいため、車は南行きの一方通行となっているが、これはかつての街道のままの道幅のためで、両側に古い家も比較的多く残っている。数年前の調査では、全九七戸のうち、そのまま残っている伝統的な木造建築が一五戸、少し改造のある伝統的な木造建築が二一戸もあり、城下でも町家が最も多く残っている一帯の一つである。明治以降に転居してきた家も多く、建てられた年代がはっきりとわからないものが多いが、明治初期から昭和初期頃までに建てられた家や、中には江戸時代のものと

佐和町の現況

思われる建築もある。

ただ、現在この通りは彦根の都市計画の一環として、道路を拡幅する計画が進められており、既にそれに対応して家を建て直す動きも見られる。町家の続く城下町の風景は、今となっては貴重なものであるが、この先どのようになるのだろう。（『城下町彦根の町なみ―歴史的景観の調査と保存修景―』日本観光協会編　二〇〇〇年）

**油屋町**　佐和町の南端の十字路は、西に曲がると中堀沿いに大手門橋に至り、東は油掛口《あぶらかけぐち》御門へと向かう。この通りの両側が油屋町である。町名の由来は、城下ができた当初、油屋をここに住まわせたことによるという。元禄八年の「大洞弁財天祠堂金寄進帳」（彦根藩井伊家文書）によると、油屋は町代を勤める家ともう一軒の二家あり、その他に紙屋や鍛冶屋・畳屋などが住んでいた。

この町の一部、内町大通りの十字路から西に折れてすぐ右手、中堀までの区画に町家が並んでいた場所の様子を上田氏は描いている。昭和三十二年頃に描かれたもので、卯建《うだつ》の上がった立派な造りである。左端の家、「粉卯商店」は明治初期にはこの地にあって杵粉屋を営んでいた。この町並も、昭和四十七年に交通量の増大に伴って道路拡張をおこなったため、すべてなくなってしまった。

**藤嘉と長野義言**　油屋町には、幕末動乱の世で彦根の進む道を定めるきっかけをつくった町家があった。それは、長野義言《よしとき》が世話になっていた藤嘉、藤屋嘉兵衛という道具屋である。井伊直弼の腹心としてその大老政治を支えた長野義言は、直弼が桜田門外で暗殺された後もその政治路線を継承して京都で活動していた。

油屋町の卯建造家並図

直弼が亡くなってから二年後の文久二年（一八六二）五月頃には、京都では寺田屋事件が起こるなど、急進的な尊王攘夷派が集まってきていた。直弼政治を継承する長野は彼らにねらわれるようになったため、京都から密かに彦根に戻っていた。一方幕府内でも改革が行われ、一橋慶喜が将軍後見職に就くなど、直弼が進めた譜代大名による政治路線―これは江戸時代を通じての幕政の基本であったが―それが大きく転換してしまった。藩内にも、軽輩・足軽層の中に体制変革をめざす尊王攘夷の一派「至誠《しせい》組」がおり、京都や幕府での直弼政治を否定する動きが強まる中、彼らは直弼政治を象徴する長野を討つことを家老岡本半介に迫った。

その直接のきっかけが、文久二年八月、至誠組の中心人物渋谷騮太郎《しぶやりゅうたろう》（のちの谷鉄臣《てつおみ》）が、油屋町の藤嘉で土佐訛《なま》りのある他国の武士を見かけたことにあった。他国の者が彦根城下町にまで入って長野の行方を探していることを知ると、長野の首を他藩の者に取られれば彦根藩の名を汚すことになるため、藩内で処分しなければならないと考え、外村省吾・北川徳之丞・川上吉太郎とともに家老岡本半介を説いて、長野を断罪に処した。

**伝馬町**　佐和町から十字路を渡ると伝馬町である。この町は伝馬役を勤めているために、町内に住む人の職種にも特徴がある。元禄八年の「大洞弁財天祠堂金寄進帳」によると、同町に住む一〇二家のうち、馬方が一九家、その他馬持や馬医など伝馬に関わる仕事に就いている者が多くおり、たばこ屋六家や米屋四家、小間物屋二家などの商人、鍛冶屋二家・大工二家などの職人も住んでいた。町の西側に問屋場があった。代々問屋を勤めたのが石臼屋三郎左衛門で、呉服屋を勤める傍ら問屋の御用を勤めた。

町の中程で白壁町の道と交わっている。この南東の角に高札場があった。この通りを東に入ると裏通りが通っており、片側の面には町人の借家が並び、もう片方には中級藩士の屋敷があった。

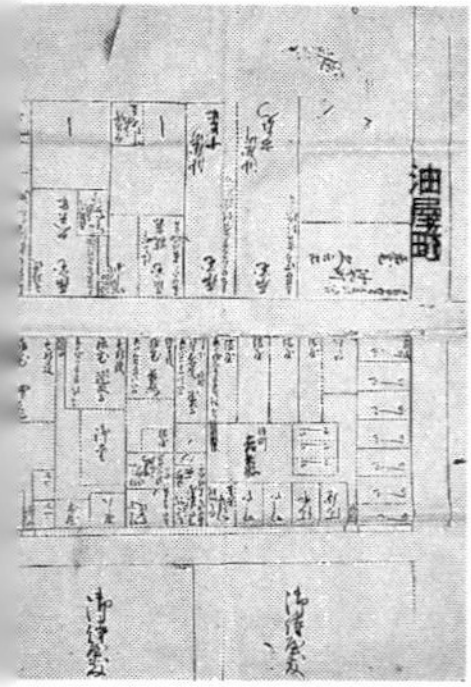


白壁町通りの突き当たりに蓮華寺がある。山号は妙法山、日蓮宗の寺院である。この寺は上野《こうずけ》国箕輪《みのわ》城主であった井伊直政の祈願により同地で朝学院日義によって建てられた。その後直政に従って高崎城下、さらに彦根へと移った。

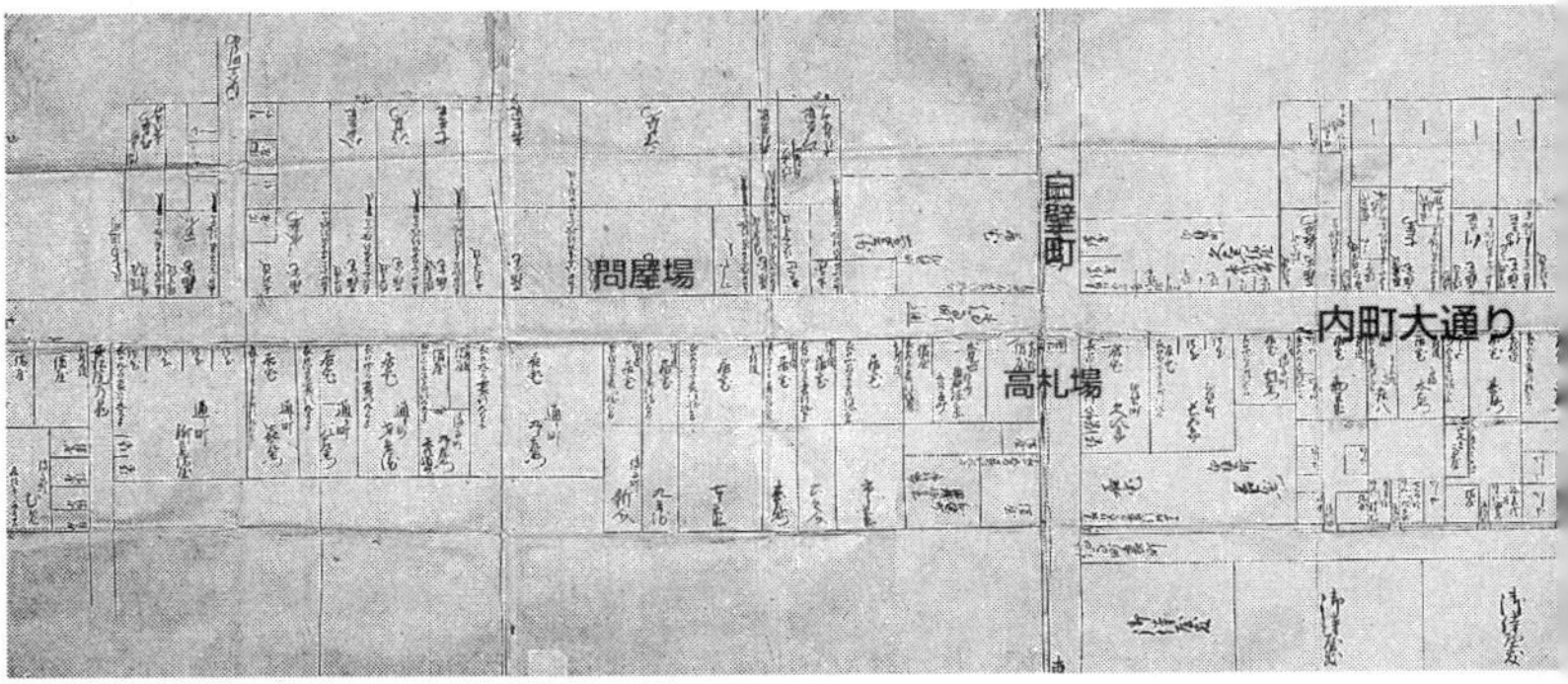


伝馬町絵図（伝馬町文書：彦根城博物館 蔵）

当初の寺地は東西二七間、南北四五間であったが、三代井伊直澄の時代に拡張されて東西三九間・南北五五間もの寺地となった。現存する本堂は、寛保元年（一七四一）に焼失した後、明和三年（一七六六）に再建されたものである。

**秤座出張所**　この町には、問屋場の他にも幕府の統括下にある店舗があった。それは秤座《はかりざ》の出張所である。江戸時代、秤は江戸の守随《しゅずい》家と京都の神《じん》家がその製造販売をおこなう特権を持っており、両家は各地に出張所を置いて秤の販売や修理をおこなった。彦根の出張所は伝馬町の伏見屋阿知《あち》波《は》勘兵衛に置かれ、江戸の守随家の名代役として秤類の販売や修理をしていた。伏見屋は呉服屋も営み、これらの職種は明治以降も引き継がれた。

上田道三氏が描いた画の中に、明治四十三年当時の伏見屋呉服店を描いたものがある（次頁図）。右側の本店は呉服屋で、左側の分店には暖簾に「度量衡器並ニ付属品販売」と書かれている。この街道の両側に二階建ての町家が並んでおり、家と家の間には、卯建が描かれている。

伏見屋呉服店付近図

**通り町**　伝馬町の南、高宮口御門までは、通り町と呼ばれた。町名の由来は不明であるが、高宮口御門から内町通りへの入口の町、という意味で付けられたものであろうか。

大通りから路地を東に入ったところに長松院がある。山号は万年山、曹洞《そうとう》宗の寺院である。この寺は井伊直政が慶長七年（一六〇二）二月、佐和山で死去した折に芹川の中洲で荼毘《だび》に付され、そこに塚を築いたのが始まりで、その跡に貴山永胤により創建された寺である。藩より寺禄二〇石を与えられた。当初は直政の諡号である祥寿《しゅうじゅ》院と号したが、のちに改称したという。境内には直政の灰塚塔がある。

**明治以降の町並**　明治になると、伝馬町と通り町は「一番町」と改称された。一番町では江戸時代の有力町人が明治以降も商売を続けたり、新たな事業を展開し、城下で老舗の商店街として戦後ま

大正時代の上阪屋（彦根市立図書館 蔵）

で繁栄した。

江戸時代の問屋場の役割を継承したのが郵便制度で、明治五年（一八七二）に郵便取扱所が設置された。江戸時代の問屋がそのまま継承することも多かったが、彦根は別の者が郵便を扱った。場所は一番町の南端、高宮口に曲がる角の植田六郎平方に置かれた。郵便局はその後、明治十九年に本町へ移転した。

一番町で大きな店舗を構えた呉服屋に上阪屋呉服店がある（上写真）。街道の西面、ほぼ中央に位置していた。江戸時代から明治以降に引き継がれた呉服商で、大正時代の写真には、呉服・太物・嫁入小袖と大書きされた暖簾が掛かり、屋根には花嫁衣装の看板が掲げられているのが映っている。これらはひときわ人目を引いたことであろう。昭和にはいると、いち早く近代的な鉄筋のビルに改装した。その他、前述した伏見屋や「米猪」の屋号の造り酒屋ら

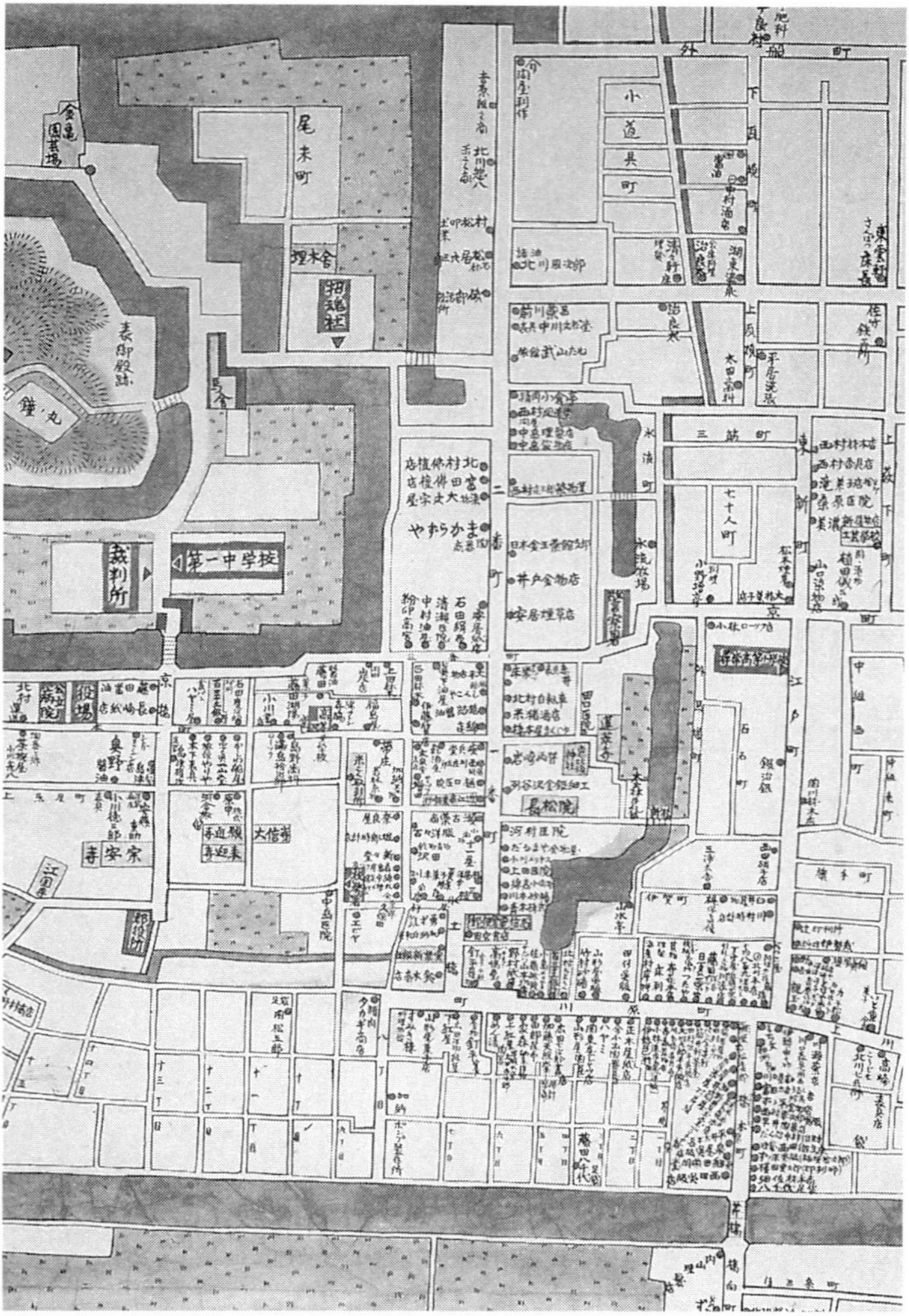


明治41年　彦根市街及商工業者一覧（部分）

も引き続き同じ場所で商売を続けていた。

明治に新たに興された金融業では、近江商業銀行が明治二十九年、松居久左衛門によって一番町に創設された。近江商人らによって設立された銀行で、川原町や高宮に支店を置いた。大正十四年に明治銀行へ吸収合併されるまで、同町にあった。また、高札場の跡地あたりには、両替商の岩崎定次郎が営業をしていた。

上田氏は、これら商工業者を地図上で示した図を描いており（右頁図）、明治四十一年の商工業者一覧としているが、これは同年七月に「湖東之光発行所」（彦根四十九町）から発行された「彦根市街図」にその内容が類似しており、上田氏はこの地図を元に一覧の絵を描いたものと思われる。

**戦後の一番町**　城下商店街の中心的存在として、えびす講の時にはあふれんばかりの賑わいの一番町であったが、客足が銀座や京町の方に向き、古い町並に足を留める人がすくなくなると、これを打破しようと昭和三十五年に中央商店街近代化研究委員会を結成して道路拡幅が計画された。請願を続けた結果、昭和四十六年に認可されて工事開始、立ち退き・土地買収などを行い、総事業一一億円をかけ、昭和五十六年、三八五メートルの商店街拡幅が実現した。それに伴い、アーケードのついた鉄筋の建物が建ち並ぶ商店街となり、町家が並ぶ街道の風景は一変してしまった。ただ、今でもこの商店街には、鍋屋・伏見屋など、江戸時代以来の屋号を店名に付けて商売を続けている店がある。（『彦根商店街連盟創立二十周年記念誌』一九七三年）

（野田）

# 朝鮮人街道を通った人々

**朝鮮人街道**　彦根宿は、朝鮮人街道の宿という性格もあり、朝鮮人街道を通る幕府役人らは彦根で宿泊した。朝鮮人街道は、野洲郡小篠原で中山道から浜側へ分かれ、八幡の町内を抜けて、安土城のふもとを通り、能登川から愛知川を越え、荒神山《こうじんやま》のふもとを通り、西今村・平田村を経て、平田山のふもとのカーブを過ぎると、一直線の道で彦根城下に入る。城下に入るとすぐに右から中山道からの脇街道と合流し、芹川を渡る。城下を抜けて、鳥居本で再び中山道に合流する。

朝鮮高官像（宗安寺 蔵）

この街道は、朝鮮通信使が江戸へ向かう際に利用されたため、朝鮮人街道と呼ばれる。徳川家康が関ケ原合戦で勝利をおさめた後上洛する際に通った記念すべきルートでもあり、将軍が上洛する際にもこの道を通っている。この街道は、それ以前から浜側の「下街道」として利用されており、織田信長も安土城下を通るこの街道を積極的に利用させようとしていた。

では次に、朝鮮通信使をはじめ、彦根城下へ

昭和十六年～十八年頃の朝鮮人街道（『稲里町小史』より）

の主な公用宿泊者について、その様子を見てみよう。

**朝鮮通信使**　朝鮮通信使は、江戸時代を通じて一二回来日した。その一般的な経路をたどると、船団でやってきた通信使一行は瀬戸内海を通り、大坂から淀川を上って淀で上陸し、そこからは陸路を進む。京都・大津・守山で一泊ずつした後、朝鮮人街道を通って近江八幡に入り、そこで昼休み。その夜は彦根で宿泊。翌日は鳥居本で再び中山道に入り、その日は大垣泊まり。そこから美濃路を通って名古屋に入り、その後は東海道を通って江戸に向かう。

通信使の一行は、使節、通詞《つうじ》（通訳）、書記官らの諸役人に加え、医者や画家、料理人など総勢五〇〇人近くが来日、大坂で停泊させる船とともにそこに留まった船夫らを除いても、四〇〇人近くが江戸に向かった。これに随行した対馬藩主宗《そう》氏らも含めた大規模な一行が彦根に宿泊した。

彼らの彦根での宿泊地を延享五年（一七四八）の通信使の場合を例に見ていきたい。この年の通信使は徳川家重《いえしげ》が

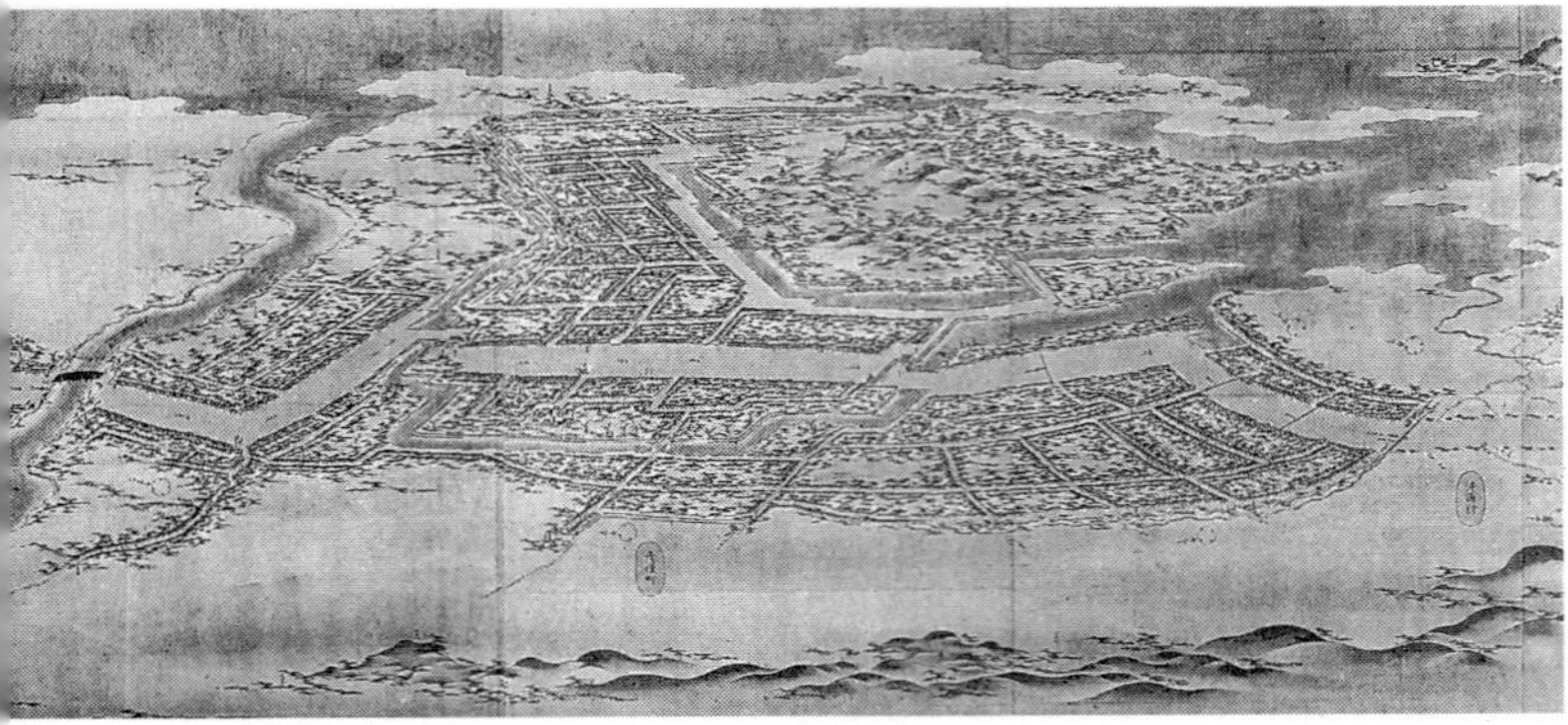

将軍職に就いたことを祝い総勢四七五名の使節がやってきた。このうち大坂に留まった八三名を除く三九二名が江戸に向かった。彦根に宿泊したのは往路が五月五日、帰りが六月二十五日。正使・副使・判使の三使は宗安寺に宿泊し、同寺の塔頭《たっちゅう》は書記官らの御馳走所などに使用された。中官・下官の宿泊は大信寺・明性寺、官人の荷物宿は蓮華寺、長老の宿は江国寺と松原庄右衛門屋敷、通詞下知役と通詞は城下の町人家や願通寺・法蔵寺へ、対馬藩主宗義如の本陣は御馳走所の林吉兵衛方へ、対馬藩の家老は白壁町十兵衛・庄兵衛と伝馬町吉兵衛宅に宿泊し、それ以外にも一二〇カ所以上の城下の町家にその家臣等が分かれて宿泊した（『新修彦根市史六』・「御城使寄合留帳」）。

　これら通信使一行を継ぎ送るためには膨大な数の人足と馬が必要となった。正徳元年（一七一一）の通信使では、六五六五人の人足と一七七三疋の馬が彦根に集められたが、このうちの一部は他大名も負担した。彦根藩で

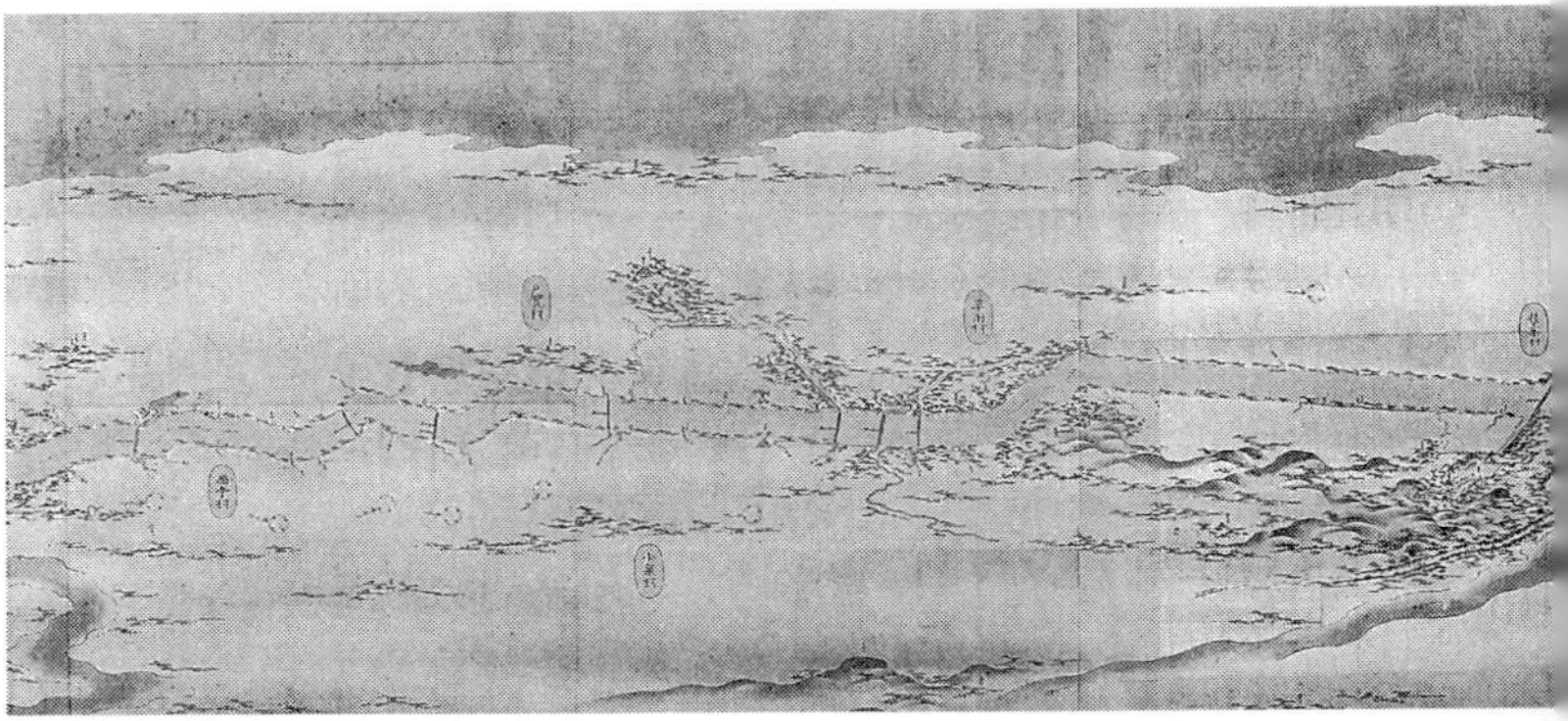

朝鮮人道見取絵図（東京国立博物館 蔵）

は、藩士の持ち馬や、彦根藩領の四宿すなわち愛知川・高宮・鳥居本・番場から、それぞれの問屋を通じてその助郷の村々から人馬が集められた。

通常の荷物の継ぎ送りでは、隣の宿までの宿継《しゅくつぎ》とするのが原則であるが、通信使一行の場合に限っては、一度に必要とする人馬が膨大なため、数宿分の人馬を集めて運ぶことになり、宿ごとに継ぎ換えることはできず、一度に運ぶ距離が長くなった。彦根を出発した一行を運ぶ人馬は、次の宿泊地である大垣までその役割を果たした。

朝鮮人街道は、徳川家康が関ケ原合戦で勝利を収めた後上洛する際に通った記念すべきルートでもあり、将軍が上洛する際にもこの道を通っている。朝鮮通信使が中山道ではなく浜側の街道を通った理由として、この道が家康戦勝記念の吉例でありそこに使節を迎えたという説、一行の宿泊・休憩を受け入れることのできる近江八幡・彦根といった都市があったためという説がある。さらに彦根が徳川方の軍事的拠点であったことをふまえると、万一争乱が起こった場合には彦根に通じる街道が充分に機能し、宿泊地や人馬が供給できる体制がとれるよう、予行演習をする意味もあったのかもしれない。

**幕府の巡見使**　将軍の代替わりごとに全国を視察して廻った巡見使《じゅんけんし》を迎えることも、伝馬町の大きな役割であった。

寛政元年（一七八九）には、筑紫従太郎・大久保長十郎・堀八郎右衛門の三名が巡見使として派遣された。彼らは、若狭敦賀から北国街道を南に下り、近江には三月五日に入り、木之本・菅浦・塩津・長浜で一泊ずつして、三月九日昼、彦根に入った。

問屋の三郎左衛門は物見の者を矢倉川の茶屋まで派遣し、自分は佐和山を越える切通坂のふもとで迎えた。この時は問屋役という公的な御用を勤めているため、三郎左衛門は武士並に帯刀していた。その後、巡見使が進むにつれて、城下町を取り仕切る本町の年寄役、次いで藩の役人である町奉行・火消役らが順々に待ち受けている。外堀を渡る切通口門の前では、家老の脇伊織と同加判の庵原主税之助《いはらちからのすけ》が巡見使を迎え、挨拶を交わした。

その後、三名は宿所である本陣に入る。この時の本陣は、城下の有力町人である田中十郎兵衛・尾本平次・出路市郎右衛門の家が充てられた。本陣には、問屋三郎左衛門や藩領内の中山道四宿（番場・鳥居本・高宮・愛知川）の問屋が挨拶に出向き、巡見使から問い合わせのあったことについて、口頭で答えたり、内容によっては書面にまとめて提出した。それより前の巡見使の中には、多賀大社に参詣したかったようで、その先例があったようだがと言い出す者がいたが、応対した方では、大切な巡見御用の最中なので御用に関係ないことは了承しなかったということもある。

翌十日、領内四宿からと彦根で集められた合計人足二七九人・馬二九疋により、能登川まで一行の荷物が運ばれた。

**伊能忠敬**　その他にも、幕府の役人が宿泊している記録が残っている。例えば、文化三年（一八〇六）十月十六日、幕府の「御測量御用」一行が彦根に宿泊した。全国を測量し、詳細な地図を作り上げた伊能忠敬《いのうただたか》の一行である。すでに、前年九月にも測量のため彦根に来ており、この時は二度目の宿泊であった。前回の来彦は、その年の二月に江戸を出発して東海道から紀州海岸を測量し、大坂から京都に入り、琵琶湖東岸を北上して彦根に入ったもので、九月二日・三日に伝馬町伝左衛門方で二泊した。この時は湖岸や荒神山の測量をしてから彦根に入り、彦根城下では蓮華寺の本堂前庭で測量、鳥居本や摺針峠《すりはり》でも方位を計った。

伊能忠敬（伊能忠敬記念館 蔵）

その後の一行は琵琶湖を一周した後、山陽地方に向かい、岡山から瀬戸内をさらに西に向かって本州西端の長州下関までたどりつき、山陰海岸を東に戻ってきた。そして若狭敦賀から北国街道を南に下り、柳ケ瀬関所を越

蓮華寺門前現況

えて木之本・長浜から鳥居本を経て彦根城下に入ったのが文化三年十月十六日のことであった。同月九日夜、伝馬町三郎左衛門の元に、御測量御用一行一四名のうち二手に分かれた八名が向かうという先触が伝えられてきた。

彦根では、一行を迎える宿泊地を通り町わたや吉右衛門と、同町わたや嘉兵衛に命じて一行の荷物を運ぶ人馬を準備した。準備を求められた人馬は人足七人と馬六疋、長持一棹を持つ人足であったが、実際には人足七人と馬四疋で彦根から能登川まで四里半の距離を運んだ。この時運んだ荷物は、天文台道具などの入った「琉球包」（琉球薦でくるまれた包み）九包みや磁石台七つ、間棹・鎖など測量のための道具や、各人の荷物—荷駄や柳行李・刀箱—があった。

その後の伊能隊は、朝鮮人街道を南に下って大津まで行き、その後東海道を東に進んで同年十一月に江戸に戻った。一年十カ月にわたった第五次の測量旅行であった（「道中御触紙写並御分間用留」伝馬町文書）。

（野田）

# 三　高宮宿へ通じる高宮道

## 高宮口御門と土橋町界隈

**高宮口御門**　内町大通りの南端、通り町を南に進むと、今ではまっすぐ銀座街へ抜けられるが、昔は外堀の手前で突き当たりになっていた。左側には御番所があり、直角に右に折れると高宮口御門があった。ちょうどあさひ銀行の前あたりである。

　高宮口御門をくぐると、道は左へ折れ枡形になっており、外堀の橋に至る。つまり、藤政精肉店の角から旧市場街の入口まで突き当たる道が外堀を渡る橋となっていた。ここは、中山道高宮宿へ至る道の起点となり、門に

御城下惣絵図（高宮口御門付近：彦根城博物館 蔵）

高宮口御門付近現況

は常時門番が置かれ、夜になると門は閉じられ通行できなかった。

幅約一三間（約二三メートル）の外堀にかかる橋は土橋だったため、この付近一帯を土橋町と呼んでいた。現在は外堀が埋められ、外堀沿いに幅約八〜九間（約一六メートル）の土塁（土居）が造られていたが、その大半は失われて「主要地方道大津・能登川・長浜線」になっている。

幕末期、高宮口御門への屈曲部分の道路の内、土橋の両側部分には「新見せ」と称する、露天のような小屋掛けの商店が建ち並んでいた。また、最近まで平和堂生活館（現在はダイソー）の店舗があった所には、昭和八年（一九三三）秋に「マルビシ百貨店」が建てられ、土橋町・川原町一帯の彦根銀座と称する商店街を代表する店舗として大変な賑わいを見せていた。

**明治の食肉文化**　江戸時代から彦根城下のメインストリートして賑わいを見せていた高宮口御門一帯は、明治

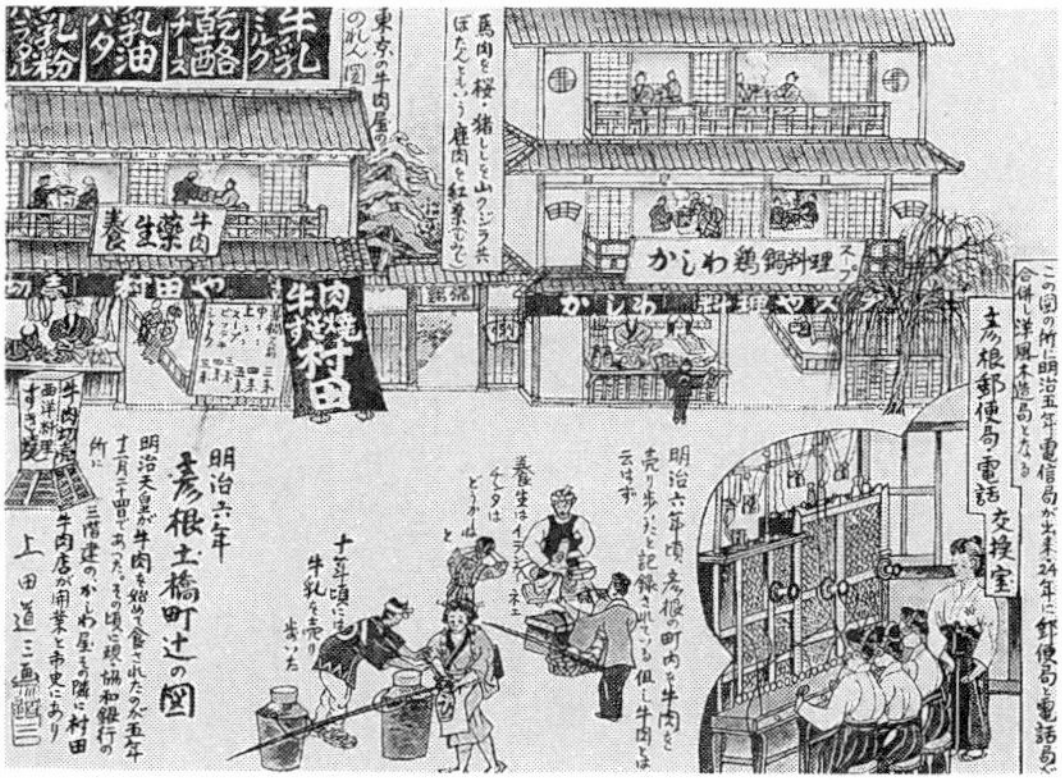

明治六年彦根土橋町辻の図

維新以後も新しい文化を素早く取り込んでいった。

上田道三氏は、明治時代の香りを感じる絵画として、「明治六年彦根土橋辻の図」で、庶民の牛肉や乳製品の食用の始まりを絵と文章で詳細に書き残している。

絵のタイトルの横には「明治天皇が牛肉を始（初）めて食されたのが五年十二月二十四日であった。その頃に既に協和銀行の所に三階建のかしわ屋、その隣に村田牛肉店が開業と市史にあり」と記している。

絵の向かって左側の店は、紺地に「牛肉・すき焼き村田」と白く染め抜かれたのれんと「切売　村田や」と書いた小さめののれんが懸けられている。のれんの下には店員らしき男性が牛の頭と捌いた牛肉を店頭に並べている姿があり、切り売りのようすが見て取れる。また「明治六年頃、彦根の町内を牛肉を売り歩いたと記録されている。但し牛肉とは云はず」と記し、「養生はイランカーネエ、チンタはどうかーねと」と売り歩く際の口上も記している。

「スープ・ビフテキ・シチユウ」などの料理のメニュー、販売価格（三〜五銭か）を大きく書き出した看板、店先の通りには「牛肉切売・西洋料理すき焼き」と記された行灯も見える。店を入って右側には座敷も備えている。木造二階建ての一階の屋根には「養生薬　牛肉」と記した看板が掲げられ、二階の部屋では、客とおぼしき二人組がそれぞれ湯気の立ち上がる鍋をはさんで食事をしているようすも見える。

江戸時代、彦根藩では、井伊家と将軍家あるいは大名家への贈答用の「滋養薬」として乾燥牛肉や味噌漬けの牛肉が製造されていた。上田氏が描いた明治六年の図では、庶民もまた牛肉を「滋養薬」として食していたことがわかる。

**庶民の憩いの場・銭湯**　銀座街と中央町の間の裏道にある「山の湯」（現中央町）のある一角は、江戸時代は外堀の内側土居の上にあたり、一〇九頁の図でも、すでに幕末期に周辺の外堀が埋め立てられ町場化していくようすがうかがえる。「山の湯」は、彦根キリスト教会創立者の一人・三谷岩吉が始めた公衆浴場（銭湯）で、明治初年の開業。三谷は自ら経営していた遊郭を廃業して娼妓を解放し、それにともなって失業した老人たちに職を与えるために同じ彦根キリスト教会の創立者であった中嶋宗達（元彦根藩の奥医師）に相談して「山の湯・薬湯」を開業したという。

上田氏の描いた「明治の風呂屋」（次頁）は、現在でも営業を続ける銭湯の老舗である。銭湯の外観は、寺院の屋根か彦根城天守を思わせるような唐破風屋根、紺地に白く「山の湯」と染め抜いたのれんを懸け、向かって右側の柱に「男湯」、左側に「女湯」の木札を打ち付けてある。

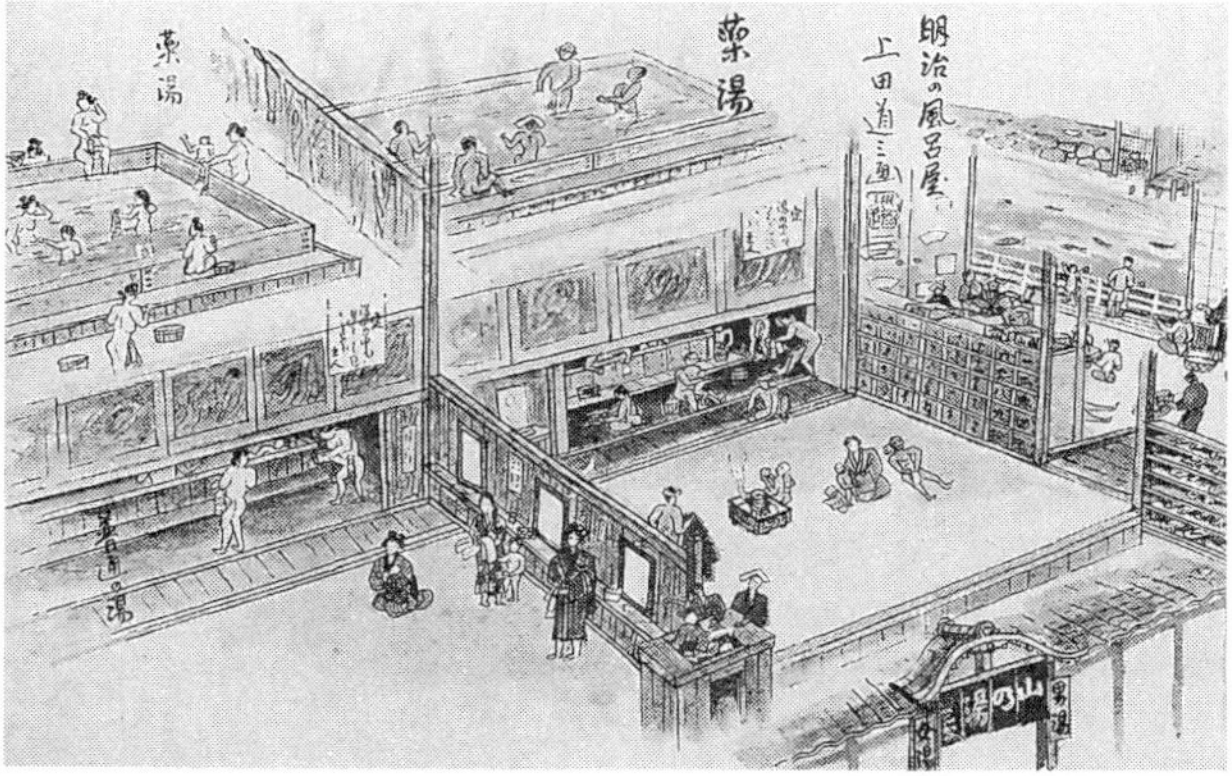


明治の風呂屋

絵は紙幅の関係からか、斜め上からの鳥瞰図的な描き方で、いくつかの場面を集約した絵になっている。そのため、銭湯の間取りを忠実に把握することはむずかしい。入浴客は男女別に番台で代金を支払い、番台の逆方向にある下足棚で下駄を脱ぎ、脱衣部屋にあがったのであろうか。脱衣部屋と玄関の土間との間に壁が描かれていないが、実際には何か仕切りがあって、番台付近に入口があるのではないかと思われるが定かでない。

　脱衣部屋にはロッカー式の脱衣箱や鏡があり、男湯の脱衣部屋には火鉢も置かれている。脱衣部屋から風呂の浴槽のある部屋に少し前かがみになって入ろうとする男性が描かれている。これは天井に上がる蒸気や熱が脱衣部屋に流れるのを防止するためにわざと低い壁を設けたもので、昔の銭湯にはよく見られたものだと聞いたことがある。風呂の浴槽は二種類あり、男女それぞれに「普通湯」と「薬湯」があったことがわかる。絵では二階建のように描かれているが、実際には普通湯の浴槽の奥に

山の湯東裏側に残る外堀の土居

段違いで薬湯があったらしい。男湯の脱衣部屋の向かって右手奥には風呂上がりの客がからだのほてりを冷ますための休憩室があり、その奥には彦根城の外堀に面した縁側でくつろぐ親子の姿も見える。

「山の湯」の位置は昔と変化はないが、「山の湯」の東側に遺っていた外堀は、昭和二十五年頃、マラリア対策の一環として埋め立てられ、コンクリート製の細い水路になっている。外堀沿いにあった土居の一部は小高い土手のように残っている。今では、旧城下の外堀土居の貴重な遺構である。

山の湯は、何度か改装されて、上田氏が描いた銭湯の内部とは異なっている。それでも、戦前のものではないかと思われるロッカー式の脱衣箱や、丸形の竹製の脱衣カゴ、古めかしい畳敷き木製のベビーベッドが置かれていて、昔の銭湯の賑わいを感じ取ることができる。また、今でも薬剤を配合した赤茶色の湯を慕って、遠方からやってくる入浴客もいると聞いた。

（齊藤）

## 川原町 ― 繁華街のいま昔

**旧城下の繁華街**　川原町の名称は、彦根城の北を流れる芹川が彦根城築城の時に付け替えられて現在の河道となった際に、この旧河道の川原にできたことに因むといわれている。江戸時代の川原町は、彦根城下中央部に位置する町家地域で、東は袋町、西は土橋《どばし》町、北は伊賀町、南は芹橋の足軽屋敷に隣接していた。

　この町は、明治二十二年（一八八九）の彦根町成立時にその大字になり、彦根町役場が置かれた（明治二十四年に本町に移転）。昭和十二年（一九三七）の彦根市成立時には上川原町と合併、昭和四十四年には住居表示実施により、町域が大きく変更され、現在の河原一丁目・同二丁目・同三丁目、銀座町、錦町の五町の一部となった。だから、現在は川原町という町名は存在しない。

　昔の川原町一帯を含めた彦根の商店街では、夏には七《たな》

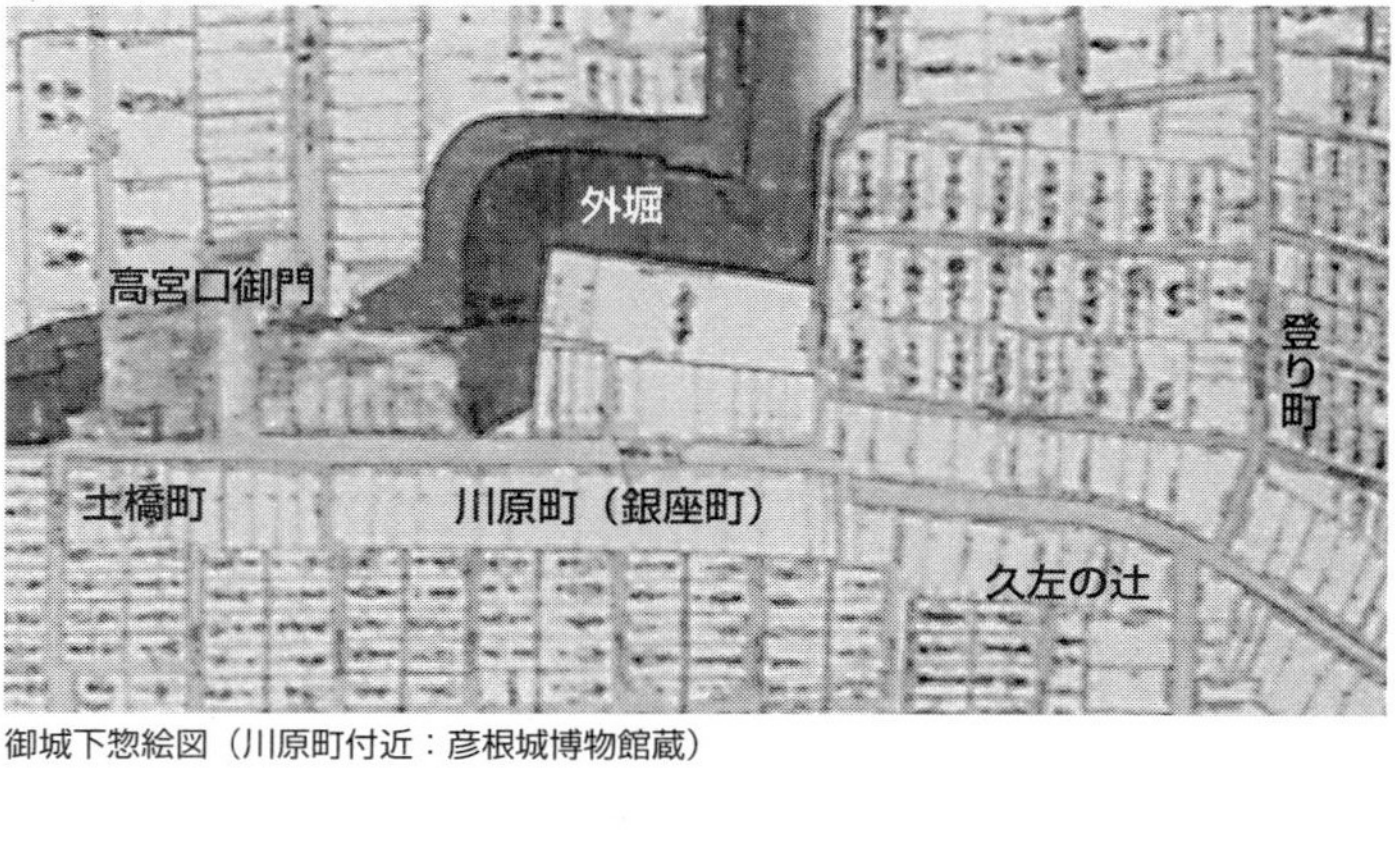

御城下惣絵図（川原町付近：彦根城博物館蔵）

久左の辻から見た銀座街現況

夕《ばた》まつり、秋にはゑびす講の売出しが行われる。この二つのイベントは、昔から特に賑《にぎ》わいを見せたという。七夕まつりは八月上旬、彦根の商店街一帯で盛大に行われる。この夏祭りは、一説では彦根藩井伊家の石高加増や出世する縁のある日が七夕頃に多かったことに由来するという（彦根市物産協会『彦根物語』）。ゑびす講売出しは、いつから始まったか定かでない。一時中断したが戦後に復活し、以後十一月下旬頃に三日から五日間ひらかれている。

彦根のまちは、全国的にみて大きな戦災を被《こうむ》らずに済んだといってよい。そのため城下町の古い町並が比較的よく残っている。とはいうものの、家屋の老朽化や家の出入り、都市化の流れもあるから、いつまでも全く同じ町並というわけにはいかない。ここで紹介する彦根の繁華街川原町も時と共に次第に変貌していった。

**江戸時代の川原町**　江戸時代、彦根の町家は、本町手組・四十九町《しじゅうくまち》手組・川原町手組・彦根町手組の四手に分かれており、川原町はこのうちの川原町手組の親町であった。江戸時代の川原町については、景観的な変化は不詳であるが、人口や職種の時期的な変化をある程度知ることができる。

元禄八年（一六九五）「大洞弁財天祠堂金寄進帳《おおほらべんざいてんしどうきんきしんちょう》」によると、川原町の家数は二〇五軒（うち借屋一二六軒）、人口は七九七名（男四〇四名、女三九三名）であった。これより古くは不明だが、幕末維新期の弘化元年（一八四四）から明治二年（一八六九）にかけては「切死丹御改五人組帳」などの史料による整理がある（『彦根市史』中冊）。それによると、家数こそ九八軒から一〇二軒と一〇〇軒前後で大差ないが、人口は元禄八年よりも激減し、弘化元年には六三七名となった。その後も減少傾向は続き、安政四年（一八五七）には五八九名、明治になると更に人口減少に拍車がかかり、明治元年（一八六八）には五四一名、明治二年には五〇〇名となった。

職種については先の「大洞弁財天祠堂金寄進帳」によると、煙草屋三四軒、油屋一六軒、米屋一五軒、菓子屋九軒、綛《かせ》屋八軒、小間物屋七軒、紙屋六軒、紺屋・塩屋各五軒、豆腐屋・大工・木綿屋各四軒、酒屋三軒のほか、檜物《ひもの》屋・板屋・薬屋・炭屋・布屋など四一種に及んだ。これに対し、安政四年の「家並五人組帳」の分析（『彦根市史』中冊）によると、元禄八年時と比べて檜物・板・薬・炭・布などの商売がなくなった。その代わりに足袋・荒物《あらもの》・瀬戸物・菜種・塩《しお》肴《ざかな》・昆布・味噌・蕎麦《そば》・仏壇・髪結《かみゆい》・按摩《あんま》などがみえ、職種は五九種に増加した。このように、江戸時代中期と後期の川原町を比較すると、人口は減少した一方で、職業は種類を変えつつ多様

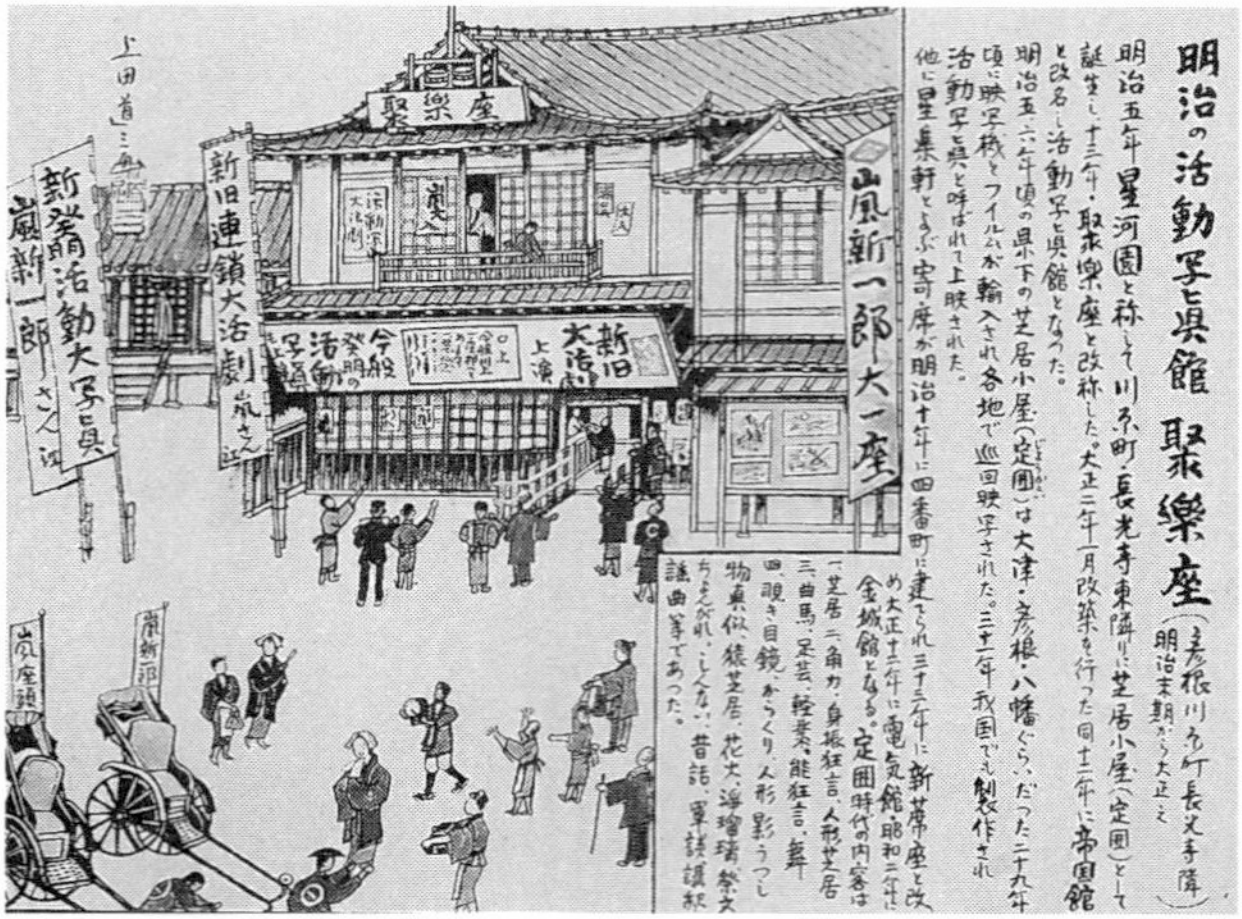

明治の活動写真館聚楽座

化している様子が見てとれる。

**明治の繁華街**　上田道三氏は彦根の商店・建物の絵を多く残している。その一部は上田氏と同時代の姿でなく、明治時代の姿であり、絵も挿《さ》し絵的なタッチで、明治時代の雰囲気が印象的に描かれている。その中から川原町にあった商店・建物の絵をいくつか紹介し、町の商店の様子とその移り変わりを見てみよう。

上図は聚楽座という、昔は旧城下にいくつもあった映画館の中の一つだ。嵐新一郎大一座による活劇《かつげき》と活動写真（映画）が同時上演されていた様子が描かれている。左から二つ目の幟《のぼり》には、大スクリーンに映し出されるフィルムが「新発明活動大写真」と表現されおもしろい。上田氏の書き込みによると、最初は「明治五年星河園と称して川原町長光寺東隣に芝居小屋（定囲）として誕生し、十三年聚楽座と改称」

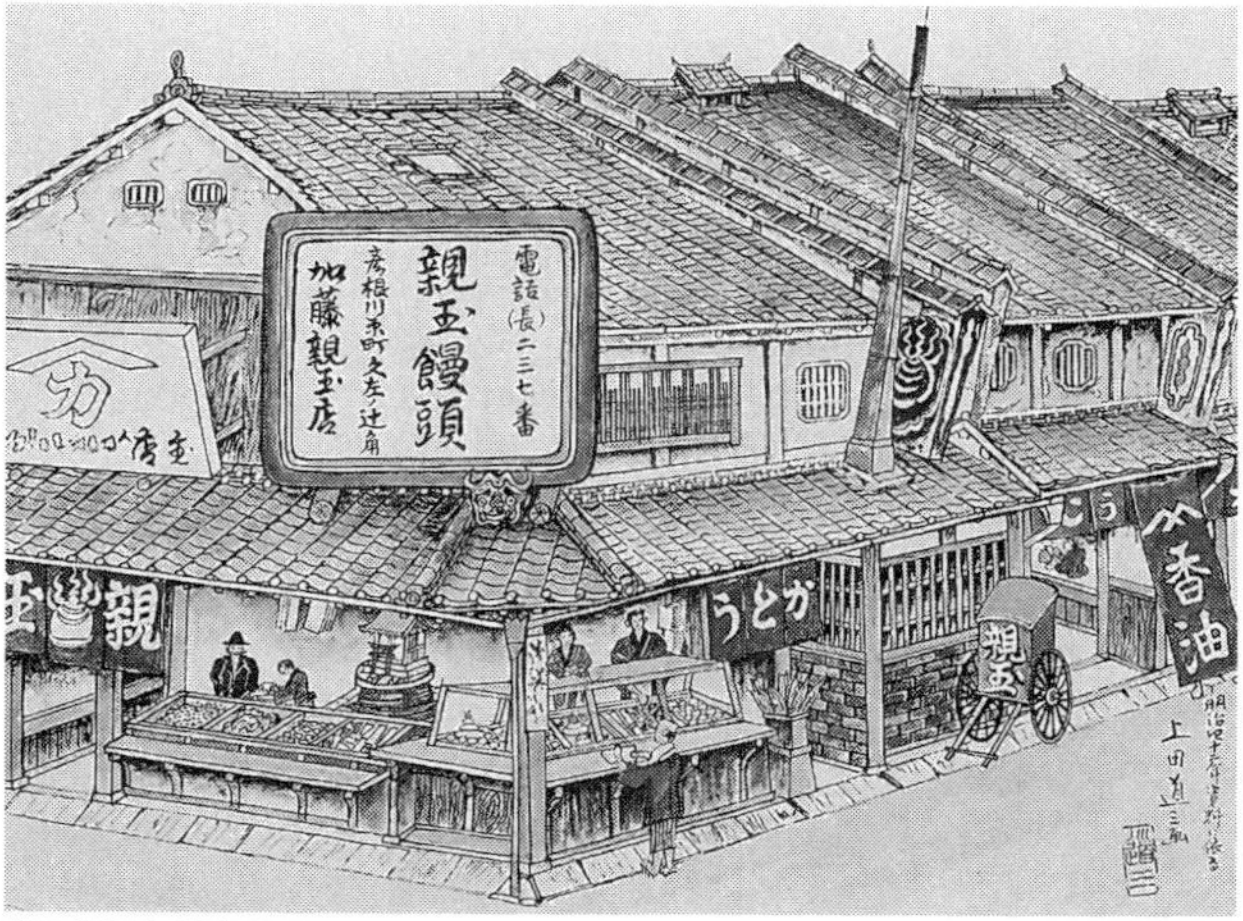

親玉饅頭加藤親玉店

したとある（引用文中括弧は上田道三氏による）。大正十二年（一九二三）には帝国館と改称するが、昭和二十年（一九四五）に建物疎開《そかい》で解体。戦後の同年十一月三十日、彦根土地興業株式会社が設立され、旧帝国館跡に直営の真盛座を建築。その後彦根東映・彦根協映と改称した（『彦根市史』下冊）。現在この映画館は残っていない。

上図は、久左《きゅうざ》の辻《つじ》（現在の銀座町の東端。南西角に豪商・近藤久左衛門宅があった）にあった親玉饅頭《おやだままんじゅう》加藤親玉店の絵である。ケースにはたくさんのお菓子が並び、右端には店の荷車もある。主人夫婦と奉公人であろうか、店の人がお客の応対をしている様子が描かれている。現在はこの場所に親玉饅頭販売店はないが、少し離れた市場街商店街には今も「親玉」の看板を掲げた店がある。この店のご主人の児玉義昭

丁子屋近藤市右衛門店

さんによると、店舗が移転したのではなく、児玉さんのお父さんが大正十二年に市場街の現在の場所で始めたとのことだ。では、久左の辻にあった「加藤」店との関係はというと、「加藤」店には弟子の一番番頭がお二人いて、そのうちの一人は前川さんといい、もう一人の八日市で開業した方のもとで修行をされたのが児玉さんのお父さんなのだそうだ。この前川さんのご家族（前川敏子さん）のお話によると、久左の辻の店は、ここで奉公していた敏子さんのお舅にあたる方が継いで、名称を「加藤」から「前川」に変更、昭和三十六年にお亡くなりになるまで営業を続けたのだそうだ（児玉さんのお話によると、市場街の「親玉」店の開業は、「前川」店の開業から七、八年後だったそうである）。

繁華街には、聚楽座や「加藤」店のように時代とともに移り変わる商店もある一方で、店を

川原町古写真（彦根市立図書館 蔵）

代々続けた老舗《しにせ》もある。例えば、前頁図は「丁子屋《ちょうじや》近藤市右衛門店」という「内外薬品　洋酒　諸国売薬香具」を販売する「内務省免許」の薬屋の絵である。丁子屋さんは彦根でも有数の老舗で、『彦根商工会議所創立五十周年記念誌』によると、創業は元禄五年（一六九二）である。外観こそ変わったが、この店は薬局として現在も続いている。絵を見ると、店内の奥には薬棚が置かれ、店先には「宝丹《ほうたん》」「ビットル散」「ペプシ子散」「胃散」といった薬の名前書、店の裏には蔵が二つ並んで描かれている。現在のご主人の近藤嘉男さんのお話では、銀座防災建築街区造成（後述）で壊されるまで立っていた店の全体的なたたずまいや、二つの蔵は、この絵に描いてある通りだったという。

　では、なぜ上田氏は明治の商店を描いたのであろうか。彦根商店街連盟創立二十周年記念『商』に寄せられた「彦根商店街古き面影」の中で、上田氏は「私は明治の商店図を書いて思うことは当時の商人の暖い対人関係で」と述べている。そしてお金の領収時の言葉を比較し、江戸時代は「右正に有難度く頂戴仕候也」、明治・大正には「右正に受取相済候」、昭和は「領収済」の印ひとつであるとし、「ノンビリムード時代とは違うそれだけでは片付かない商人根性のうつり変わり」を感じていたようだ。このような思いが「旦那と番頭そして丁稚《でっち》どん時代の客と店の者との心の交流」の残る明治時代の商店を描く一因になったといえよう。

**銀座街の変貌**　川原町の商店街だったところは、現在の銀座街および花しょうぶ通りのそれぞれ久左の辻寄りと、登り町商店街辺りである。前頁の写真は、昭和初期の川原町通り（現在の銀座街東部）の売出し風景である。ここで紹介する銀座街とは、戦後まもなく土橋町商店会と川原町下商店会が合併し結成した商店街の名称で（盛り場を指す「銀座（街）」という呼び方はその前からあったようである）、この写真の当時、道幅は約五メートルでまだ拡幅《かくふく》されておらず、

銀座古写真（彦根市立図書館 蔵）

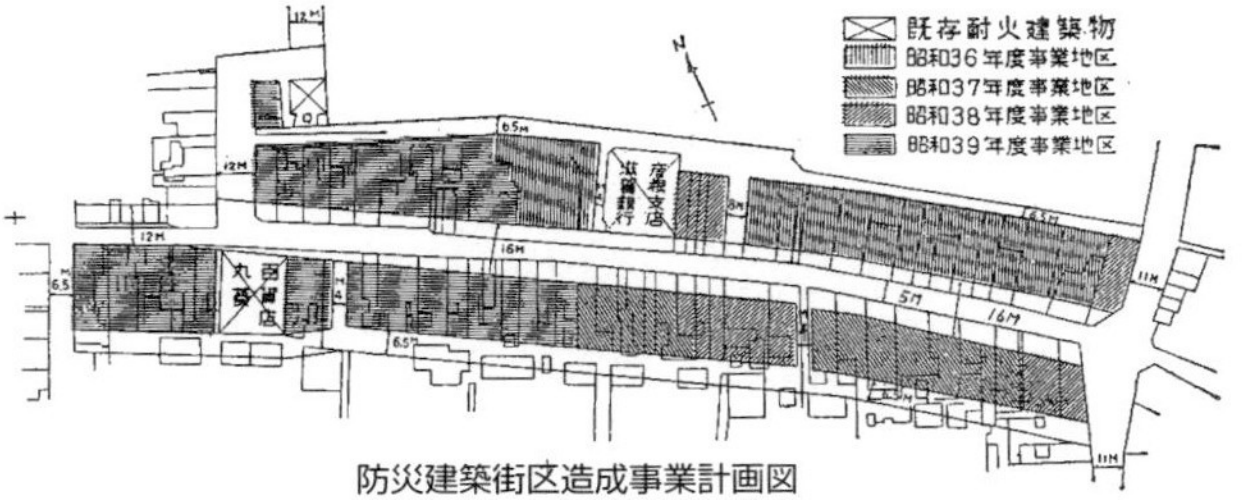


防災建築街区造成事業計画図

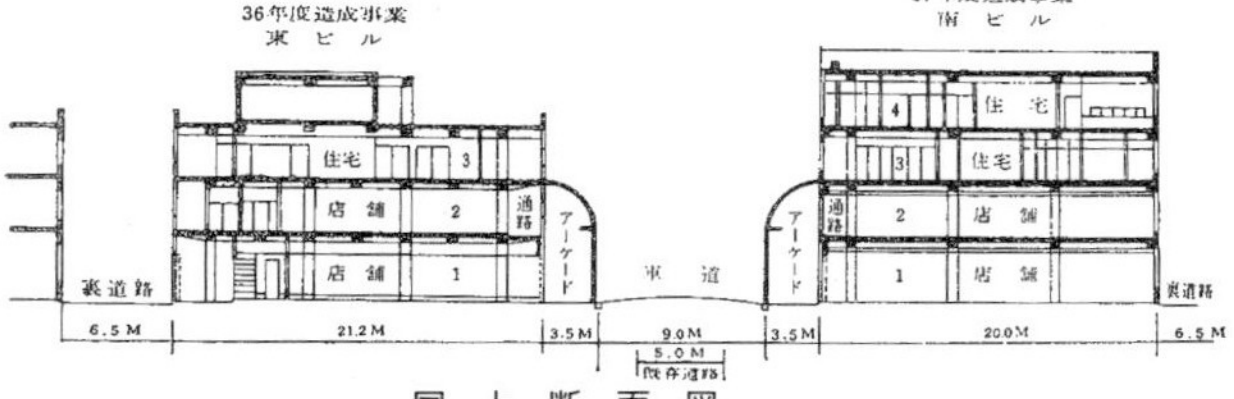


同上断面図

計画図（『彦根市史』下冊より）

木造の家屋が多く建ち並び、昔の面影を色濃く残していた。

しかし、今の銀座街の辺りが、この写真の頃に少しずつ変貌したのも事実で、その様子は同時期の新聞記事の見出しから伺うことができる。当時の「朝日新聞」を見てみると、「彦根の銀座街愈《いよい》よ舗装工事実現」（昭和七年六月十五日）、「彦根の銀座街にデパート出現か」（昭和七年十一月五日）、「彦根の銀座街を直線に」（昭和八年四月二十六日）、「マルビシ百貨店九月十日竣工彦根銀座街の偉観《いかん》」（昭和八年七月七日）などの見出しが見える。なお、マルビシ百貨店は県下で最初のデパート（四階建）であった。

その後、日本中が高度成長期で大変貌を遂げつつあったまさにその頃、銀座街も大きく変貌する。昭和三十年代前後、彦根の商店街では、都市計画による道路の拡幅、アーケードや電飾アーチの設置など商店街の近代化に向けた動きが見られたが、銀座街の場合は、県・市・地元が一体となった一大事業、銀座防災建築街区造成事業が昭和三十六年から四カ年計画で始められた。これは、木造建築を取り壊し、店舗付きの耐火住居群を建てるというもので、日本で第一号の防災建築街区であった。

この基本計画は、①街区内の既存の耐火建築物（滋賀銀行とマルビシ百貨店）を基準とする、②道路の道幅を五メートルから一六メートルに拡幅する、③防火建築物の奥行きを二〇メートルとする、④防火建築物の背面に六・五メートル幅の道路を拡張・新設する、などといったもので、建物は、一・二階を店舗、三・四階をを住宅とした店舗併存住宅とした。計画は予定より遅れ、昭和四十八年六月に銀座全街区の工事が完成した（前掲『商』、彦根商店街連盟創立三十周年記念『商』、『彦根市史』下冊）。現在の銀座商店街の基本形は、この時にできた。（井伊）

【参考文献】『彦根の歴史―ガイドブック―』（彦根城博物館編　一九九一年）
『ふるさとの想い出 写真集　明治大正昭和　彦根』（渡辺守順編　一九八五年）
『わたしたちの彦根』（改訂版　彦根市教育委員会編　一九八〇年）

＊銀座街の変貌については、彦根市錦町の渋谷博氏から多くのご教示を得ました。

# 袋町 — 彦根の遊郭

**袋町の由来**　朝鮮人街道を久左《きゅうざ》の辻《つじ》から芹川に向って歩くと、左手の路地裏に歓楽街が見える。現在では河原二丁目という住居表示に変わっているが、「花しょうぶ通り」と芹川に挟まれたこの歓楽街を、彦根の人たちは、いまでも袋町と呼ぶことが多い。ここにはかつて彦根の遊郭があった。

袋町は、彦根の城下町の東南隅にあり、芹川の北側に位置している。いくつもの細い路地が走り、袋小路となっているため、「袋町」と呼ばれるようになったとも言われている。小説家舟橋聖一《ふなはしせいいち》は、大老井伊《いい》直弼《なおすけ》を主人公とした歴史小説『花の生涯』の書き出しをこの町に求めた。芹川堤にたたずむ長野《ながの》主膳《しゅぜん》を村山たか女が娼家《しょうか》の窓から目に留める、そんな印象的なシーンである。『花の生涯』

袋町の現況

の大ヒットによって、袋町が江戸時代から遊郭として繁栄していたかのような印象を持たれているが、遊郭の営業が公認されたのは明治時代に入ってから。廃藩直前の彦根藩が明治四年（一八七一）四月に「遊郭免許状」（彦根市立図書館所蔵）を発給したのが、遊郭袋町繁栄の出発点である。

**江戸時代の袋町**　江戸時代、袋町は町人の町であった。元禄八年（一六九五）に作成された「大洞弁財天祠堂金寄進帳」によれば、一七三軒に四六〇人（男二〇二人・女二五八人）が居住していた。一一六軒（全戸数の約六七%）が借家であり、彦根城下では借家率が高い地区といえる。また、袋町の各屋敷の様子が書き留められた江戸時代作成と考えられる「御進発宿割家並軒別帳《ごしんぱつしゅくわりいえなみのきべつちょう》」（鎌ケ鍋谷市郷土資料館所蔵）によれば、全戸数の約三九%が商人あるいは職人である。表町通り（現在の「花しょうぶ通り」）は、約九〇%が商人・職人屋敷

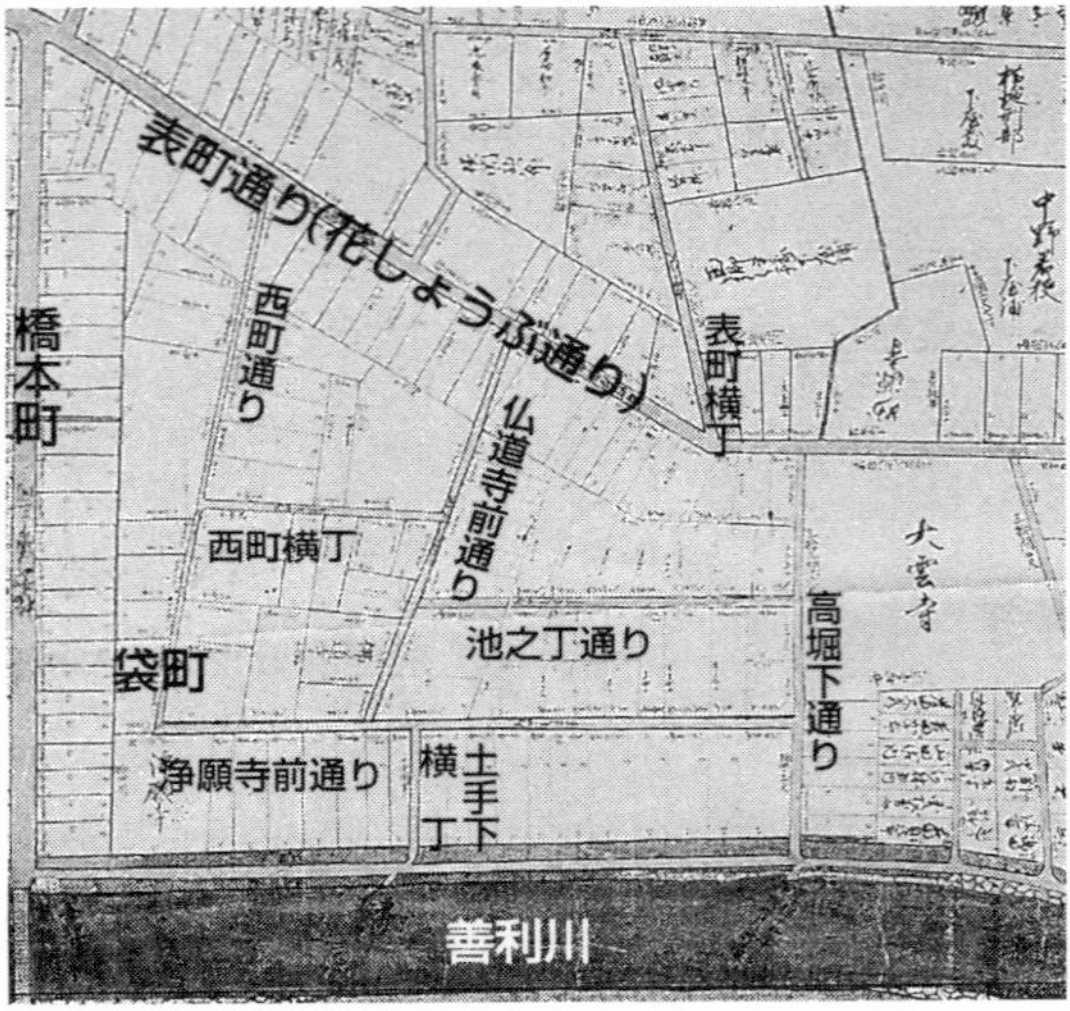

御城下惣絵図（袋町付近：彦根城博物館蔵。なお、各路地の名称は、「御進発宿割家並軒別帳」の記載によった。）

である。江戸時代から商店街としての景観をなしていたと言えよう。江戸時代の袋町は、女性の世帯主が多く、全戸数の約三四％にものぼる。とくに、土手下横丁、浄願寺前通り、池之丁通り、高塀下通りなど、芹川近くの地域では、四割から五割の屋敷が女性を世帯主としていた。『侍中由緒帳《さむらいじゅうゆいしょちょう》』（彦根藩井伊家文書）によれば、天保六年（一八三五）に、袋町へ娼妓《しょうぎ》を呼び寄せた者が処罰されている。江戸時代後期には、すでに遊郭の萌芽《ほうが》が見られたようである。女性の世帯主が多いのも、そのせいかもしれない。また、直弼の時代においても、『花の生涯』が描くような風情を直弼が好んでいなかったふしがある。直弼は藩主に就任して間もなく、嘉永六年（一八五三）春に関東の飛地であった佐野（栃木県佐野市）の天命町を巡見した際、娼妓が公許されてから淫靡《いんび》な風潮がはびこり、良民を悩ますことが多いことを知り、これを全廃した。旧制を急に廃止しては、かえって領民が混乱するのではとの家来の意見もあったが、直弼は断固としてこれを退けて、娼妓を領外へ追放し、営業者には転業を援助したのである。直弼が、彦根の袋町で同様の施策を実施した証拠はないが、「直弼がお忍びで通った」とする俗説は、はなはだ疑わしい。

**遊郭としての繁栄**　『彦根史話』（宮田常蔵著）によれば、明治四年に袋町における遊郭の営業が公認されると、その年に四軒の店舗が開業したという。八千代楼、山田屋、正木屋《まさきや》、よろず屋である。いずれも、それ以前は佐和山麓の大洞《おおほら》付近で営業しており、この時に袋町へ移転してきたと『彦根史話』に記されている。その後、貸座敷の軒数は次第に増加し、昭和四年（一九二九）

席貸業　大和屋

には、その数が六九軒にまで及んだという（『彦根いまむかし』大野紘一郎著）。

**袋町の貸座敷**　上田道三氏は、袋町の貸座敷として、大和屋（上図）のほか、吾妻屋《あづまや》、正木屋、万《よろず》屋《や》を描いている。これらがいつ頃の様子を描いたものか明記されていないが、正木屋の主人として紹介されている山田弾氏が明治中頃に彦根町会議員として活躍した人物であることから、明治時代の袋町を描いたものと推測される。ところで、大和屋の絵には「席貸業」としか記されていないが、吾妻屋・正木屋・万屋の三店舗は「上等席貸業」と紹介されている。明治時代、袋町は下等免許地に指定されていたが、明治十八年（一八八五）の規則によれば、下等免許地の貸座敷は、営業状況により、上等・中等・下等の三等に区分されていた。明治二十三年の例であるが、袋町の貸座席の内訳は、上等四軒、中等一二軒、下等一七軒で

明治期　宴会の図

あった。上田氏が袋町を代表する貸座敷を題材として選んだことが推測される。

**袋町の芸者**　袋町の貸座敷は、娼妓《しょうぎ》、芸妓《げいぎ》、舞妓《まいこ》を抱えていた。『彦根いまむかし』によれば、昭和四年、袋町には、娼妓八三人、芸妓約一〇〇人、舞妓二〇人ほどがいた。ときに、当時、料理旅館となっていた玄宮園《げんきゅうえん》や楽々園《らくらくえん》から声がかかることもあり、人力車でそこに出向くのが一流とみなされたという。上田氏は、「明治期宴会の図」と題する風俗画（上図）を残しており、扇を持って舞う者や三味線を奏でる者など、賑やかな宴会の様子が描かれている。しかし、袋町の賑わいの影には、女性たちの悲しい歴史もあった。芸妓や娼妓は、その大半が県外出身者であり、生活苦のゆえに遊郭にやってきた者が少なくなかった。また、娼妓の駆け落ちが新聞に報じられることもあった。

花しょうぶ通り現況

**現在の袋町**　昭和三十一年（一九五六）に売春防止法が公布された。袋町では翌年二月に廃娼が実施され、貸座敷の多くが料理屋などに転業した。現在、袋町には、鉄筋コンクリートのビルが建ち並び、夜間にはカラオケの歌声がスナックから漏れ聞こえてくる。しかし、いまだに紅殻格子の建物が路地のあちこちに残っており、遊郭の面影を感じることができる。

また、袋町への入り口にあたる現在の「花しょうぶ通り」では、江戸時代の寺院や町家、明治・大正の面影を伝える洋風の建物が一体となった町並が整備され、歴史を活かした町づくりが試みられている。（小林）

# 七曲り ― 仏壇の町

**七曲り**　朝鮮人街道は、高宮口御門から東南に河原町を進み、南西に折れて橋本町に進み、芹川を渡って橋向町・平田町へと進んで行く。これとは別に、芹川を渡ってすぐ南東に折れて後三条町・善利中町・大橋町・大橋中町・岡町・沼波《のなみ》町までの間を、幾度か屈曲する中山道の脇街道を「七曲《ななまが》り」と呼んでいる。ここからさらに東沼波町を通って、大堀町で中山道に合流して高宮宿に至る道は「高宮道」と呼ばれ、この道は逆に高宮宿から見れば、彦根城下へ向かう道であるため「彦根道」とも呼ばれた。

　七曲りは、江戸時代のはじめ、大坂の陣後に家臣団増加にともなう城下町拡大により、寛永十八年（一六四一）から開発された地域で、元禄八年（一六九五）には鍛冶屋・古鉄屋（古金屋）・桶屋や塩

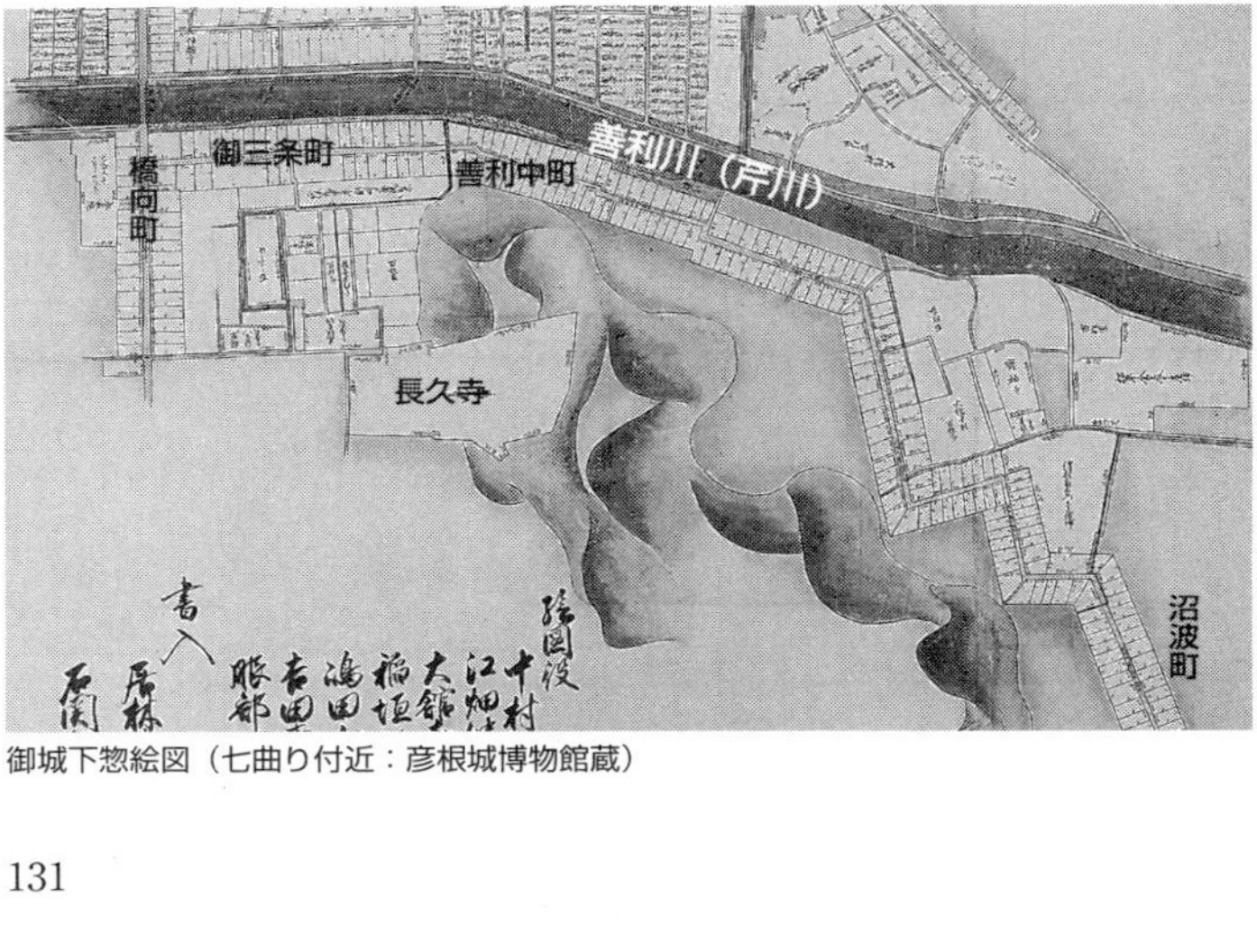


御城下惣絵図（七曲り付近：彦根城博物館蔵）

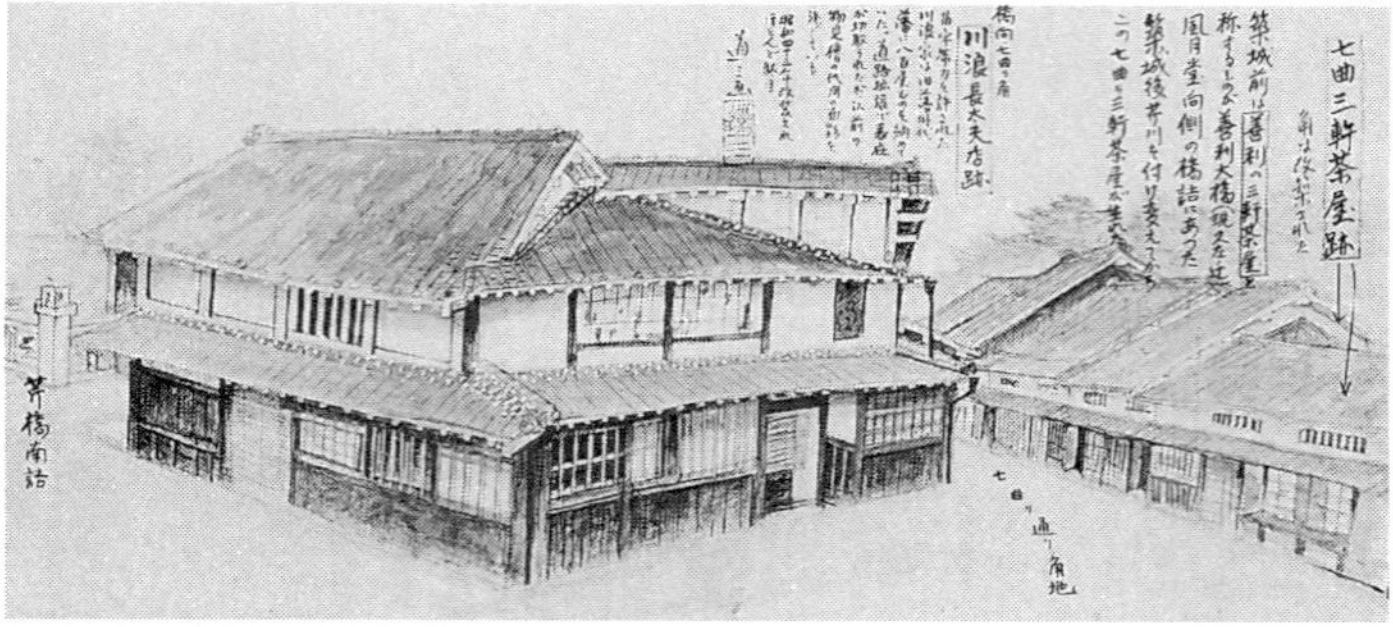

川浪長太夫店跡と七曲三軒茶屋跡

屋などが多い、城下周縁の雰囲気を持っていたようである（「大洞弁財天祠堂金寄進帳」）。現在のように、仏壇・仏具の製造・販売を行うようになったのは、江戸後期頃からと言われている。戦乱のない時代が続き、もともと城下の武家の需要に応えていた様々な職人たちが集まり、新規産業として興してきたのであろう。仏壇製造の職人たちは「仏壇七職」と呼ばれ、製造各行程を専門職人がおこなう分業がなされている。彦根を代表する古い町家の家並が、数多く残されている地域である。

**物見櫓と三軒茶屋**　江戸時代、城下町で善利《ぜり》（芹）川に懸けられていた唯一の橋である芹橋を渡り、すぐに左折すると「七曲り」の町並にさしかかる。現在は写真屋さんとなっている角地には、昭和四十三年頃まで古民家が遺っていた。上田氏が描いた「川浪長太夫店跡」の絵（上図）は、角地らしく切妻と入り母屋を交えた複雑な姿となっている。また表庇も不自然に短く描かれている。

上田氏の解説によると、川浪家は、旧藩時代には苗字帯刀を許され、藩に八百屋ものを納めた御用達《ごようたし》町人であったという。上田氏が描いた当時は、道路拡張で表庇《おもてびさし》が切り取られたとしており、表庇の短さはこれが原因のようだ。旧城下の佐和町（立花町）でも見られ、バス通りとなったため表庇が切り取られたそうだ。また、角地の屋敷として「物見櫓の代用の面影を残している」とも記している。

安政四年（一八五七）、城下町四手の各町町人の経済力を調べ藩へ提出された名前書によれば、「芹橋南詰東側」「八百屋長太夫」と記され、明治四年には「川並長十郎　八百屋」であったそうだ（西田集平「彦根城下町の有力町人とその後」『彦根郷土史研究』第九集）。

この川浪長太夫店跡の向かいには、「七曲三軒茶屋跡」として、少し屋根の低い長屋が矢印で示されている。解説では「築城以前は善利の三軒茶屋と称するものが善利大橋（現久左の辻）風月堂向側の橋詰にあった。築城後、芹川を付け替えてからこの七曲の三軒茶屋が生まれた」と記している。

「三軒茶屋」と言うからには、もともと街道沿いの茶屋であったと思われるが、芹川の付け替え工事のため移転したとすれば古い街道があったのだろうか。「近江彦根古代地名記」（『彦根旧記集成』五）の「長久寺《ちょうきゅうじ》」の項には、「今の松縄手のあたり」の長久寺の門前（現在の橋向町あたり）は、かつて「桜町の門前」といい、桜の木の多い土地で民家があり、平田村に通じており、「是佐和山の道筋と云ふ」と記し、そのため、七曲りの南に位置する平田山（今の千鳥ケ岡）は、数々の合戦で本陣となったという。

城郭防御建築

つまり、江戸時代に朝鮮人街道として知られたこの道筋は、古くからの佐和山に通じる街道筋を利用したものであった。「三軒茶屋」は、街道から善利川をわたる川際に設けられていたのであろう。川の付け替えにより、江戸時代には朝鮮人街道と、高宮道の分岐点に移されたようだ。

**芹中町の若林久平店**　七曲りを進むと、道が折れ曲がる角に特徴的な町家が構えられていた。上田氏の描いた「城郭防御建築」なる建物である（上図）。この民家の表側は、次頁の「寺物・仏壇製造所、仏具・金物・火鉢、諸国塗物・善椀販売所」として描かれた若林久平仏具店である。さきほどの川浪家と同様に複雑な屋根組を見せているが、切妻の大屋根は、ちょうど三階部分にあたり、二階に懸けられた入母屋屋根の左上には「物見」のため虫籠窓《むしこまど》が設けられている。

上田氏は、このような建物は「城下町造りの時に防御を目的に物見櫓として各通りの角・辻等に現今の三階建に近い高い屋根を造ったと思われる」とし、その芹中町の代表的なものとして若林久平店を描いたようだ。城下町に見られた、い

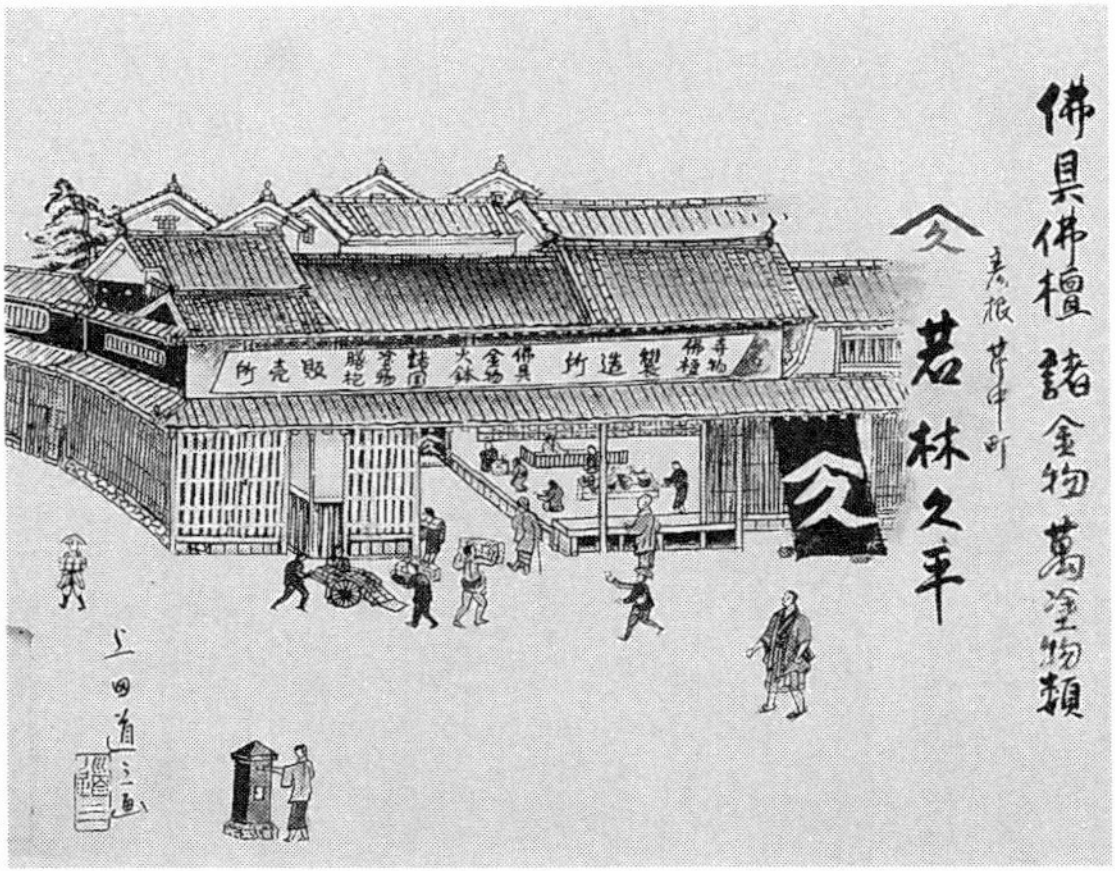

仏具・仏壇・諸金物・万塗頼彦根芹中町若林久平

わゆる「ドンツキ」（屈曲した街路の角地）には多く見られた景観であったが、完全な形態で遺るものはほとんど見られなくなった。

　若林家は、幕末期には「若林久右衛門」と称した。綿屋を営み屋号を「綿久」と言い、城下町人でも苗字を許され、宗門人別《しゅうもんにんべつ》を町ごとの人別帳に記載せず、一軒を一枚紙に記すことができる「一本紙」の特権を許されていた有力町人であった（西田集平前掲書）。また若林家をはじめ、幕末期の七曲りには、道具屋・呉服屋・古着屋・綿屋・木綿屋・米屋・金物屋などを商う有力町人が多く台頭しており、城下町周縁という、いくぶん寂れた立地の印象とは異なり、城下へ入る主要街道沿いに繁栄した活気ある町並が想像される。

**町はずれの景観**　七曲りを過ぎると西沼波《にしのなみ》町に出る。西沼波町から高宮へ通じる道は、今では西沼波町の集落の中を通り、大堀町の集落中心部へ出る道が比較的広いが、江戸時代には、大堀町集落の南端へ通じる野道が彦根道として用いられていた。このあたりは、江戸時代には東沼波村の一部と考えられ、確たる場所は記載されていないが、「刑罰場」が置かれていたことがわかる（「御台所入并御給所御物成高小物成定納開方改出諸事留」『彦根城博物館研究紀要7』）。

平成十年十一月十一日付「京都新聞」によると、「十日午前九時二十分ごろ、彦根市芹川町の県立彦根翔陽高のロッカー室増築の工事現場で、掘り返した土の中に人骨があるのを作業員が見つけ、彦根署へ通報した。彦根市教委によると、現場周辺一帯は江戸時代に彦根藩の刑場があったとされ、彦根署は当時の人骨ではないかとみている。（以下略）」と報じられている。

『彦根道図』（八八頁図）では、下方の中央に、七曲りの沼波町と東沼波の間の道沿いに「此辺刑場」と記されており、この辺りに、江戸時代の刑罰場跡があったことは推定できるが、正確な場所を示す根拠は見られない。しかし、七曲りの繁栄とは裏腹に、かつて城下の町はずれの地域が抱えた歴史上の役割でもあったことは確かである。

（母利）

# 第三章　城下町と周辺

佐和口多聞櫓越しに望む彦根城天守

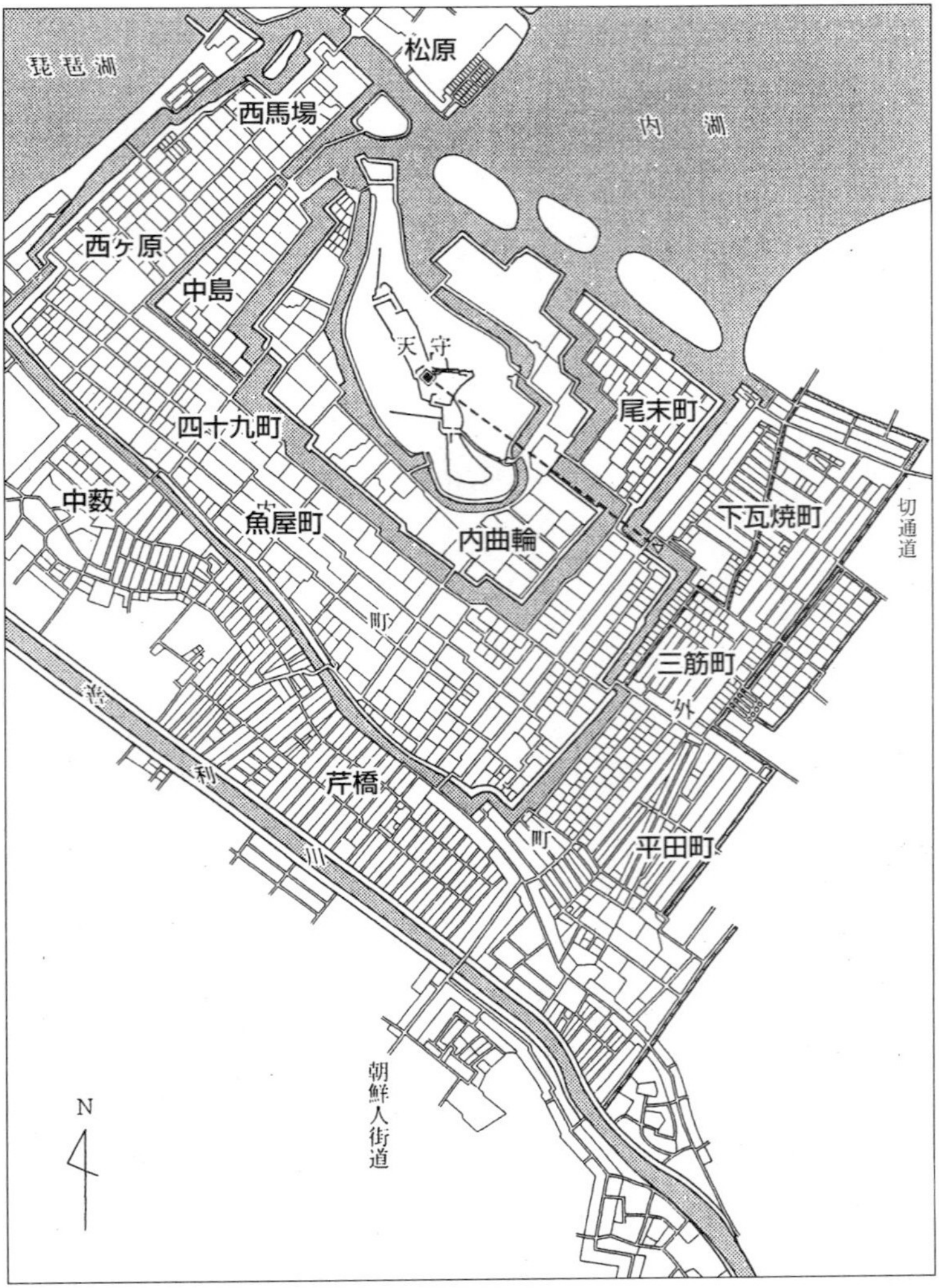

琵琶湖
松原
内湖
西馬場
西ヶ原
中島
天守
尾末町
四十九町
中薮
魚屋町
内曲輪
下瓦焼町
切通道
町
三筋町
外
善利川
芹橋
町
平田町
朝鮮人街道
N

# 一　武家の町並

## 尾末町 ― いろは松と武家屋敷

中山道の鳥居本から彦根城下へ入る脇街道は、城下町の北東部から入り、柳町・彦根町を経て外堀を渡り切通口《きりとおしぐち》御門にさしかかる。ここをまっすぐ進めば伝馬町に通じるが、金比羅宮が佇立する、かつての外堀沿いの辻を右に折れると中堀に至る。正面には、白壁の美しい佐和口御門の多聞櫓がそびえ、その屋根越しには彦根山の頂に彦根城の天守が望まれる。このラインは、前頁地図上に波線で示したように、かつては切通口御門から

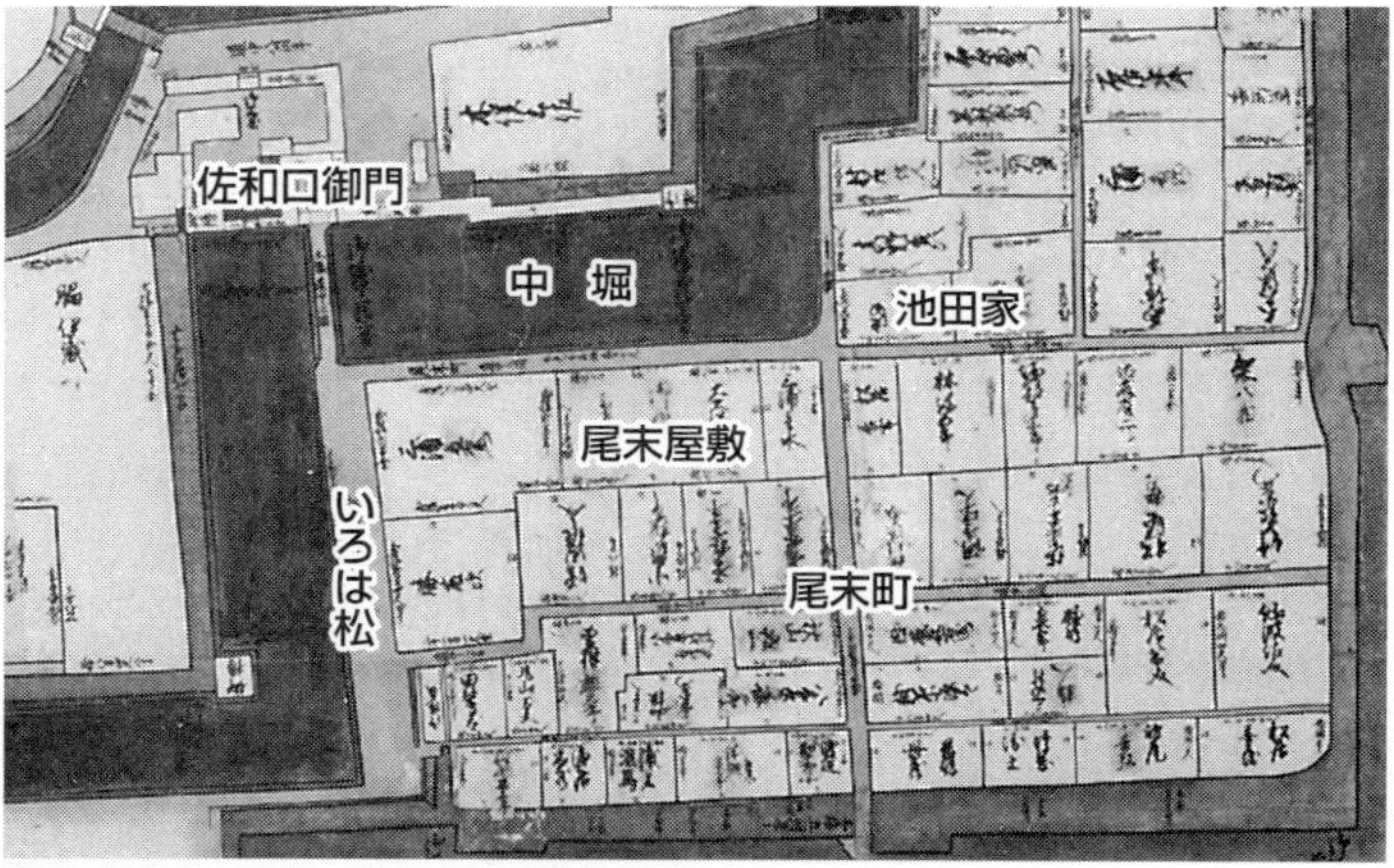


御城下惣絵図（尾末町付近：彦根城博物館 蔵）

彦根城着見台から城下東南部を望む（彦根市立図書館 蔵）

天守を一望できるよう縄張りがおこなわれたようだ。右手には、「いろは松」と呼ばれる松並木が佐和口御門へ誘うように続いている。この中堀と外堀に挟まれた松並木に沿って広がる一角尾末町には、中堅クラス以上の武家屋敷五八軒が建ち並んでいた。その屋敷割りは、前頁図のとおりである。

しかし、この武家屋敷の町並も、明治維新から廃藩へと進む激動の時代の中で一変する。上の古写真では、右やや上方、現在の彦根市役所の位置（旧餌指町）が更地となっており、明治四十三年（一九一〇）に専売局名古屋製造所彦根支所の新工場が建設される直前のものと見られ、彦根城本丸付近から旧城下町の東南部を見下ろしたものである。写真中の下方、内堀沿いの屋敷が家老木俣清左衛門家の屋敷、その上部に左右に細くのびる中堀の向こう岸にある樹林が招魂社《しょうこんしゃ》（現在の護国神社）、樹林中の左側に見える屋敷は幕末の大老井伊直弼が青年期を過ごした尾末《おすえ》屋敷（埋木舎）

いろは松現況

である。樹林のさらに左方向には更地が広がっているのが見えるが、江戸時代には、武家屋敷が建ち並んでいたところである。この時期には、すでにほとんどの武家屋敷が失われ、それに替わって、明治新政府の精神的支柱となった、戊辰戦争以来の戦没・殉難者の霊を祀る招魂社が中心的な景観を占めるようになっていた。

**いろは松**　中堀の堀端に続く松並木がいつ頃植えられたかは判らない。この松並木がある通りは、城下の街路の中では道幅九間とかなり広くなっており、江戸時代の城下を描いた古絵図では、すでに江戸中期（十八世紀）のものでも、広く描かれている。その理由の一つは、殿様の参勤交代の際、彦根藩家中がこの通りに居並び、殿様の国入りを迎え、また首途を見送ることとなっていたからである。殿様は城下に入る際には、切通道《きりとおしみち》の松縄手《まつなわて》から駕籠を降りて騎馬で進み、また尾末町にかかると、この松並木の通りを歩行で進んだ。

そのため、この通りに面した地域は江戸時代には「松の下」とも呼ばれており、現在、井伊直弼の「おうみの海いそうつ波のいくたびか、御世にこころをくだきぬるかな」との歌碑が建てられている辺りに面した藩の子弟屋敷を、「松下御屋敷」と呼んでいた。

この松並木は、藩主の行列が通るので、根が地上に出ないよう「土佐松」が植えられたとの俗説もある。松の手入れに携われている樹木医川崎昭重氏によると、外観からの推定樹齢は、現存の三五本の内一四本は三〇〇年を越えると推定されている。そうすると、ちょうど十八世紀のかかり位に植えられたものが現存していることになる。いずれにせよ、「いろは松」は今も昔も、彦根城へのプロローグにふさわしい景観を見せている。冬季には、松喰い虫対策の菰《こも》が樹幹に巻かれ、彦根城の風物詩となる。

**尾末屋敷**　尾末町の一帯で、かろうじて現存する武家屋敷は尾末屋敷と旧池田家屋敷である。上田道三氏も、この二つの屋敷に関心を寄せている。上田氏が武家屋敷を精力的に描いたのは昭和三十二年（一九五七）頃からである。当時すでに尾末町では、この二軒しか武家屋敷が遺されていなかったのであろう。尾末屋敷も招魂社の創建にともない、屋敷地の半分近くを提供したという。

尾末屋敷は、井伊直弼が青年期に禅・茶湯・和学・居相など文武にわたる諸芸の修養を積んだ学舎《まなびや》「埋木舎《うもれぎのや》」として知られている。昭和三十一年に彦根城域の国の特別史跡指定に際して、その一部として指定を受けた。昭和五十九年の豪雪により屋敷の一部が倒壊し、約六年をかけて解体修理され、見事に往時の姿によみがえった。上田氏が描いた「埋木舎」は修理前の景観が忍ばれるものである。

上田氏は彦根の歴史の中で、つとに有名な井伊直弼には特別の思いがあったようである。上田氏が精力的に彦根を描いた昭和三十年代は、戦後、井伊直弼の事績を伝える井伊家の古文書が、彦根の郷土史家たちが集い結成した「大老史実研究会」により解読が進められ、また、東京大学史料編纂所による史料集「井伊家史料」の刊行も開始された時期でもあった。直弼の人物像について、確かな史料に基づく研究が始まり、まさに新しい直弼像が提示されつつあった頃である。NHKの大河ドラマの第一弾として『花の生涯』の放映がおこなわれたのも、この頃である。時はまさに、日本国中の目が井伊直弼、彦根へ向けられた時代でもあった。

そのためか、上田氏も「埋木舎」については、昭和三十二年に屋敷の外観と間取り図を描き、のちに、その際に描いたスケッチをもとに、屋敷内部を「埋木舎絵巻」として再び描いており、屋敷の構造や用途についての解説を詞書として記している。

ただし、ここで注意したいのは、上田氏の絵筆は、たんに当時の現況を捉えているだけではないことだ。詞書による解説には、伝承を書き留めたものや、時には想像を逞しくして書いている部分もあるが、それはこれらの景観図を描くにあたり、歴史を非常に意識していたことを物語っている。また、「埋木舎」を描くことにより、直弼という人物を描いているともいえる。

さて、この「埋木舎」は、直弼が天保三年（一八三二）、父直中の死去にともない、生まれ

埋木舎外観図

育った槻《けやき》御殿を出て尾末屋敷に入ったことにより名付けたものである。当初、尾末屋敷には直弼と弟の直恭《なおやす》の二人が住むこととなったが、天保七年に、二人は江戸に呼ばれて他の大名家への養子試験を受け、直恭は日向国《ひゅうがのくに》延岡藩内藤家の養子に決まったが、直弼は採用されず、直弼一人が尾末屋敷に戻ることとなった。直弼は、その時の心境により、これからは尾末屋敷で終生、埋木のように暮らしていくことを悟るとともに、埋木の境遇の中にいながらも、「なすべき業」を成し遂げたいという強い意思表明をしたのである。

「埋木舎」の名は、明治二十年（一八八七）に島田三郎氏が書いた井伊直弼の伝記『開国始末』で初めて世に紹介され、戦後、舟橋聖一氏の歴史小説『花の生涯』のドラマ化で一躍有名になった。しかし、直弼は終生この屋敷を「埋木舎」と呼んだのではなかった。

弘化三年（一八四六）兄直元の急死により、彦根藩の世子となり江戸へ出た直弼は、彦根に残した気がかりな事があった。弘化四年二月、すでに直弼の江戸出府から一年が過ぎた頃、直

埋木舎内図

弼の御附役安東貞信への手紙に、こう記している。

玄関先の柳の木、一・二年成長したが、これは我等が大事にしているので、普請方が枝を打つ際、あまりきつく打たないよう頼んでくれないか。枝を打たねば上が重くなるので、葉が出たら所々の枝を打ち、また帰国するまでに大木になるようにしたい。（意訳）

埋木舎に自ら植えたという柳の木の手入れについてである。埋木舎での修養生活を始めて数年後、直弼は風にそよぐ枝垂柳の姿に一つの人生観を見出した。柳は、どんなに強風にあおられても、風の流れに逆らわず、しなやかになびく。しかし、風がおさまれば、またもとのように静かに枝垂れている。世の流れには無理に逆らわず、心根だけはしっかり保ち続けよう。

それは、直弼がみずから埋木舎と名付けた頃とは違い、禅や諸芸の修養に裏打ちされた、少し肩の力を抜き、それでいて心に秘めた強い意志を持つ、したたかな人生観であった。

その後、直弼の柳への興味は尽きない。埋木舎の玄関先に植えた柳はもちろん、柳ばかりを百首詠んだ和歌集や、万葉集を

旧池田家長屋門

もじった「柳葉集《りゅうようしゅう》」を編纂するなど、徹底した柳へのこだわりを見せる。

天保六年（一八三五）頃、自作の俳句集を「柳廼落葉」と名付け、「柳薫閣《りゅうくんかく》主人」と署名した。翌七年の自作和歌集「詠尼拘盧陀《えいにくだら》百首」では、冒頭に「己が舎を柳和舎とミつから名つけて」とあり、いったん埋木舎と名付けた屋敷ではあるが、柳に和するという意味で「柳和舎《やぎわのや》」と改め、自身の雅号とした。直弼自作の文章には、この頃から「柳和舎主人」の署名が多く見られるようになる。

さらにその八年後、天保十三年七月、初めて長野義言《よしとき》に宛てた手紙で、直弼は「柳王舎のあるし《（主人）》」という署名を用いた。「柳王舎」は「柳和舎」と同じく「やぎわのや」と読むが、意味の上では大きな変化である。柳への調和の段階から、柳を極めたという表明であった。もちろん、その変化のきっかけは、後に国学の師となる長野との出会いのための見栄であったのかもしれない。

しかし、その後も直弼は「柳王舎主人」の自称を貫き、柳の精神を極めていく。その精神は後に結実する茶の湯や居合術、さらには政治の舞台でも貫かれることとなる。生前に自身が選んだ戒名も、茶号宗観と柳を取り入れ、「宗観院《そうかんいん》柳《りゅう》暁《ぎょう》覚翁《かくおう》大居士《だいこじ》」とした。文字通り「柳」の人生であった。直弼は、今もなおこの屋敷が「埋木舎」と呼ばれていることを、どう感じているだろうか。

　明治維新後、尾末屋敷は直弼の側役として功績のあった大久保小膳が拝領した。明治初年には招魂社建立、第二次大戦中には護国神社境内の拡張のため、この屋敷は取り壊されようとしたが、大久保家の必死の抵抗により破壊の難をのがれ、今も大久保家の屋敷として保存され、特別史跡彦根城跡の一部に指定されている。直弼時代の柳は枯れてしまったが、平成の修理に際して、元通りに玄関先に植えられ、直弼の精神を伝えるように、そよ風に枝を靡かせている。

**池田家屋敷**　尾末屋敷前の中堀が北に折れる曲がり角に面して、石垣に囲まれた屋敷が見える（前頁図）。屋敷主屋は現在取り壊され、真新しい住宅になっているが、長さ十間に及ぶ長屋門がかろうじて遺されている。池田家は、もと「伊賀之者」として取り立てられた忍術の家である。しかし、のちに士分となり、四代井伊直興《なおおき》に重用され、一時は二五〇石となる。幕末期には一八〇石の中堅藩士の家であった。江戸中期頃から、この尾末町の屋敷を拝領しており、廃藩置県を迎えた。維新後の詳しい事情は知り得ないが、明治末年頃までは池田家はここに居を構え、その後、この屋敷は人手に渡り、その方により長屋門は守られてきた。

（母利）

# 内曲輪の武家屋敷

**重臣の町・内曲輪**　尾末町から中堀を渡り、白亜の佐和口御門を過ぎると、前方に彦根城の表御殿を復元した博物館と内堀、左手に桧皮葺屋根の馬屋、右手には高塀に囲まれた大きな屋敷が見える。中堀と内堀に挟まれた区域は、城下の第二郭で内曲輪《うちくるわ》と呼ばれ、重臣屋敷や槻《けやき》御殿・藩校弘道館など藩の公的施設が置かれた場所であった。その屋敷割りは、下図のとおりであり、そのほとんどが千坪以上の広大な屋敷構えである。

　大手口御門から京橋口御門へ通じる道は広くなっているため、この辺り一帯を広小路とも呼んでいた。内曲輪と中堀を経て外曲輪に出るには、佐和口御門をはじめ、大手に位置

御城下惣絵図（内曲輪付近：彦根城博物館 蔵）

する京橋口御門、内曲輪の西端に位置する四十九町口御門の三カ所のみである。江戸時代には、御門脇には門番所がおかれ、御用を勤めるもの以外は一般民衆の通行が制限されていた。また、内堀を渡って城内に入るには、表御門・裏御門・大手口御門・黒御門・山崎御口門の五カ所に橋が懸けられていた。

身分制度による居住区の制限もなくなり、すでに廃藩後の明治五年（一八七二）には、内曲輪の土地所有者の半数は平民となっていた。広大な敷地をもった、これらの屋敷は、旧藩士個人では維持管理が出来なくなり、屋敷地の一部を売却する割屋敷が進んだ結果である。一方で、他の城下町と同じく、彦根城下も重臣屋敷の区域は明治維新後に官公庁や学校の用地と化していき、往時の面影は残り少なくなっている。現在、この区域にあるのは、彦根東高校（旧制彦根中学校）・大津地方裁判所彦根支部および拘置所・彦根西中学校などである。

大正六年（一九一七）頃の古写真（一七〇頁参照）では、大手側の内曲輪一帯は現在の裁判所付近を除き、更地となっていることが判る。また、昭和十年代頃に内堀沿いの道に桜が植樹され、今では老木となった木々が彦根の春を彩っている。

**佐和口多聞櫓と旧木俣家屋敷**　現在、彦根城跡に遺る唯一の多聞櫓が佐和口多聞櫓である。ＪＲ彦根駅に向かって右側が現存する建物で、左側は開国一〇〇年を記念して、昭和三十五年（一九六〇）に「開国記念館」として鉄筋コンクリート造りで復元されたものである。次頁の古写真では、左側の多聞櫓が全く見られず、中堀越しに尾末屋敷が見えている（左側写真中央）。左右の

着見台から城下東南部を望む（明治43年頃：彦根市立図書館 蔵）

多聞櫓は、本来、佐和口御門の三階櫓門により繋がっており、尾末町から三階櫓門に至る堀際には冠《かぶ》木《き》御門があり、二重の門と多聞櫓にかこまれた部分は枡形となっていた。現在も門扉を支えた両脇の礎石が、舗装路の一部に顔をのぞかせている。

櫓の内部は、藩の各役方の役所や蔵として利用されており、細工方・御金方・御厩方などが置かれた。また左側櫓の一部は、筆頭家老木俣家が利用を許されていた。殿様は国入りの際には、城下の主要櫓を見分するが、この佐和口櫓（御細工方櫓）にも立ち寄っている。

左側の多聞櫓の際には、板塀と鬱蒼と繁る木々に囲まれた、大きな屋敷地が構えている。屋敷の中には屋根組も垣間見える。ここは、彦根藩の筆頭家老木俣家の屋敷であったところだ。大正六年頃の古写真と見くらべると、屋敷を囲む長屋は無くなっているが、屋敷内の建物の屋根組は変わりはない。これ

着見台から城下東部を望む（明治43年頃：彦根市立図書館 蔵）

まで内部の調査が行われたことはないが、江戸時代以来の家老屋敷の姿をとどめている可能性は高い。木俣家の屋敷は、江戸時代の初めには城内の山崎郭にあった。慶長十九年（一六一四）の大坂冬の陣に、藩主井伊直継《なおつぐ》の代わりに出陣した弟井伊直孝《なおたか》は、彦根に凱旋した際、藩主をはばかり御殿には入らず、木俣家に寄宿した。大坂陣後、木俣家は彦根城郭の改造にともない、佐和口櫓際に屋敷地を拝領し居を移したが、直孝は、以後も国入りの際、木俣家に立ち寄ってから御殿に入った。以後、歴代藩主も、これを吉例として、廃藩まで続けられたのである。

**槻御殿と玄宮園**　旧木俣屋敷から堀沿いに右手へ進むと、金亀児童公園と駐車場が広がる。ここは江戸時代には梅林が広がっていたところである。さらに進むと、漆喰壁の美しい高塀が延々と続いている。塀の内側は広大な回遊式庭園、玄宮園である。

この庭園は、四代井伊直興が延宝七年（一六七九）

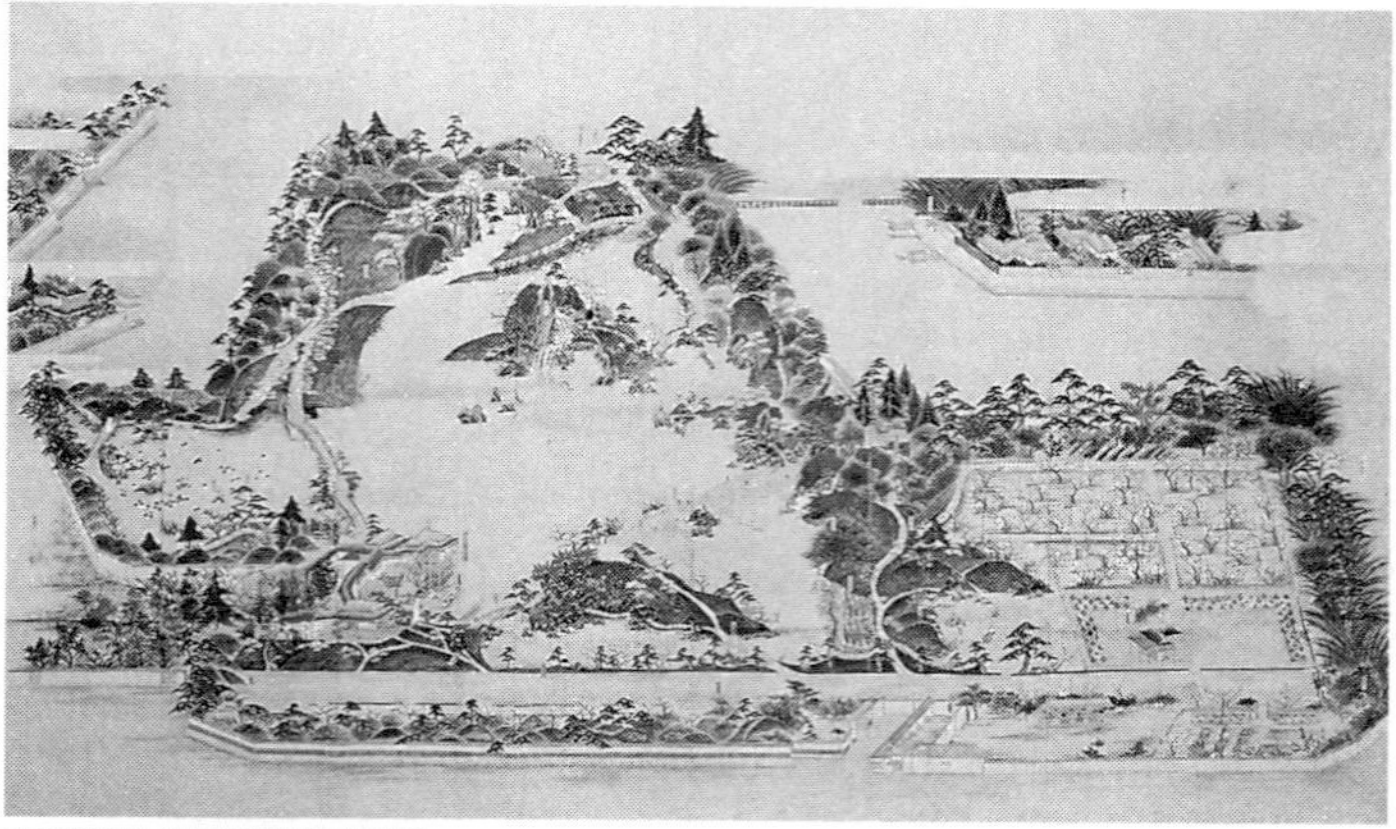

玄宮園図（彦根城博物館蔵）

に完成した、下屋敷（槻御殿《けやき》）普請にともなって設けたのがはじまりと考えられる。当初の規模は不明であるが、古くは「槻の御庭」と呼ばれていた。玄宮園の呼び名は、十一代井伊直中《なおなか》が文化八年（一八一一）に隠居するのに際して再整備した際、園内の景勝を定めて命名したものである。新たな庭園は、園内の景色だけでなく、園外に臨む松原内湖や、伊吹山・霊仙山系を借景とした雄大な構想をもとに作庭された。園内には池に面した八景亭と呼ばれる数寄屋や、景趣を凝らした樹石が配置されており、四季折々の風情が楽しまれる。とくに秋には園内に虫の声が響き、夜間に箏曲や雅楽の演奏などが催され、往時を偲ばせている。

隣接する御殿は、槻御殿または黒御門前御屋敷とよばれた藩の別邸である。現在は、十二代井伊直亮が命名した「楽々の間」にちなんで、「楽々園」と呼ばれている。「楽々」とは、「民が楽しむのを楽し

馬屋現況

む」という意味が込められており、当時の藩の儒学者龍玉淵《たつぎょくえん》の提案であると伝えられる。また「槻御殿」「黒御門前屋敷」の名は、彦根城の搦《から》め手の門を「黒御門」と呼ぶところから、その門の前の屋敷として呼び慣わされたのである。槻（欅）の木は、桧などが白木と呼ばれるのに対して、黒木と呼ばれることから、黒御門は欅門であった可能性もある。

**馬屋**　旧木俣屋敷前の道を隔て、多聞櫓に連なる平屋の長屋は、藩主の乗用馬を預かる馬屋であった。内部は二間ずつに仕切られ、各区に馬が繋がれていた。最大で二一頭が収容できた。古写真に見えるように、堀側に面した長屋は、現況よりもさらに右側に延びており、ちょうど中間には入り口となる門が設けられていた。多聞櫓と馬屋に囲まれた空間を、いまは彦根城観光の駐車場として利用しているが、かつては、馬方役人らが、日々の馬の調練や手入れの場として利用していたのであろう。

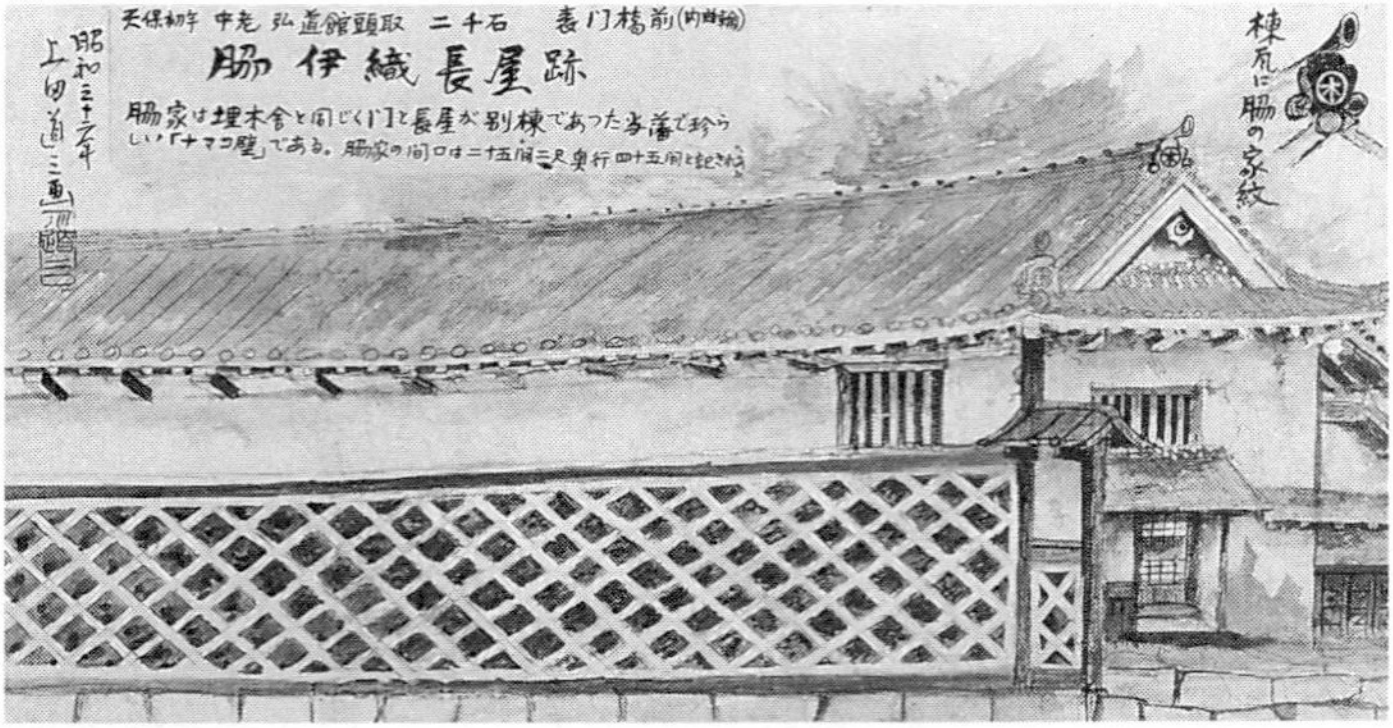


旧脇家長屋

**広小路の旧家老屋敷跡**　内曲輪の内、馬屋から大手御門橋付近までの道はかなり広く造られており、広小路とも呼ばれた。出陣の際に馬揃えをおこなう場所でもある。広小路沿いに海鼠《なまこ》壁《かべ》を見せている長屋は、家老脇家の長屋門の一部である。かつては、脇家をはじめ増田家、井伊家の庶子の屋敷が並び、二階建ての長屋門が連なり偉容を誇っていた。

明治五年（一八七二）には、旧西郷家屋敷（現在の裁判所の場所）には「犬上県庁」が置かれ、彦根東高校のグラウンド東南側には県知事の公邸と見られる「県邸」が置かれた。その後、明治五年九月、滋賀（大津）県が犬上県を併合したことにより、県庁は大津に移転し、犬上県庁は滋賀県彦根出庁となり、のちに明治十一年に裁判所となった。

「県邸」のおかれた場所は、明治二十二年には五番町（旧元川町）の一角にあった彦根尋常中学校（現在の県立彦根東高校の前身）が、旧家老長野家や広小路御屋敷、

彦根尋常中学校（明治頃）

彦根公会堂

西山・広瀬・犬塚・戸塚家などの屋敷跡を含めて新築移転してきた。この学校の前身は、明治九年に開校した彦根学校であり、後に彦根伝習学校・彦根初等師範学校・彦根中学校・彦根公立中学校へと改称し、明治二十年に県立の彦根尋常中学校となった。

新しく完成した校舎は、木造洋風二階建で、屋根には室内暖房のための煉瓦造りの煙突がそびえる瀟洒な建物であった。しかし、この建物は明治四十四年には、校舎の老朽化と生徒数の増加により新築移転することが決定し、大正三年（一八一四）には新校舎が完成した。この新校舎は同六年の陸軍特別大演習の大本営に充てられ、その際の天皇御座所は今も校庭内の一角に保存されている。旧校舎は解体され、現在の金

旧庵原家長屋門（旧西郷家長屋門）

亀児童公園内の一部に大正四年に彦根公会堂として再生され、戦後間もなくまで用いられていたそうだ（前頁写真）。

一方、裁判所の建物は、旧藩士の建物がそのまま利用され、京橋口御門側に面した長屋門は現在も遺され、「旧西郷屋敷長屋門」として彦根市指定文化財に指定されている。長屋門は老朽化のため、平成八年（一九九六）に解体修理されたが、その際、門の冠木に記された墨書銘には、「寛保二壬戌歳四月朔日建立之　奉行藤田三郎兵衛正辰・横関惣八郎令任、大工頭小川庄右衛門英之、棟梁外大工町□太夫・小河町平内」と描かれていた。

ところが、ここで問題となったのは、奉行の藤田・横関の二人が、西郷家の陪臣ではなく、家老庵原家の陪臣であったことである。つまり、この長屋門は、実際には西郷家のものではなく、庵原家が寛保二年（一七四二）に建立したものであった。しかし、江戸時代に庵原家が現在の長屋門がある場所を屋敷としたことはない。

この矛盾は、裁判所の古い記録により一応の解決を見た。

京橋口御門を西方から望む（彦根市立図書館 蔵）

どうやら明治十六年に裁判所の建物が改築された際、西郷家の隣家である庵原家の長屋門を曳家して移築したという。とすれば、「旧西郷屋敷長屋門」の指定名称もそろそろ変えたほうが良いのではないか。いずれにしても、彦根城下では現存する最大級の長屋門である。内部は、改造され現在も裁判所事務に利用されている。

**京橋口御門**　広小路から外堀に出るところには、両側に石垣がせまっている。かつては、この石垣の上には城下正面を守る京橋口御門が偉容を誇っていた。古写真を見ると、二階櫓をそなえた門櫓、その両翼には多聞櫓がそびえ、二階建の隅櫓が門櫓とのバランスを取り、優美かつ荘厳な姿を見せている。その規模は佐和口御門を凌ぎ、城下最大であった。

　櫓の内部には、彦根藩家中の人事管理や各役所の監察をおこなう目付の会所が置かれていたが、廃藩とともにその役割を終え、明治九年には解体された。その一部の部材は、本町一丁目にあるノゾミ保育園内に改造されて移築利用さ

第三仏教中学校

れたと伝える。

**大手の家老屋敷と藩校弘道館**　かつては、広小路と同じように、重臣屋敷の長屋門が連なり、荘重な景観であったと考えられる区域である。明治末年頃には、この区域のほとんどの旧家老屋敷は取り壊され、大正二年に作成された「彦根市街図」（一八六頁図版）には、現在の滋賀大学テニスコートとなっている旧小野田・宇津木屋敷の場所に「監獄」が見られ、現在の彦根西中学校のところには、「養老院」「彦根工業学校」が見られる。

裁判所の西側に見られた空き地には、昭和十三年頃に近江実業学校（現在の近江高等学校の前身）が開校したが、昭和六十年には、城内から松原内湖の干拓地に移転した。内曲輪の区域のほとんどが、国の特別史跡「彦根城跡」に指定されており、史跡内の建物は、ゆくゆくは史跡整備のため区域外への移転を求められているという。

また山崎口にあった旧藩校弘道館は、明治九年に県下の浄土真宗本願寺派の各寺院が共同で払

金亀会館現況

い下げを受け、金亀教校を開校し、明治三十四年に金亀仏教中学、翌三十五年に私立仏教中学と改称した（前頁図）。しかし、明治四十二年には、京都に移転し私立平安中学校となった。これが現在の平安高校である。旧藩校の講堂を利用していた建物は、現在市内中央町の一角に遺され（上写真）、跡地は彦根町に寄付された。

同地には、明治四十四年に家具・建築課程を設けた彦根町立尋常高等小学校附設工業学校が開校され、大正五年になって、建築科の廃止と商業科の新設により彦根商工学校、さらに同九年に、県立彦根工業学校の新設にともない、彦根町立商業学校となり、昭和二十二年には商業高校の移転にともない、彦根西中学校となった。

（母利）

# 美しき彦根城

**彦根山**　彦根城への登り口は、馬屋前の表門橋（現在は解体修理中のため、かつての裏門橋のところに仮橋が設けられている）と黒門橋・大手門橋の三カ所である。江戸時代には、山崎口門橋と裏門橋も架けられていた。馬屋前の内堀の向こうには、御殿の大きな屋根組が見えている。昭和六十二年（一九八七）、江戸時代の表御殿を復元して彦根城博物館として利用されているが、かつては、彦根藩の政治をおこなう政庁であり、藩主の公邸でもあった。博物館が出来るまでは、明治九年に御殿が解体されて以来、空き地となり公衆グランドとしても利用されていた。城内は内曲輪とともに昭和三十一年に特別史跡に指定され、彦根観光の名所となっている。

彦根城のある小高い山は、彦根山と呼ばれ、かつてここにあった彦根寺の山号を金亀山《こんき》ということから、別名金亀山とも呼ばれている。現在の町名金亀町も、これにちなんでいる。この山を地図上で見ると、南の方は丸く曲線を描き、反対に北の方は細く突き出ており、ちょうど亀のようにも見える。縄張りの際に意図的にしたとも思えないが、自然地形を利用した偶然であろう。金亀の名の由来は、かつて彦根寺の観音様が金の亀に乗っていたことにあるとも伝えられる。

**彦根城の築城**　彦根城は関ケ原合戦の後、慶長九年（一六〇四）から工事がはじめられ、慶長十二年頃までに本丸・西の丸、鐘の丸など主要部分がほぼ完成した。石田三成の居城佐和山の領地

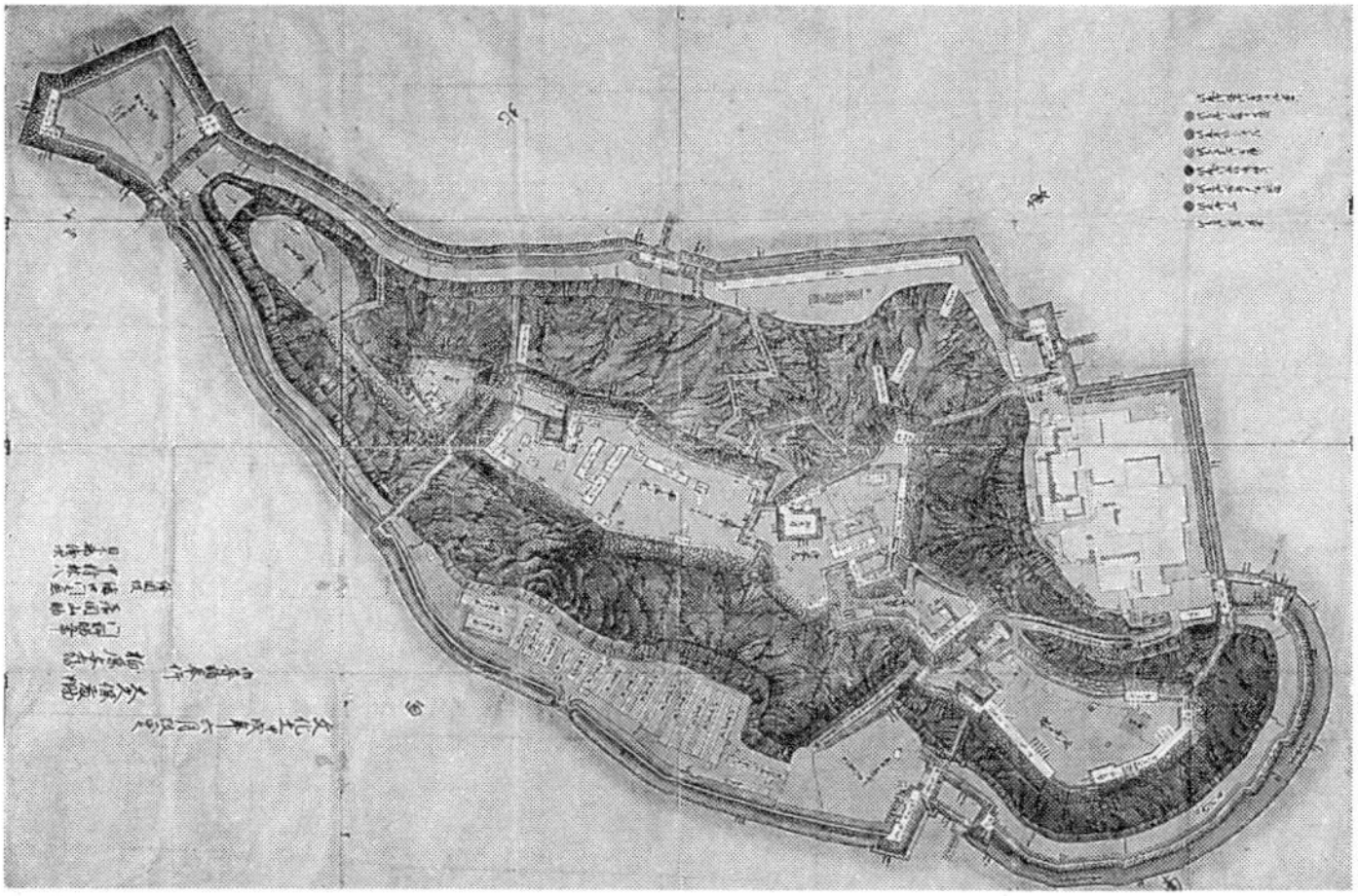

御城内御絵図（彦根市立図書館 蔵）

をもらって入城した井伊家が、佐和山に替わる城として幕府の命令により築城したもので、幕府から普請奉行が派遣され、近隣諸国の大名が数多く動員された。十八世紀半ばに井伊家の歴史を記した『井伊年譜』には、「七国十二大名」とあるが、実際には三〇以上の大名が動員されていたことがわかってきた。

歴史上、彦根の歴史景観を最も大規模に、そして短期間で変化させたのは、実はこの彦根城の築城工事である。佐和山城が東山道の交通の要衝にあり、戦乱の世の象徴として、幾多の闘いの場となったのに較べ、東山道から少し琵琶湖よりの彦根山には、かつて彦根寺があり、平安時代から京都の貴族たちにも知られた、霊験あらたかな観音様の霊場であった。また、室町時代には、修験道の山伏たちが修行の地とした山であった。山の北側には湖を望み、上の図の

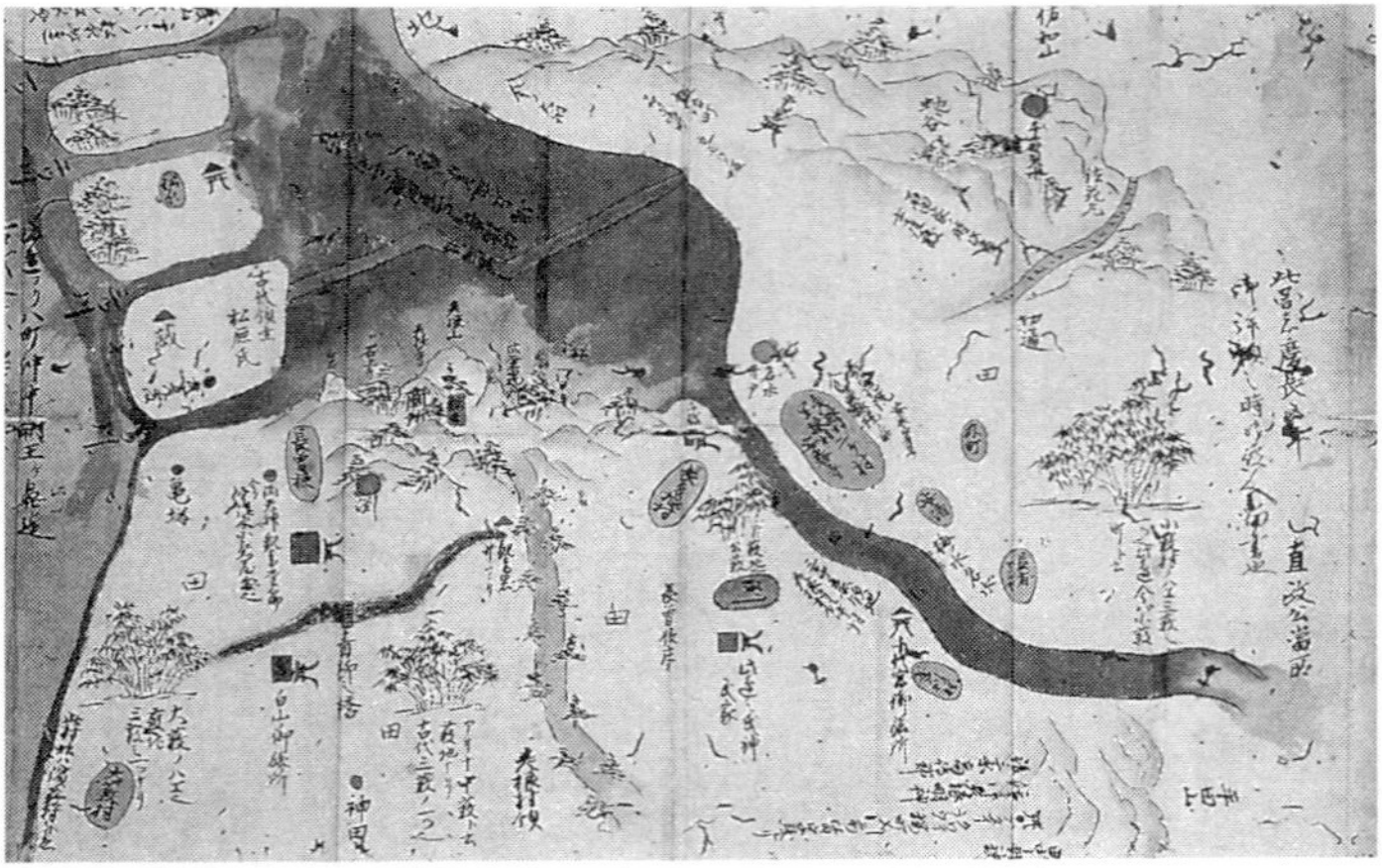

彦根御山絵図（彦根市立図書館 蔵）

ように松原の内湖には善利《ぜり》川（現在の芹川）が流れ込み、おだやかな景色を見せていた。山裾には芹川がつくる湿地や藪地が広がり、彦根・里根・安養寺・長曽根など小さな集落があるのみであった。

この信仰の山と、広大な善利川の下流域に城を築くことは、相当な難工事となることが予測され、築城計画も当初は彦根山ではなく、佐和山から尾根伝いに琵琶湖に突き出た、礒《いそ》山（米原町）が候補地としてあげられた。しかし、井伊家の初代直政が慶長七年に関ケ原の鉄砲傷によりこの世を去り、あらためて計画を検討した徳川家康は、井伊家の家来たちの案をもとに最終的に彦根山を選択したのである。幕府は、信仰の場の破壊や、難工事をもろともせずに、慶長九年七月に工事を着工した。

まず、安清付近（現在の芹川がＪＲ琵琶湖線と交わる付近）から北上し、外船町（現在の船町の旧港湾付近）あたりで松原内湖に流れ込み、いくつもの支流がデルタ地帯を形成していた善利川の湿地帯を干拓するため、流れを現在のように琵琶湖へ直流するように付け替える工事がすすめられた。彦根山も寺院を山から下ろし、山頂を削り本丸、西の丸、そして鐘の丸が形成され、山の周囲を掘り下げて内堀とし、第一郭が姿をあらわした。山の南麓を大手とし、第一郭の周囲には重臣屋敷を配置し、その外側には本町（現在の京橋付近）を起点にして城下町が形成されたのである。彦根の城下町は、この時から歴史がはじまる。

**様々な移築説**　一説には、城郭の建物の内、慶長九年に、いち早く完成したのは鐘の丸であったといい、『井伊年譜』では、この年に佐和山城から彦根城に移ったと記している。また、天守が完成したのは二年後、慶長十一年のことである。この天守は、従来『井伊年譜』の「京極家の大津城の殿守也《ママ》、此殿主は遂に落ちもうさず目出度き殿主の由、家康公上意に依って移され候由」との記述により、大津城の移築説があった。昭和三十三年の解体修理の際、五重の天守の古材が、三重の彦根城天守に転用されていたことが確認されたが、用材の墨書銘には大津城移築を裏付けるものは発見されなかった。大津城は五重天守であり、その転用の可能性は高いが、まだ決定的ではない。しかし、近年、『井伊年譜』より古い元禄十年（一六九七）八月に、彦根藩から幕府へ提出した『覚書』と題した五冊の井伊家の記録の中に、『井伊年譜』と同様の記述があることが確認された。これで、大津城移築説の出所がはっきりしたわけだが、この記事は、あくまで井伊家の古い家臣たちからの聞き書きをまとめたものであるため、まだ決定的とは言えないであろう。

その他、太鼓門櫓は彦根寺の楼門、西の丸三重櫓は小谷城の天守からなど、周辺の城からの移築説が伝えられているが、いずれもどの建物からの移築であるという確証はない。ただ、解体修理では太鼓門櫓は移築建物であるが寺院の門ではないとされ、また西の丸三重櫓は、他城からの移築が確実とされた。

また、石垣の石材も、「すべて石垣の石、櫓門等迄、佐和山・大津・長浜・安土の古城より来る」と伝えられている。伝承には、疑わしい点があることもあるが、総じて、彦根城のほとんどが、既存の城や寺からの転用材で建てられたとされている点は注目すべきであろう。

それでは、何故古材を転用する必要があったのか。一説には、関ケ原合戦で敵対した石田三成の影を徹底的に破壊したのではないかとするものもあるが、実際のところは、築城の緊急性が最大の理由であろう。佐和山は西国の豊臣方勢力を監視する意味で重要であったが、関ケ原合戦直後の佐和山城責めで城郭のほとんどは破壊されており、早急な築城が課題であったが、井伊直政の急死により築城が遅れていたのである。古材を利用することは、木材の乾燥や、石材の切り出しの必要が少なく、短期間に完成させることができるからである。

**江戸時代の彦根城の姿**　彦根城の天守は、城下の各地から望めた。強固に積み上げられた石垣は、山の周囲を固め、白亜の櫓や長屋門、漆喰《しっくい》塀により縁取られていた。とくに、城内に通じる諸門を固めた門櫓は、多聞櫓や二層・三層の櫓を従えて、威厳に満ちた重厚な姿を見せていた。

江戸時代に彦根城にあったほとんどの櫓・塀は、明治九年（一八七六）に解体して払い下げられ、現在、城内第一郭に遺る建物は、本丸の天守をはじめ、天秤櫓・太鼓門櫓・西の丸三重櫓の四棟のみである。しかし、この彦根城のもとの姿を、江戸時代の絵図などを参考に、上田氏は精力的に数多く描いている（表紙カバー・口絵）。おそらく前掲の「御城内《ごじょうない》御絵図《おんえず》」や、明治八年頃に城郭が解体される前の古写真などをもとに、彦根城の旧観を再現して描いたものである。ここにも上田氏の郷土史家としての一面をもつ画業の特徴が見られる。

ただし、ここに描かれた全ての城郭施設が、築城当初から整えられていたわけではない。中堀・外堀や土手・櫓や御城の御殿、その他の建造物のほとんどは、大坂の陣以後の元和年間に造られ、慶長期の工事では、第一郭を巡る内堀ばかりであったという。また、城郭の各地に設けられた諸門なども、元和元年（一六一五）、内藤信正《のぶまさ》の長浜城が廃城となるのに際して移築されたと伝えられる。鐘の丸と太鼓丸を繋ぐ廊下橋に附属した天秤櫓には、棟瓦の鬼板に内藤家の藤の丸の家紋の入った紋瓦が遺されており、長浜城からの移築であることが裏付けられるという。

元和期の工事は、陣後間もなく開始され、元和元年五月の夏の陣での勝利の余韻が残る七月二十四日頃には、始められていた。この工事は、元和九年頃まで続けられ、三重の堀と諸門・櫓が整備され、ほぼ上田氏の描いた「彦根城郭旧観図」（口絵）のような景観が姿をあらわしたのである。

**表御殿の建造**　元和期の工事では、中堀と外堀、諸門や櫓の普請に重点がおかれたが、もう一つ重要な点は、彦根城の役割が大坂の陣を境に大きく変化し、その変化に対応すべく、縄張り配置に大幅な改造がほどこされたことである。

彦根城の大手は、築城当初から変わらず、現在も彦根山の南西部、本町側に面したところである。城郭の大手とは、城の表門、また正面をさす名称である。軍事上、彦根城は西国の押さえとして、京都・大坂へ通じる南西側を大手とする縄張りであった。しかし、彦根城には大手門とは別に、表門が彦根山の東部、佐和口御門側にあり、その入ったところには彦根藩の政治庁としての表御殿が建てられていた。この表御殿は慶長期にはなく、元和期の工事により、元和九年頃に完成したと伝えられている。慶長期には、藩主の御殿は本丸の天守台の前にあり（一説には鐘の丸の御殿が用いられたともいう）、これに替わって造営されたものである。また、大手門内に屋敷を構え、城の正面を押さえていた当時の家臣筆頭の鈴木家や川手家屋敷はなくなり、彦根城の軍用備蓄米五万俵を保管する御用米蔵《ごようまいくら》が建造され、搦《から》め手の要害である西の丸櫓を預かり山崎郭に屋敷を構えていた木俣家は、第二郭に出され、第一郭内には家臣の屋敷はすべてなくなった。

これら配置換えの理由は、大坂陣の徳川方の勝利により、「元和偃武《げんなえんぶ》」（元和の時代に戦乱の世が終わったこと）がもたらされたことである。つまり、平和な時代に向けて、彦根城は軍備重視から政治重視の縄張りに改造されたのである。表御殿の建造は、その平和な時代の彦根藩政の象徴でもあった。

さて、それでは何故、表御殿は大手側に造られなかったのか、その理由を今のところあきらか

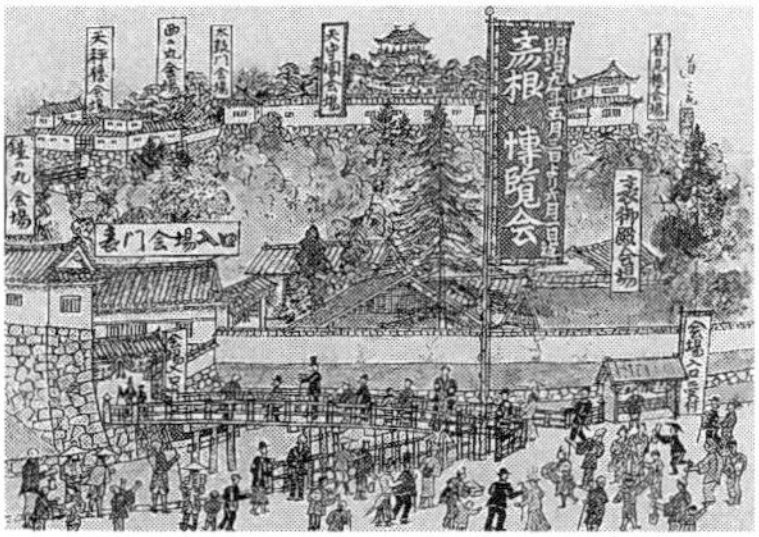

明治九年の彦根博覧会の図

表御門橋付近から天秤櫓・
着見櫓を望む
（彦根市立図書館 蔵）

にすることはできない。あくまで推測であるが、幕藩体制のもとでの政治拠点として表御殿を位置づけるならば、軍事上の縄張りは大手を正面としながら、政治機能の上では中山道の脇街道としての切通道に近い佐和口側を、言い換えれば江戸に近い側を正面と位置づけたのではないだろうか。

表御殿は上田氏の明治の風俗を描いた絵画にも登場する（上図）。そのアングルは上の古写真と較べて若干ずれているが、おそらく、この古写真を見て、明治九年に彦根城で催された博覧会の光景として描き直したのであろう。

**遺された天守**　廃藩置県を迎え、旧城下が大きな変容を遂げる中、天守を中心とした第一郭内の城郭は、明治五年二月に

彦根城本丸天守

陸軍省の所管となり、大坂鎮台第一分営歩兵第十八大隊が駐在した。この隊は翌六年には伏見へ移転するが、その後工兵隊が駐屯《ちゅうとん》したという。当時の陸軍省は滋賀県下の城郭解体に取りかかっており、膳《ぜ》所《ぜ》城や水口《みなくち》城はすでに解体され、彦根城も明治十一年九月の解体が決定されていた。城内の建物の一部はすでに大津兵営に移転され、門・塀・附属建物は公売され、天守もすでに代金八百円で売却が決まっていた。十月には天守解体の足場がかけられ、解体作業がはじまろうとしていた。

明治十一年十月十一日、北陸巡幸を終えた明治天皇は京都へ向かう途中、中山道高宮宿の円照寺に宿泊した。随行した参議大隈重信は、翌日、県令の求めにより福満《ふくみつ》村平田（彦根市平田町）に設立された県営製糸場や座繰伝習所《ざくりでんしゅうしょ》を視察し、そこから彦根城に立ち寄った。解体寸前にあった彦根城を見た大隈は、その消失を惜しみ、天皇に城郭の保存を奏上した。これに同意した天皇は、内大臣岩倉具視《ともみ》に伝え、城郭の保存を命じたのである（『明治天皇記』）。

また一説には、明治天皇が彦根を訪れる前日、北国街道に面した福田寺《ふくでんじ》（近江町長沢）に小休止された際、福田寺の住持本寛《ほんがん》上人の妻二条鐶子《かねこ》が天皇に奏上したともいう。福田寺は江戸時代

彦根城天秤櫓

後期に井伊家の庶子が住持に入り、本寛上人も井伊家の血を引いていた。明治天皇の従妹にあたる二条鑭子《かねこ》が、夫である本寛上人と彦根との縁から、彦根城の保存を願ったというのである。

いずれにしても、明治天皇の北陸巡幸の際におこったできごとである。この巡幸がなければ、彦根城は確実に解体をまぬがれなかったであろう。この天皇巡幸がもたらした幸運を、天皇の巡幸に随行した高崎正風《まさかぜ》は、象徴的に和歌に詠み込んでいる。

いでまして　めぐみの露の　かからずば
　　ひこねのふる城　くちやはてまし

こうして、本丸の天守をはじめ、天皇行幸時点で遺されていた天秤櫓・太鼓門櫓・西の丸三重櫓・馬屋・佐和口多聞櫓は、昭和三十年代の解体修理、天守・西の丸三重櫓については平成の大修理も行われ、現在も私たちの前にその美しい姿を伝えてくれている。

（母利）

## 中下級藩士の武家屋敷

**変貌する武家屋敷地**　彦根城下の町割りの特徴は、堀沿いに面した屋敷地を基本的に武家屋敷や寺院とし、その間に挟まれた街路に面して町人屋敷を配置するというものである。そのため、千石以下、六〇石以上くらいの中下級武士の屋敷地は、中堀と外堀に挟まれた第二郭を中心に広がり、第三郭にも歩行《かち》身分を中心に見られる。

　もちろん、内堀に面した物資輸送の拠点である内船町や、外堀の拠点である外船町には町人屋敷を配置しているし、また、琵琶湖に面した西ケ原町や西馬場町・中島町、円常寺《えんじょうじ》町、藁《わら》屋《や》町、前述の尾末町などのように、すべてが武家地となっていたところもあった。屋敷地の広さは、三〇〇石の中級藩士で約四〜六〇〇坪、

大正6年頃の城下町西部

一〇〇石前後で約一～二〇〇〇坪である。

かつて、藩政時代には九〇〇家を越す歩行以上の武家屋敷が存在したが、現存する中下級武士の屋敷は、前述した尾末町の池田家長屋門をはじめ、三筋《みすじ》町（京町三丁目）の牧野家長屋門、上片原町（立花町）の鈴木家長屋門、元安養寺町（立花町）の花木家長屋門、下藪下町（城町一丁目）の龍家屋敷など数少なくなった。上田氏が武家屋敷を描いた昭和三十年代でも、ほとんどが失われており、旧士族の衰退の激しさがうかがわれる。とくに旧士族が彦根を離れていく傾向は、武家屋敷が集まっていた西ケ原町・西馬場町・中島町・円常寺町・藁屋町などで激しく、空き地となったこれらの地域は、まず桑畑となり、明治二十年代に、近代繊維産業の工場が進出しはじめ、ほとんど武家地の面影はみられなくなった。

**彦根駅の誘致**　また、現在の彦根駅を中心とした大東町の地域は、かつては上新屋敷とよばれた武家地や、上藪下町とよばれた下級武士の屋敷や重臣の下屋敷が並ぶ地域であったが、明治二十年、長浜～大津間の鉄道建設にともない、大きな変化がもたらされた。この鉄道建設は、当初計画では高宮・大堀・鳥居本を通り米原に達する現在よりも中山道寄りであったが、当時の地元有志の陳情により現在のルートに決定したという。明治三十年代には、東海道線の複線化工事、近江鉄道の彦根～愛知川間の開通などにより、この地域は、近代都市彦根への玄関口として変貌したのである。明治四十年代には、現在の彦根市役所の地に、専売局煙草工場が誘致され、後に大蔵省造幣局となり、昭和四十三年、本町から市庁舎が移転した。

彦根市街図（大正２年・彦根市立図書館 蔵）

昭和四十四年頃から駅前商店街地区の再開発が行われ、昭和五十六年、びわこ国体が行われた頃には駅前通りは拡張整備され、表通りは近代的なビルが点在する風景に様変わりした。さらに昭和六十二年、彦根金亀公園を中心に開催された世界古城博覧会の際、駅前通りの舗装路が改修され、かつて近代化の象徴でもあった電柱が撤去埋設され、整然とした新たな景観を生み出した。しかし、それと同時に整備の一貫として、駅前通りが尾末町の護国神社に突き当たるところに唯一遺されていた外堀の一部が改修され、新しい石垣による空堀と化したのである。

**三筋町の武家屋敷**　現在の京町三丁目駅前通の南側を平行して走る三本の露地に挟まれた地域は、三筋《みすじ》町と呼ばれ、一〇〇石に満たない下級武士の屋敷地であった。現在はホテルの建物が遮り見えにくくなったが（上写真）、かつて一番北の露地からは、彦根城天守が望める絶好の眺望の場所であった。この三筋町には、いくつか武家屋敷が遺されており、上田氏が描いた旧牧野藤十郎家屋敷（現存せず）と礒島三左衛門家屋敷（現存）が並んで遺されていた。

牧野家は井伊家二代直孝の肝煎りで徳川秀忠の旗本となり、後に徳川家光の弟松平忠長《ただなが》に附属されたが、忠長の死去により、井伊家に召し出された由緒をもつ家である。また延宝六年（一六七九）に藩士が連名で

三筋町から天守を望む現況

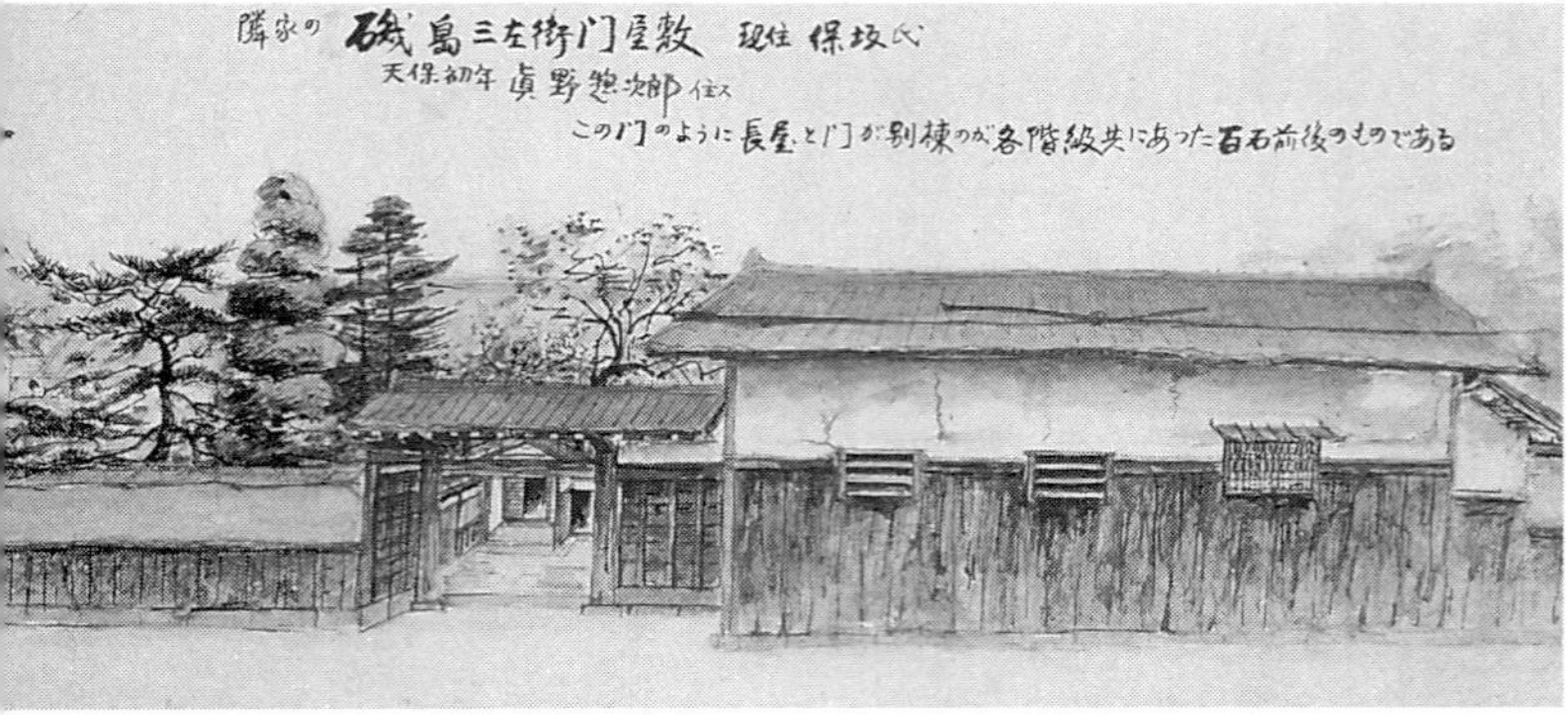
隣家の　磯島三左衛門屋敷　現住 保坂氏
天保初年 貞野惣次郎 住ス
この門のように長屋と門が別棟のが各階級共にあった百石前後のものである

借財を藩に願った「七十六士願書一件」に加わり追放となったが、元禄十年（一六九七）に許されて帰参《きさん》したという履歴もある。幕末期には八〇石。上田氏の解説では「この門長屋の形式百石前後のもの、牧野家よりは山崎闇斎の高弟羽黒養潜を出す。」と記す。

彦根の武家屋敷の長屋門は、分限《ぶんげん》に応じて格式が定められていたといい、上田氏はその構造比較を次頁の絵図であらわしている。五〇〇石以上は、馬数頭を備え、門の両脇に中間《ちゅうげん》長屋や陪臣《ばいしん》長屋を配置し、くぐり戸を備えた両開きの「城門造り」、三〇〇石以上は、間口一〇間前後で馬二頭以上に中間・女中・物置部屋があり、くぐり戸を備えた片開きの長屋門、一五〇石以上は、間口八間前後で馬一頭に中間・女中・物置部屋がある片開きの長屋門、一〇〇石以下は間口五・六間で馬一頭に中間部屋がある片開きの長屋門とする。また分限にかかわらず、長屋門ではなく高屋《たかや》附きの門構えとなる例も見られるとしている。藩の規定にどう定められていたかは不明であるが、上田氏がおこ

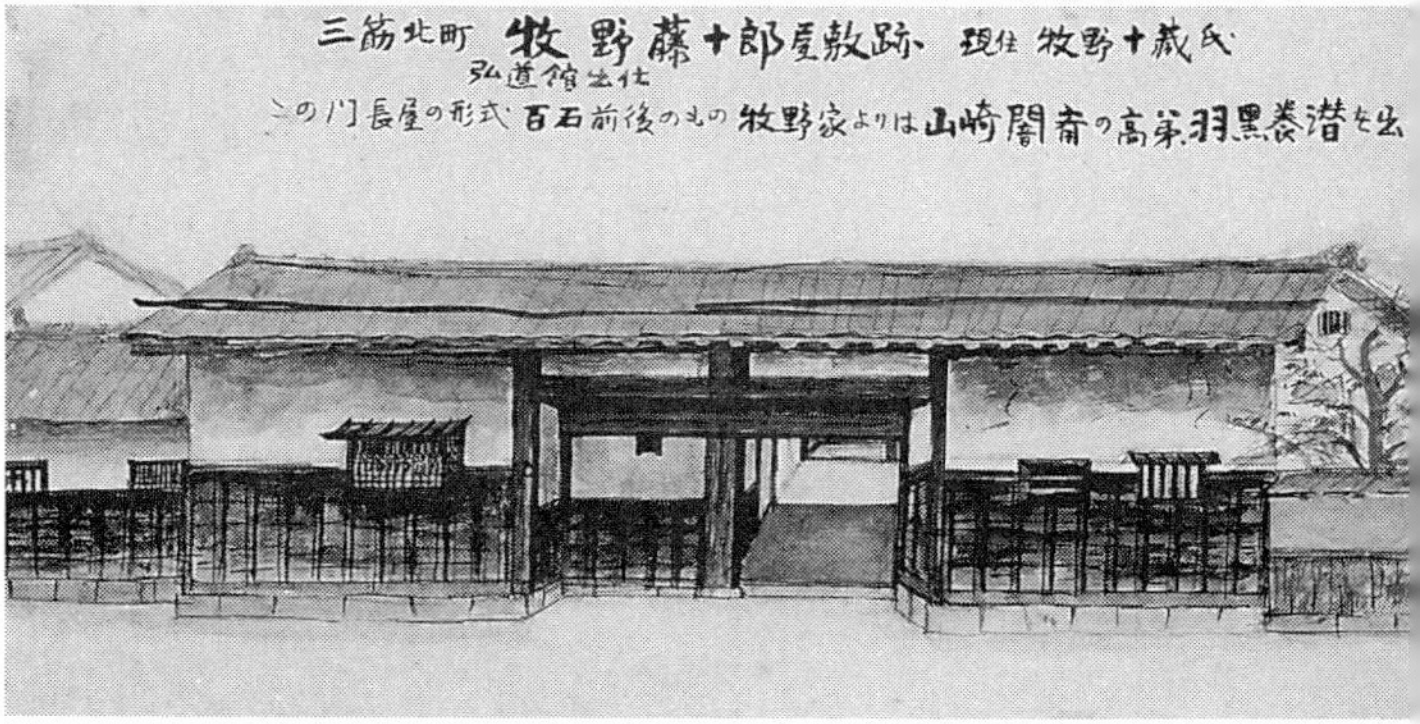

三筋町の武家屋敷

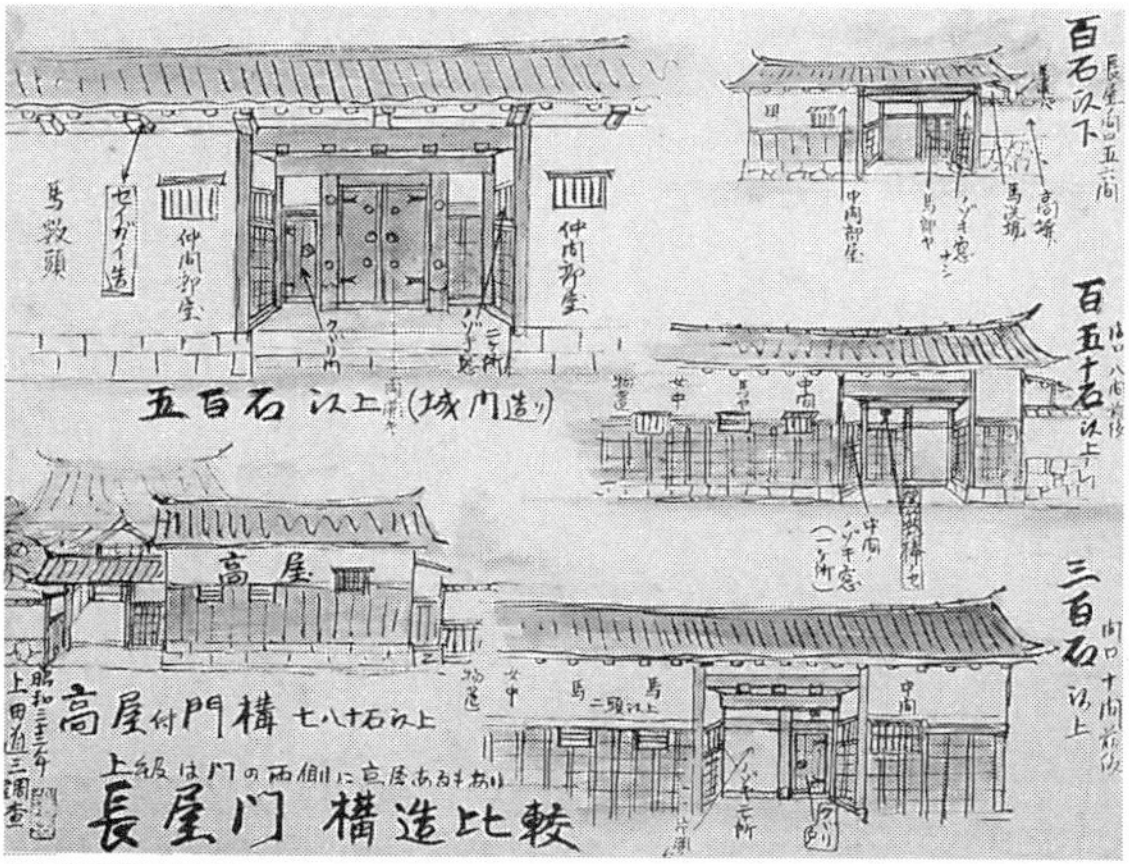

長屋門構造比較

なった実態調査による分類である。

牧野屋敷の場合は、一〇〇石以下の格式の長屋門であり、牧野家の並びの礒嶋三左衛門屋敷の場合は、一〇〇石以下で高屋附きの門構えとなる。礒嶋家は一時一二〇石を拝領していたが、幕末期には六〇石となり、三筋町に屋敷替えとなったようである。

**中間長屋**　三筋町の北筋から佐和町へ通じる路地を進むと、松尾芭蕉の弟子の一人、森川許六《きょりく》の墓がある長純寺の前に至る。境内の石垣が切れるあたりに、旧鷹匠町の鳥毛中間《とりげちゅうげん》長屋があった。鳥毛中間とは、かつて参勤交代の大名行列の先頭付近に、鉾《ほこ》先の鞘《さや》に鳥毛を付けた長柄《ながえ》を持ち、城下に入るとこれを振って練り歩いた武家奉公人たちである。彼らには住まいとして長屋が割り当てられていた。上田氏が描いた昭和三十七年頃には、誰が住んでいたか定かでないが、かつての長屋景観のなごりを止めていた。内部の構造は、一棟を四室に区切り、各室八畳で四尺幅の土間が通っていたという。

江戸時代には、約三二間にも及ぶ長屋が二棟あったようで、その一部が遺っていたのである。また、この長屋、元禄時代には当時の藩主井伊直興が江戸で召し抱えた能役者たちの、臨時の住まいになっていたとも伝えられている（『井伊年譜』）。

城下の中間長屋は、このほかにも、旧上瓦焼町切通裏手（現在の船町）に御馬取長屋、旧芹橋九丁目の土手際に郷士方長屋、江国寺横にも長屋が現存していたという。これらはすべて、現存していない。

また、ついでに触れておくと、旧鷹匠町の長純寺は城下でも由緒ある寺である。近年、本堂大屋根の老朽化が進んでいたが、一昨年ついに解体という結果となってしまった。かつては、この

鷹匠町の鳥毛中間長屋

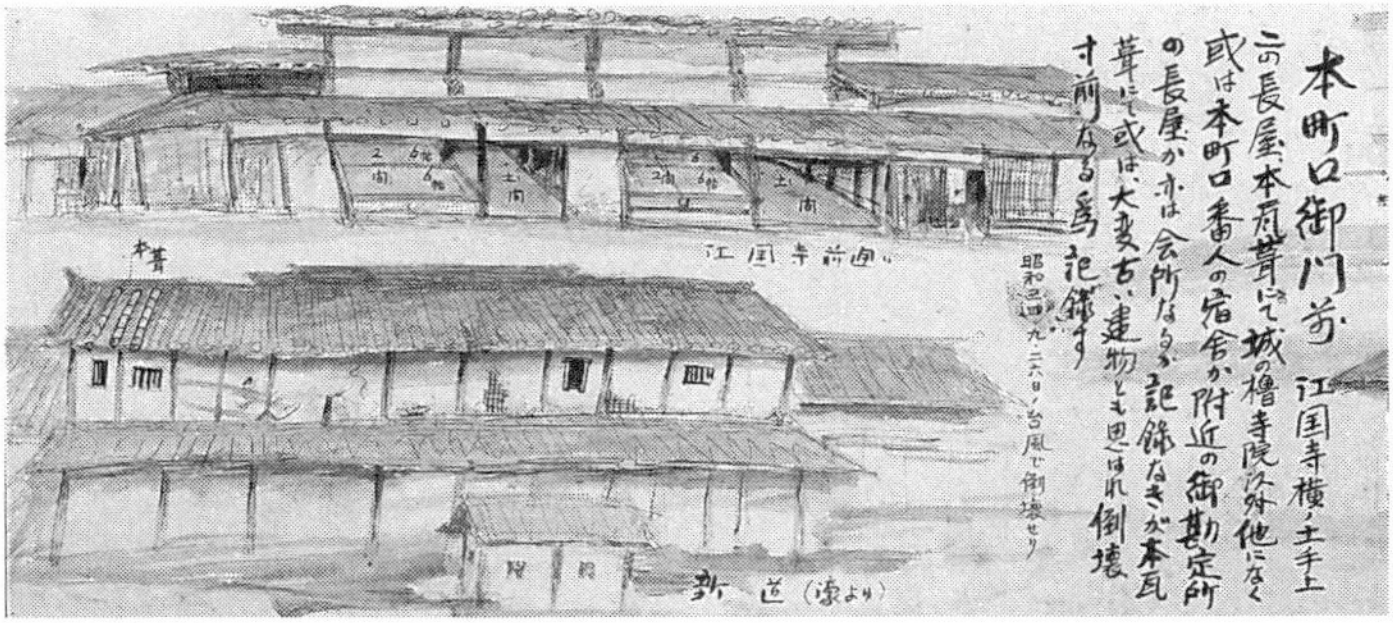


江国寺横の長屋

切通町裏の御馬取長屋

中村茂平太長屋門

中村茂平太長屋門の内部

あたりの歴史景観を特徴づける建物であった。昭和五十八年の教育委員会による近世社寺建築緊急調査でも調査が行われておらず、建築年代や構造について記録が残されていない。また、一つ大きな歴史景観が失われた。

**点在する武家屋敷**　上田氏の調査では、昭和三十年代には二八カ所の武家屋敷や長屋門が遺されていた（『彦根郷土史研究』第五集上田論文）。これらの内、現存するものは数少なくなり、屋敷自体が残っている例は、足軽屋敷と龍家屋敷を除けば確認されたものはない。

観音堂筋にあった中村茂平太屋敷は数少ない建物の一つであった。長屋門は一五〇石クラスの構えで、昭和三十年代には、母屋と、当時では珍しく長屋門の内部構造を昔のままに留めていた。上田氏も、馬屋・中間部屋・薪部屋・女中部屋・米搗場・物置などに区切られた内部の

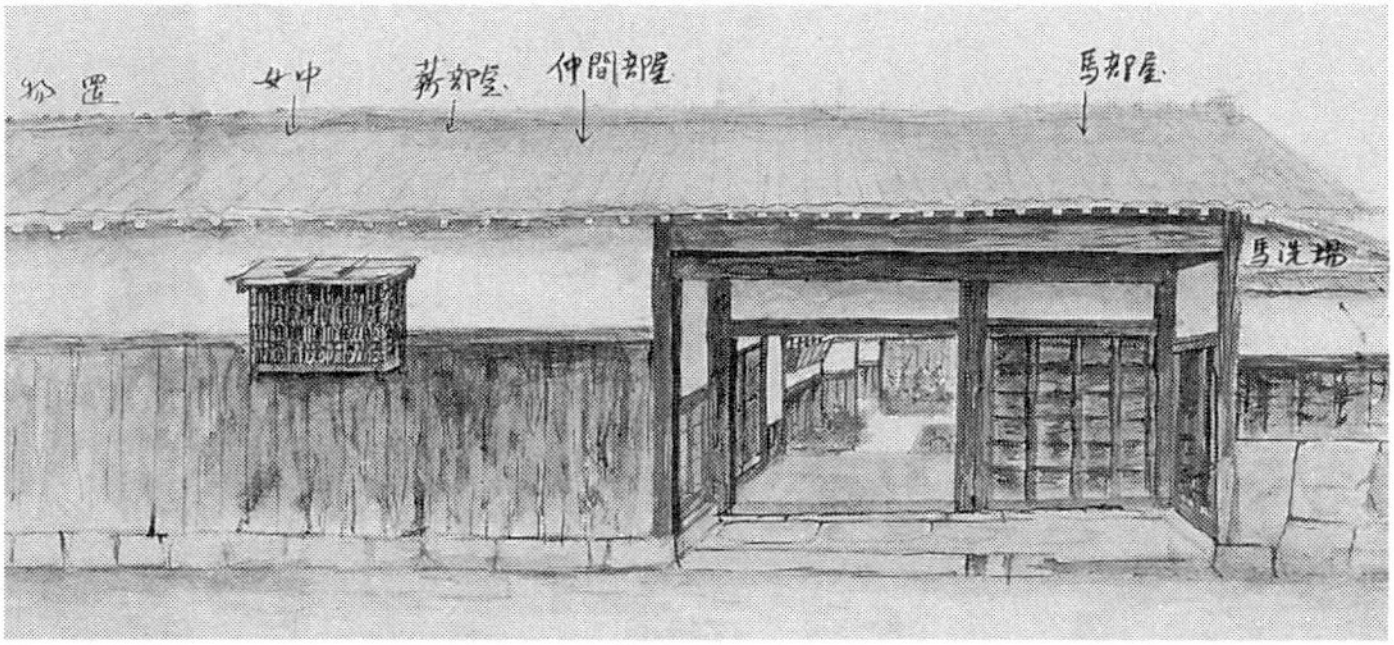

花木伝蔵家長屋門（門の奥には屋敷の一部も描かれている）

様子を克明に描いている。

中村家の先祖は、もと家老木俣家にいたが、彦根藩主となる前の井伊直孝に御目見えの後、小姓として召出され、後には一二〇〇石を拝領し、直孝の用人役となり、譜代の侍衆の組頭を命じられたという（『侍中由緒帳6』）。幕末期には二五〇石で、屋敷構えも相応のものでった。また江戸後期の歴代は、代々藩校稽古館（のちに弘道館）の素読役を勤めるなど、学業の家として存続した。十一代目勝信は隠居後に不能斎を称するが、幕末期の大老関係史料や彦根藩関係史料を守った人物の一人であり、『井伊家譜』の編纂で知られる。東京大学史料編纂所が架蔵する「中村不能斎採集文書」は、維新後に彼が収集あるいは採録した古文書の写本であり、彦根藩の研究や江戸時代初期の研究では欠かせない資料となっている。

この貴重な屋敷も、昭和五十年頃に解体されてしまい、今は高塀や長屋門を支えていた堅固な石垣が遺されているだけである。

（母利）

## 芹橋の足軽組屋敷と勘定人町

**整然と区画された足軽組屋敷**　足軽の組屋敷は、城下町の外堀より外側の地域に配置された。城下町の建設にともない、最初に設けられたのは中藪の六組（一丁目から六丁目まで）と芹橋の十二組（現在の芹橋七丁目から十五丁目）である。ついで、大坂の陣後から元和三年（一六一八）頃までに、芹橋の八組（六丁目から一丁目）、寛永六年（一六二九）頃に城下東部の切通と安清村付近二カ所に足軽組が増設され、その位置から上・中・下組と呼ばれていた。たび重なる足軽組の増設は、彦根藩の領地拡大によるものであった。

彦根藩は佐和山入部の際、近江で一五万石、上野国安中《こうづけのくにあんなか》に三万石を拝領したが、大坂冬の陣後に、井伊直継が安中三万石に分家となり、近江の領地を直継の弟直孝が嗣いでいる。直孝は大坂陣での活躍により、慶長二十年（一六一五）、元和三年、寛永十一年の三度にわたり五万石ずつ、合計一五万石の加増により、彦根藩の領地は三〇万石に増えた。大名は領地の石高《こくだか》により、非常時のための軍勢の数を準備しなければならないので、当然、彦根でも騎馬武者だけでなく、足軽組も増設しなければならなかったのである。彦根藩の足軽の実態は、まだあまり知られていないが、最大時で一一二〇人を数えた。

こうして整えられた足軽組は、一部を除き、城下町南部を流れる善利川（芹川）と外堀の間に

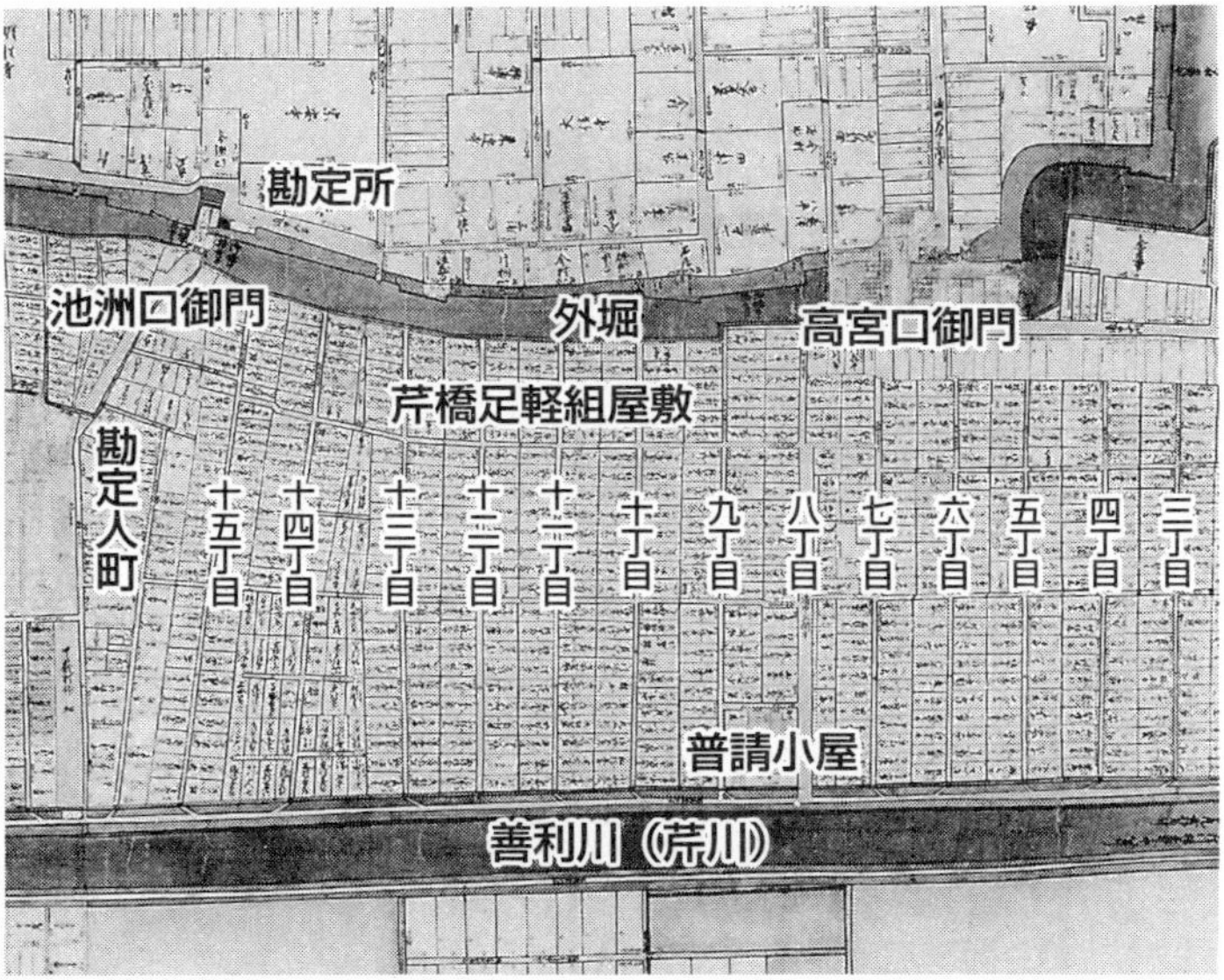

御城下惣絵図（芹橋付近：彦根城博物館 蔵）

集中的に配置され、路地沿いに組毎に区画された、整然とした町並を形作っていた。現在も芹橋を中心に、路地のほとんどが遺されており、屋敷も平成十三年調査の段階でも五二軒が遺されていた。

しかし、昭和四十三年の芹橋調査時の一五八棟から、すでに百棟以上が減少しており、老朽化も進み、芹橋一丁目を中心に急速に歴史景観が失われつつあることが伺える。現在では、中藪組や上・中・下組の足軽組屋敷はほとんど遺されていない。

また、足軽というと、非常時でないときは門番や普請の際に動員されるばかり、というイメージが一般的にあるが、彦根藩の足軽は、町奉行など各役

芹橋の足軽組屋敷

方の手下（元締《もとじめ》・手代《てだい》など）に配属される者もいたし、文化的にも歴史に名を残す人物もあらわれている。幕末維新期の政治を動かしていった原動力となった人材も、これら足軽の中から大砲方など、最先端の軍事技術を習得していった人々の中からも生まれている。これからの彦根の歴史は、こうした視点からも見直しが進められることがのぞまれる。

**芹橋の足軽組屋敷**　旧城下で比較的よく足軽屋敷が遺されているのは、芹橋二丁目（旧芹橋八丁目から十五丁目）である。上田氏もかつて彦根で生活されていた時は、芹橋十三丁目の足軽屋敷に居を構えていたので、自宅も含め比較的多くの絵を描いている。

彦根藩の足軽屋敷は、一般的に間口五間、奥行き一〇間程度の短冊形の土地に二〇坪程度の屋敷を構え、規模は小さいが、各戸とも路地に面して簡単な木戸門と目板瓦葺《めいたかわらぶき》の塀を備え、母屋が直接街路に面しないような構造を持っており、町家の形態とは異なっていた。他藩の足軽屋敷に較べると、たいへん恵まれていたとも言われる。十三丁目の旧河原林英

御普請方長屋

造屋敷付近では、数件がまとまって遺っており、組屋敷の町並の面影を伝えていたようである（前頁図）。ただし、上田氏が描いた当時、すでに板塀はブロック塀に変わりつつあったとのこと、今では板塀を遺す屋敷は数少なくなった。

**八丁目御普請方会所**　芹橋八丁目の土手際下手に、現在も屋根の棟瓦に井伊家の井桁紋《いげたもん》の入った紋瓦が上がる、古い建物が遺されている。屋根の一部が欠落し、このままではあと何年もつかとも思われる。この建物は、江戸時代には石垣の築造・修復や河川の改修などの土木工事を担当した普請奉行の管理のもとにおかれた普請方会所であった。「御城下惣絵図」には、約二〇間四方の敷地が「御普請方」として宛てられ、この会所の外、土蔵二棟、木小屋が敷地を囲むように配置され、中程は約一五間四方の広場となっていた。会所は普請方役人の詰所で、普請資材の管理や人夫の差配を行っていたのである。普請方の役人の配下には、足軽が元締を勤めたり、城の石垣普請などでは、足軽からも人夫が動員された。普請方小屋が足軽の居住区に置かれたのも、職・住が隣接する合

勘定人町の士屋敷

理的な措置であったかもしれない。

**勘定人町**　芹橋の足軽組屋敷の西側には、彦根藩の勘定方役人の居住区が設けられ、勘定人町と呼ばれていた。屋敷の規模も足軽と同様で、組屋敷と同じような町並であった。彼らは、もと足軽であったものも多く、身分的には足軽と歩行の中間に位置し、三〇俵四人扶持程度の俸禄《ほうろく》をもらっていた。中には、歩行《かち》や騎馬徒《きばかち》まで取り立てられ、勘定奉行の添役を勤めるものもいた。

上田氏が描いた林田・西田家屋敷は（上図）、この地域の北部に位置し、池州口から南へ二本目の路地を入ったところに北面してあり、現在も二軒とも遺されている。江戸時代には、勘定人細野・寺倉家が住んでおり、両家とも騎馬徒にまで昇進した、有能な勘定役人であった。勘定人たちの勤務先は、この町にほど近い池州《いけす》口御門を入ったところにある勘定所である。これも、職・住近接の好例である。

（母利）

# 二　町人の町並

## 京橋通り ― 本町から寺町へ

**京橋通りの再生**　内曲輪から外堀にかかる京橋をわたると、欅並木と石畳で整備された江戸時代風の町並があらわれる。白壁・平入り玄関・格子戸・古色の柱・瓦葺き屋根など、統一されたデザインのなかで、それぞれの町家が個性を発揮した新しい町である。「夢京橋キャッスルロード」と名付けられた通りは、江戸時代には京橋通りとも呼ばれ、本町・魚《うお》屋《や》町の一部、元川《もとかわ》町が通りに面し、藩の有力

御城下惣絵図（京橋通り付近：彦根城博物館 蔵）

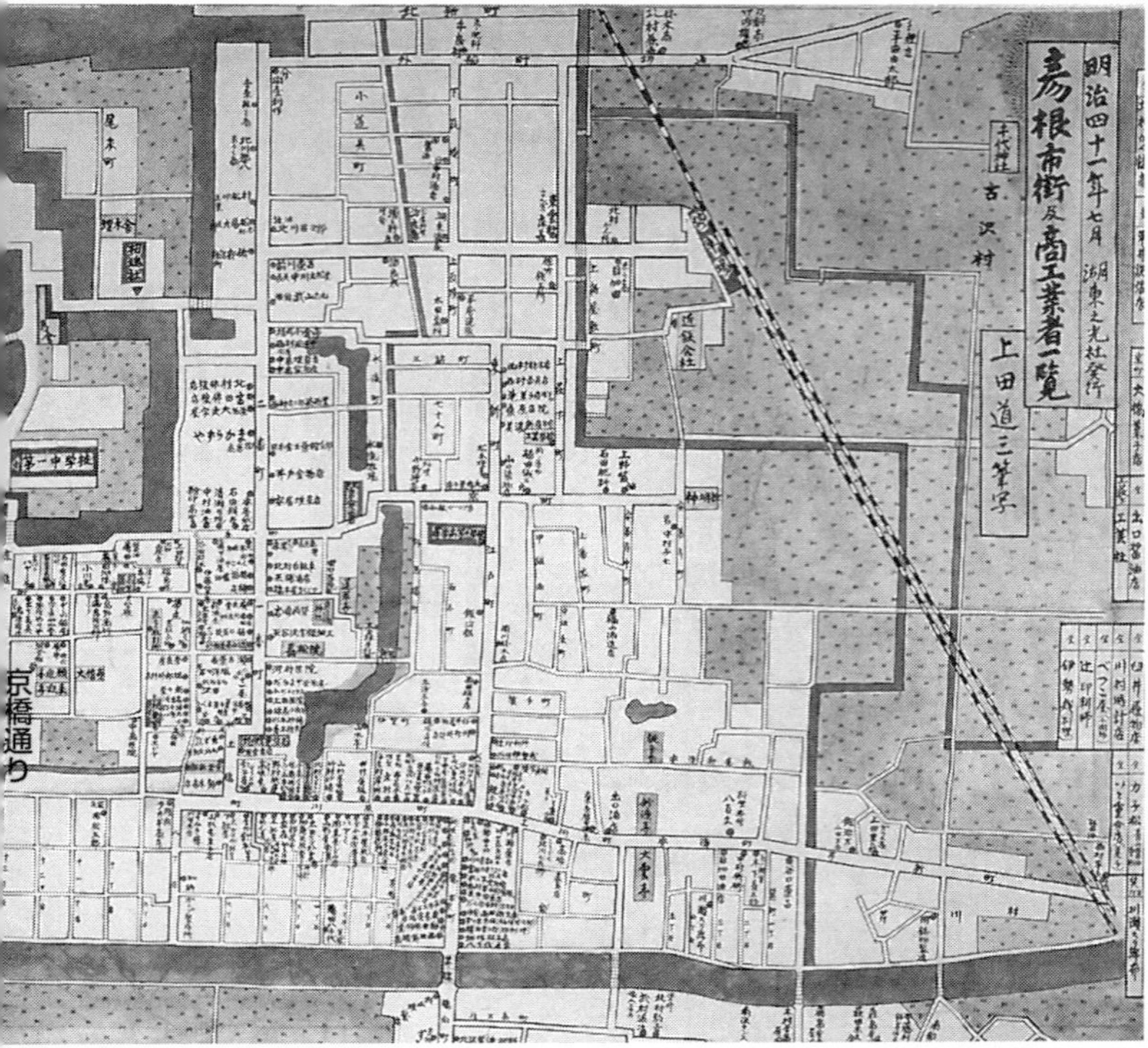


明治41年　彦根市街及商工業者一覧

御用達商人が軒を並べたメインストリートであった。

築城と同時に進められた城下町の町割りは、この本町を起点におこなわれた。京橋口御門に面した角地には、千坪近い家老クラスの敷地を割り与えられた有力町人の屋敷、徳川家康の廟所《びょうしょ》や大坂陣で討ち取られた豊臣方の武将木村重成《しげなり》の首塚がある赤門で知られた宗安寺、藩の公式接待所としての御馳走

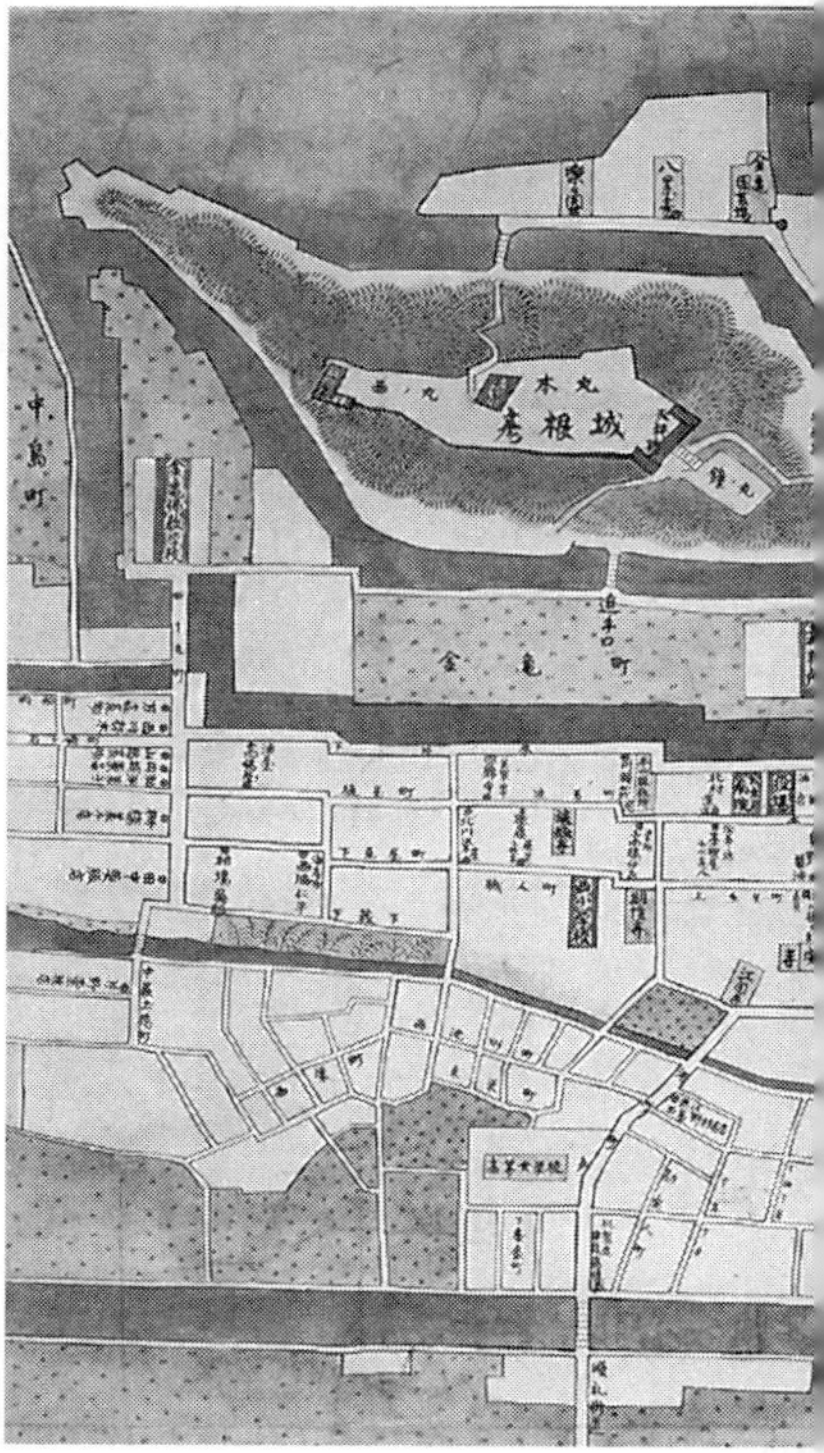


屋や、財政を預かる勘定奉行の役所も見られ、藩の公的施設や規模の大きい商店が並ぶ、格式高い町並であった。

しかし、藩の御用を勤めただけあって、廃藩後の経営は厳しかったようである。上田氏が描いた明治四十一年の資料をもとにした「彦根市街及商工業者一覧」によれば、京橋通り（前頁図中の左端中央）に面した老舗は数少なくなっている。

一方では学校が設立されたり、近隣に町役場（後に市役所、市立病院へと替わる）ができるなど、官公庁お膝元の町へと変貌を遂げたが、昭和二十年代には、いわゆる「しもた屋」が多くなり、商店誘致の苦労話もあるという。

そのような歴史のなかで、平成元年、京橋通りの住民たちは一つの決断をした。都市計画による道路拡幅に際して、江戸時代の町並を再現しようというものである。工事着工から約十年、漸く一つ一つ建てられた町家が、しだいに軒を連ねね新しい町並ができあがった。彦根城にほど近

夢京橋キャスルロード現況

い立地から観光客の足取りも、こちらに向かうようになっている。宗安寺の赤門は、結局道路拡幅により後ろへ下がることで遺された（四〇頁写真）。かつて見られた古い町家も、一部の土蔵を除き、大災害のあとのように全て壊され再生された町並は、宗安寺などの由緒ある景観や、通りの裏手にある寺町や魚屋町の歴史景観と一体となり、これからも一つずつ歴史を刻むことであろう。

**寺町の市場街**　京橋通りの裏手には来迎寺・大信寺などいくつかの寺院が集まり、そこに武家屋敷が混在する地域があり、寺町と呼ばれていた。一八六頁の上田氏の図の左端中央からやや下を見ると、その内の武家屋敷地となっていた部分は、明治末には畑地となっている。

ここに市場街ができたのは、大正十年（一九二一）のことである。旧城下には、すでに明治二十四年（一八九一）に川原町・土橋町（現在の河原一丁目）に民間の市場が開設されていたが、この市場は初めての公設市場であった。当時の新聞記事によると、公設市場の盛況に危

新しく生まれ変わる市場街現況

機感を覚えた商店が、新たに私設市場を目論んだり、公設市場の廉売に抗議や業務妨害が行われたとも記されている（『朝日新聞』）。公設市場の成功は、大正十四年には、上瓦焼町に第二公設市場、昭和七年には旧袋町の大雲寺境内の用地に第三公設市場が増設され、ますます活況を呈し、規模を拡大させてきた。

しかし、第二次世界大戦により物資の出回りが少なくなり、昭和二十五年には第二・第三公設市場が廃止となり、第一公設市場は株式会社第一市場として再出発したという。

そして、昭和四十一年にはアーケードを備え、市民の台所としての役割を担ってきた。だが、市内各地へ大規模店舗が建てられ、また自動車中心の社会となるにつれ市場街はその役割を終え、現在は市場街の再生ではなく、夢京橋と銀座街をつなぐ、全く新しい形態の町に生まれ変わろうとしている。また、新しい町並が生まれ、歴史を刻んでいくことであろう。

（母利）

# 平田町と下瓦焼町の中村家

**城下東部の景観**　城下町の東端部は、大坂の陣以降の家臣団増加のため、城下町拡大とともに開発された地域が多い。もともとこの地域は、彦根築城以前の善利川流路の一部にあたり、流路が付け替えされたあとも、伏流水が強く湧き出ていた地域と見られ、城下地割にも安清あたりから外船町へ向けて、この部分だけ斜めに走る水路や町割りが見られる。おそらく、伏流水の処理のため、宅地化が遅れたためであろう。この斜めの町割り（下図参照）の東側には、比較的町人の居住区が多い。城下平田町の町代・町年寄（藩から任命された町役人）を代々勤め

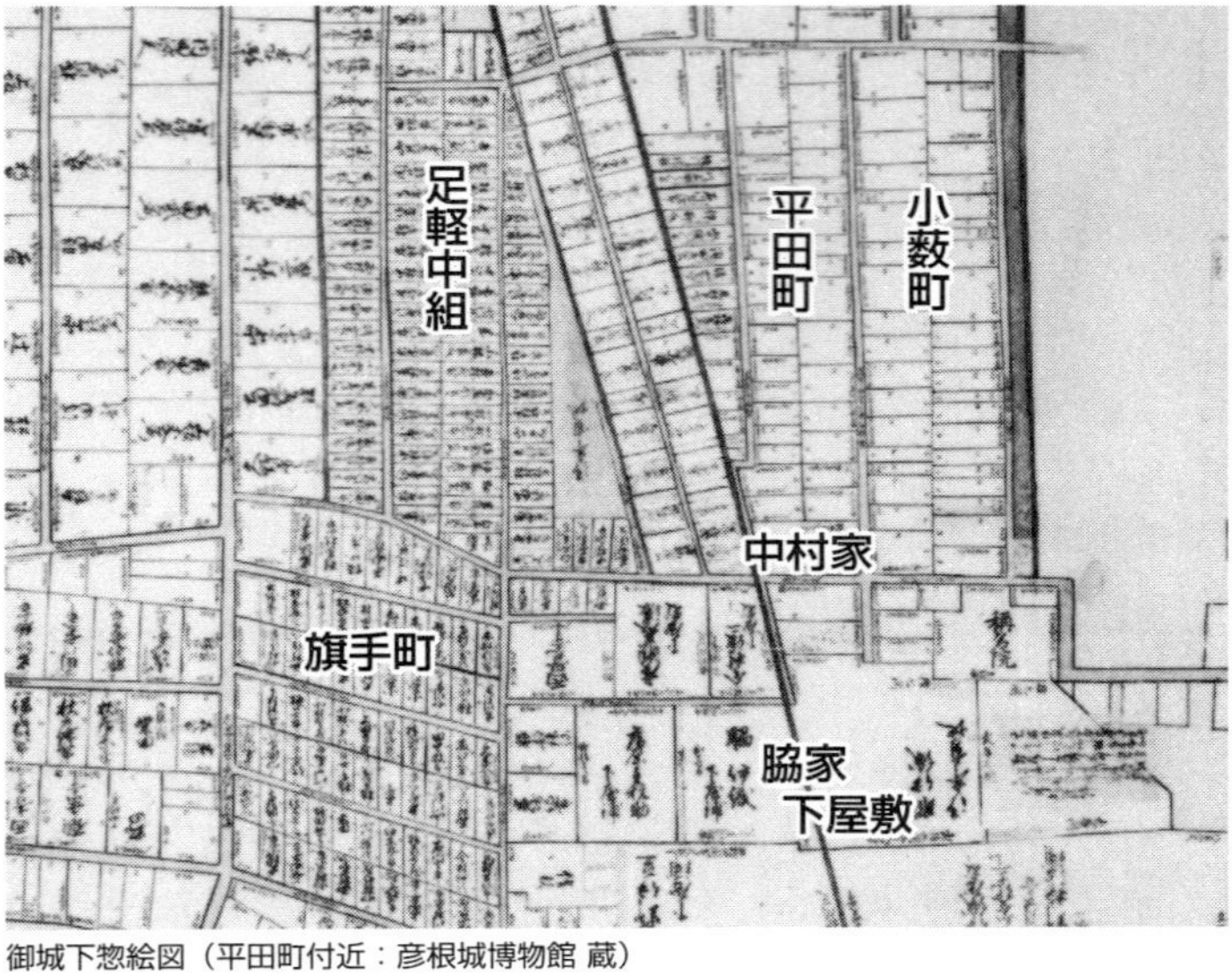


御城下惣絵図（平田町付近：彦根城博物館 蔵）

た中村家に伝わる古文書によると、現在の京町一丁目にあたる安養寺町・安養寺中町・小藪町・平田町などは大坂陣後に開発されたことが分かり、平田町設置後も、その南部に位置し上級藩士の下屋敷となる安清の地域は、まだ草地ばかりであったという。

**中村理兵衛家屋敷**　旧平田町にある中村家は、彦根城下では古い歴史をもつ旧家の一つである。上田氏は昭和三十二年に中村家を訪ね、屋敷内部まで克明に描いている（次頁上図）。上田氏の解説によれば、「記録的に正確と思わる、内で市内最古の建築で、約三百四十年余り前のものである」「台所入り口の美しい姿、天井の古い構造、全体から受ける格調高い品位は京・大和の民家にも劣るものではない」とする。

昭和三十四年十二月十二日付の新聞記事では、「彦根に寛永時代の家が現存、中村氏の母屋、芭蕉も泊まった記録、棟札わかれば重要文化財物」との見出しで、旧版の『彦根市史』編纂調査の際に確認されたと報じている。その後、昭和四十一年から始められた教育委員会の民家調査でも、調査がおこなわれたが、確たる棟札が見つからなかった。しかし、ご当主の話では、老朽化のため、やむなく屋敷を解体した際、土間奥の土蔵の開き戸の土壁の中から、寛文五年（一六六五）頃の年紀の入った板札が見つかり、母屋は少なくともそれ以前の建物ではないかという。

中村家には約三、八〇〇点の古文書が伝わり、すでに彦根市指定文化財に指定され報告書も刊行されている。古文書は、他の蔵書や衣類・調度品などとともに文庫蔵に保存されていたが、酒造業や、江戸後期から大正二年（一九一三）まで操業していた醤油醸造業の帳簿類は、ほとんど

失われ、往時から見れば十分の一にも充たないとのこと。先代の改一郎《かいいちろう》氏は遺された古文書を整理され、現在のご当主尚《たかし》氏や富栄《とみえ》夫人もその遺志を受け継ぎ、大事に守ってこられた。

中村家の先祖は、美濃の土豪土岐《とき》氏の系譜を引き、のちに近江六角氏に仕え、永禄十一年（一五六八）、織田信長の六角攻めにより配下の諸士が離散した際、中村家は佐和山の麓に移り住んだという。家伝の古文書の中には、彦根築城以前からの資料も見られ、中でも関ケ原合戦直後、慶長五年（一六〇〇）九月十六日に徳川家康が出した禁制は、宛名こそ記されていないが、中村家がこの地域の有力者であったことを物語っている。

また、慶長六年に井伊直政が家臣を引き連れ、初めて彦根の地に入部した際には、直政の家臣の一人脇《わき》五《ご》右衛《え》門《もん》は、この中村家に寄宿したという。脇家と中村家は、その由緒により江戸時代を通じて親交が続いたことが、古文書の中にも明らかである。

中村理兵衛家屋敷

彦根に初めて居住した中村光全を初代と数えると、現当主は十三代目となる。中村家は彦根築城の際、当初は河原町に住んだが、元和年間に城下拡張の際、平田町に地割をもらい、同時に町代となったという。間口一〇間余、奥行一四間の屋敷地である。十七世紀末には酒造業を営んでいる。平田町には、松尾芭蕉が見いだしたと伝える名水「梅の水」が湧き出ており、地下水にも恵まれていたのであろう。元禄八年（一六九五）の「大洞《おおほら》弁財《べんざい》天《てん》祠《し》堂金《どうきん》寄《き》進帳《しんちょう》」には、町代酒屋利兵衛・女房・娘よねの家族と、手代一人、下男四人、下女二人の計十人の名が記されている。また、元禄元年（一六八八）に四代目全正が多賀社祭礼の馬頭人《ばとうにん》を務め、八代目全延や九代目全前が苗字を許されるなど、富裕な町人であったことがわかる。

さて、上田氏の絵に戻ると、母屋の屋根の両脇に卯建《うだつ》と呼ばれる防火壁が立ち上がっているのが見える。屋敷廻りは土塀で囲われており、母屋に近い土塀には「御成《おなり》門《もん》」と書いた切戸口が描かれている。ご当主の話によると、上田氏が描いた頃、すでに土塀は板塀に替えられており、往時の土塀を想像して描いたのであろうとのこと。御成門は、江戸時代の末に有栖川宮幟仁親王《ありすがわのみやたかひとしんのう》が多賀社参詣のついでに、お忍びで立ち寄られた際に設けられたものと伝える。

ただし、後述するが、この土塀と切戸口は旧家である中村家の特権のようなもので、有栖川宮来訪のために新造されたものではないらしい。中村家と有栖川宮家との関係は、八代目全延の妻となった花山院《かざんいん》家侍実花葉《みやな》右兵衛正甫の妹やちが、不縁のため親元へ帰ったのちに、有栖川宮家侍嶋岡俊章へ稼し、娘嶋《しま》（千里）をもうけ、千里《ちさと》が、のちに有栖川宮家に出仕し、幟仁親王らの生母となったことによる。千里からみれば九代目全前は異父兄にあたり、宮仕え後も中村家と親交を続けたのである。今も、やち・千里からの手紙が多数遺されている。

しかし、残念ながらこの屋敷も、昭和四十八年四月に全て取り壊されてしまった。ご当主や夫人のお話によると、当時、すでに建物の老朽化は甚だしく、とくに戦後の美濃大地震の際には、柱は傾き、土塀の一部が倒壊するなど被害は甚大で、その後も室戸台風で屋敷廻りに遺っていた土塀全てが崩れたという。屋敷の中は、一般家屋に較べ天井がかなり高く、夏は涼しかったが、冬は座敷に居ても手袋をしなければ過ごせなかったし、来客の時には前日から炭で部屋を暖めなければならないほどであったという。根本的な改修が出来ないまま、老朽化がすすんでしまったのであろう。住む側に立ってみれば、やみくもに保存ばかりを言うのでなく、住環境の改善と保存を両立させる手立ても必要であろう。それにしても、市内最古の町家と言われた屋敷がなくなってしまったことは惜しまれる。

**中村与兵衛家屋敷**　駅前通りを城山に向かう途中、右手の信用金庫の角を右に入ったところにある中村商家保存館は、代々旧下瓦焼町《しもかわらやき》（旭町）の町代を勤めた旧家を資料館としたものである。建物の建造年代は判明していないが、少なくとも江戸後期を下らないもので、平成十二年、国の登録文化財に指定された。この中村家は、実は前述の中村理兵衛家の分家にあたり、下瓦焼町が開かれた際、理兵衛家の弟与兵衛に家を建て分家したと同家の由緒を記した古文書に見えている。理兵衛家の系図では、初代与兵衛は、理兵衛家の四代目全正の倅と伝える。

江戸時代には、酒造業を与兵衛家が先に手がけたと伝え、理兵衛家は与兵衛家から酒造技術を教えてもらったという記録も見られる。理兵衛家は後に醤油醸造業に転じていくが、与兵衛家は酒造業を続け、当家の庭に舞い降りた鶴にちなんで「千羽鶴」などの銘柄で売り出していた。明治十年頃には酒造はしなくなったが、販売を手がけ「千羽鶴」の銘柄は戦前まで残ったという。

江戸時代の中頃、理由は定かでないが、この下瓦焼町一帯は地下水に恵まれなくなり、町が民間水道を引くことになった。その水源は、安養寺中町から引いたように絵図に記されているが、与兵衛家の縁であろうか、平田町の名水「梅の水」と同じ水脈の水を引いたものであることが解ったと上田氏は解説している。

ところで、上田氏が描いた次頁の与兵衛家の絵を見てみよう。卯建こそないが、表構えといい、

切戸口のある高塀の構えといい、理兵衛家とそっくりなのが見て取れる。角地にある屋敷の立地条件から偶然に一致するのかも知れないが、そこには、中村理兵衛家に遺された江戸時代後期の日記「こころの茎」に見られるように、本家・分家が相互に助け合う親しい関係から、意図的に似せたような気配を感ぜずにはいられない。

また、両家の親密な関係は、つぎのようなエピソードにも伺える。天保十四年（一八四三）、当時奢侈《しゃし》禁止が藩から出され、町家や農家の家の門・玄関が贅沢にならないよう造り替えるよう命じられた際、高塀や切戸口も禁止された。そのため、与兵衛家と理兵衛家は連名で、つぎのように町奉行に願い出た。両家とも彦根城下開発以来の旧家であり、いずれも地割を頂戴し、当初の屋敷から高塀・切戸口を建ててきており、町役人を数代務め苗字も許されているので、どうか従来通り許可して欲しいと。しかし、結果は奉行所に呼び出され、高塀は許すが切戸口はすぐに撤去せよとのことであった。取り敢え

中村与兵衛家屋敷

ず切戸口を撤去した中村両家は、翌年になり、町奉行に「旧家の外景《がいけい》」となるからと願い、とうとう許しを得て、早々に造作するよう命じられたのである。

与兵衛家の内部は、梅雨期と冬季を除き現在一般に公開され見ることができるが、与兵衛家の修理が終わった際に初めて招かれ内部を拝見した理兵衛家のご当主は、屋敷内部の構造まで両家が似ていることに驚いたという。屋敷構えの一致は、両家のもつ歴史が生み出した必然なのであろう。幸いにして、現在のご当主武三氏をはじめご家族の努力で、与兵衛家の屋敷は保存されることとなった。母屋の奥にあるかつての酒蔵は、資料館に改造され、与兵衛家伝来の古文書や民具が展示されている。

（母利）

【参考文献】『彦根城博物館古文書調査報告書Ⅵ　平田町町代中村家文書調査報告書』
（彦根城博物館　一九九九年）
『中村家文書』（中村武三編、一九九一年）

# 城下西部の町並

城下第二郭の四十九《しじゅうく》町口《まちぐち》御門を出ると、中堀に面した滋賀大学経済学部の正門にさしかかり、さらに進むと、中堀が左に屈曲し、堀沿いに京橋へ通じる広い県道と交差する。この県道沿いの町は、江戸時代には下片原町といい、中級藩士の武家屋敷地で、約四〜五〇〇坪の屋敷が、堀端の景観を形作っていた。武家屋敷はすでに全てなくなっていたが、かつて道幅六メートルほどであったのが、近年拡幅整備され景色は一変した。道路から望む彦根城、桜並木やポケットパークの緑が、広々とした堀端の涼やかな風景を一層引き立てるようになった。

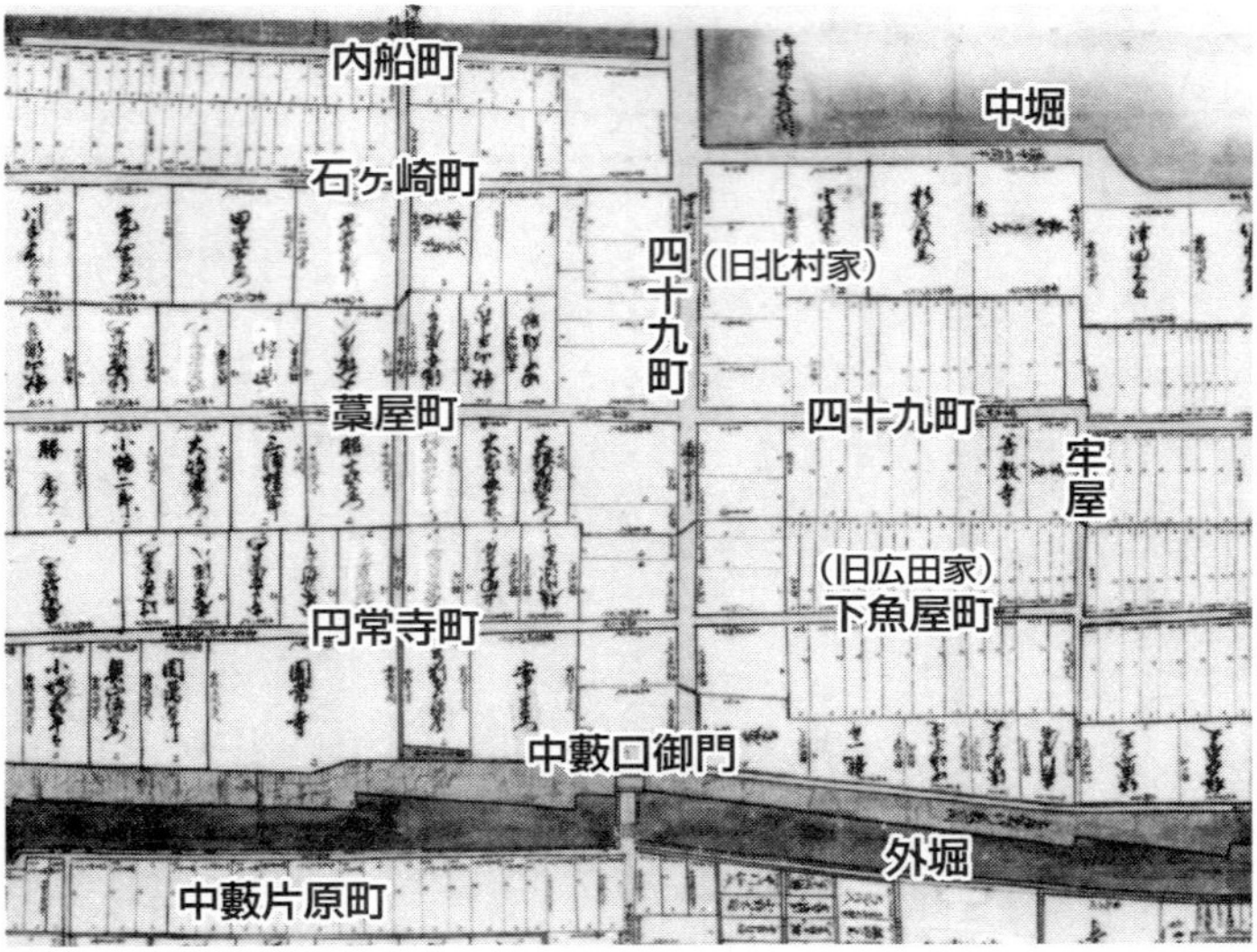


御城下惣絵図（四十九町付近：彦根城博物館 蔵）

現在の聖公会の教会

スミス記念礼拝堂

道路に面した白壁のモダンな造りの建物は、聖公会のキリスト教礼拝堂である。ここには、数年前まで昭和初期の和洋折衷の建物で知られたスミス記念（礼拝）堂が佇立していた。平成八年、礼拝堂は道路拡幅工事により解体売却されることになり、市民の保存運動により建物だけは移転保存となったことは記憶に新しい。解体移転後、新たに建てられたのが、この教会である。

スミス氏は日本聖公会のアメリカ人牧師で、彦根高等商業学校（滋賀大学経済学部の前身）の英語教師でもあった。明治三十六年（一九〇三）に来日し、広島・福井・金沢・京都で教鞭をとったあと、昭和元年（一九二六）から十一年まで彦根に滞在した。彼は、この堀端から望む彦根城の美しさと彦根の人々に魅せられ、キリスト教の精神と彦根の風土や、日本的精神を調和させた独特の礼拝堂を、日米の多くの善意の人々に支えられて建立したのであった。保存運動にかかわられた滋賀大学の筒井正夫教授によれば、内部にはキリスト教の精神を伝える十字や葡萄模様が施される一方、外観は神社建築を模し、彦根城にも用いられる花頭窓や唐破風屋根を取り入れるなど、東西の洋式が渾然一体となった独特の美しさを醸し出しているという。

礼拝堂のさらに上手には、重厚な和風建築の建物である和光会館がある。この建物は、オーミケンシが迎賓館的施設として利用してきたものである。内部は公開されていないが、筒井教授によると、主屋は客室部分と居住部分とがみごとに機能分離され、壮大な書院造りである広間をはじめ木材も節のない良質の檜材がふんだんに使用され、さらに広大な庭園には築山に枯池、大小の名石に松・もっこく・ひば等の低木が配されて、完成度の高い近代和風建築であるという。スミス記念堂とともに旧城下に遺る昭和初期の代表的木造建造物である。

さらに上手には、平成十四年七月に閉鎖された旧彦根市立病院の建物がある。病院は市内八坂町に、最新設備を備えて移転した。市立病院の歴史は古く、明治二十四年、旧元川町に町立病院が開院したのにはじまる。病院が閉鎖され、人気のなくなった建物の行く末は、まだ確定していないが、先述のスミス記念堂は、彦根市立病院跡地の一部に移転される予定であるという。また再び彦根城を望む地に、スミス氏の思いを凝縮した姿を見せてくれる日が待ち遠しい。

中堀は、かつては滋賀大前の交差点の下手にも通じており、堀幅一〇間と狭くはなるが、北野寺の門前まで延び、そこから観音堂筋に沿って松原へ北進し、琵琶湖に通じていた。この交差点から北野寺前までの堀沿いの南側には、内船町・石ケ崎町があった。城下の第三郭の内町では、

吉川捨次郎店

最も西に位置する町人の町である。交差点を旧外堀方向へまっすぐに進むと、滋賀銀行にある四つ辻と、さらに製茶屋のある四つ辻と交差する。いずれも狭い道であるが、銀行の辻を上手（左手）へ進めば四十九町・紺屋町、製茶屋の辻を同じく上手に進めば下魚屋町の町人の町並に通じている。一方、下手側は藁屋町・円常寺町など全て武家屋敷となる。

このあたりの町人の町並は、旧城下では比較的よく遺されている地域であり、由緒のある家や史跡も多い。

**内船町の吉川家屋敷**　琵琶湖に通じる中堀は、湖から城下町へ物資輸送にも使われた。城下の東部に位置し、外堀の北東端に設けられた外船町が、中山道の脇街道の物資輸送と結びつく城下東部の拠点

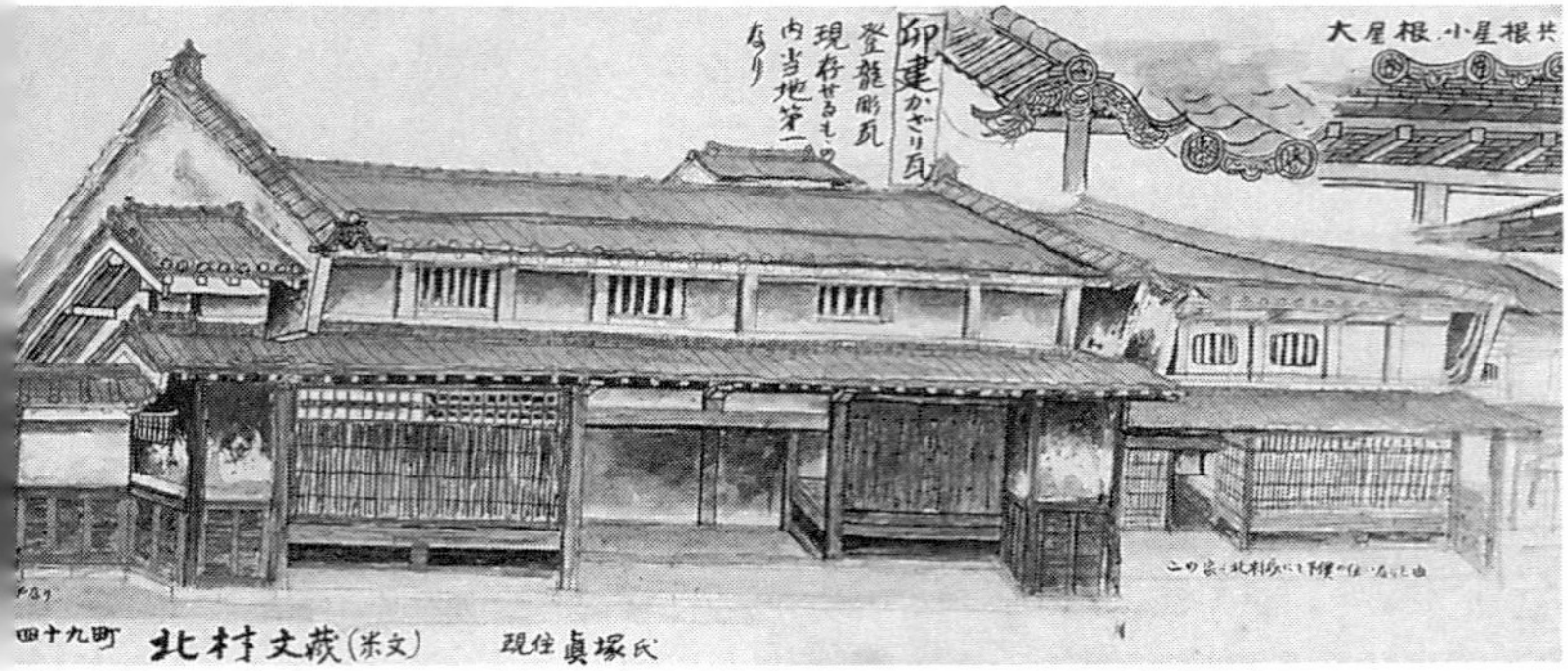


であるのに対して、中堀に面した内船町は、城下西部の物資輸送拠点の役割を担っていた。上田氏の描いた「吉川捨次郎店」（前頁上図）は、「物貨運輸所ならびに太湖汽船会社荷扱所」と記され廻船《かいせん》問屋であった。

上田氏は明治二十一年の資料からこれを書いたとし、「彦根藩時代は四十九町通り・内船町通りに廻船問屋が数多くあり、米屋・両替屋らが十数軒もあった。今はないが、当時は高島の木材、北陸の海産物や米船が堀づたいに物資を舟で廻送されて藩の経済の中心的役目をはたしていたが、僅か四十年の間に目星い商家もなくなっている。」と解説している（『商』彦根商店街連盟創立二十年記念）。上田氏がこの絵を描いた昭和四十年代には、すでにこの廻船問屋もなくなっていたのであろう。

**四十九町の町並と牢屋敷跡**　四十九町は旧城下の五三町の内、四十九町手と呼ばれた十三町を束ねる町である。かつては城下のなかでも有力な町人が住み、物資輸送の拠点となる内船町に接した地の利を活かした活気あふれる町であった。

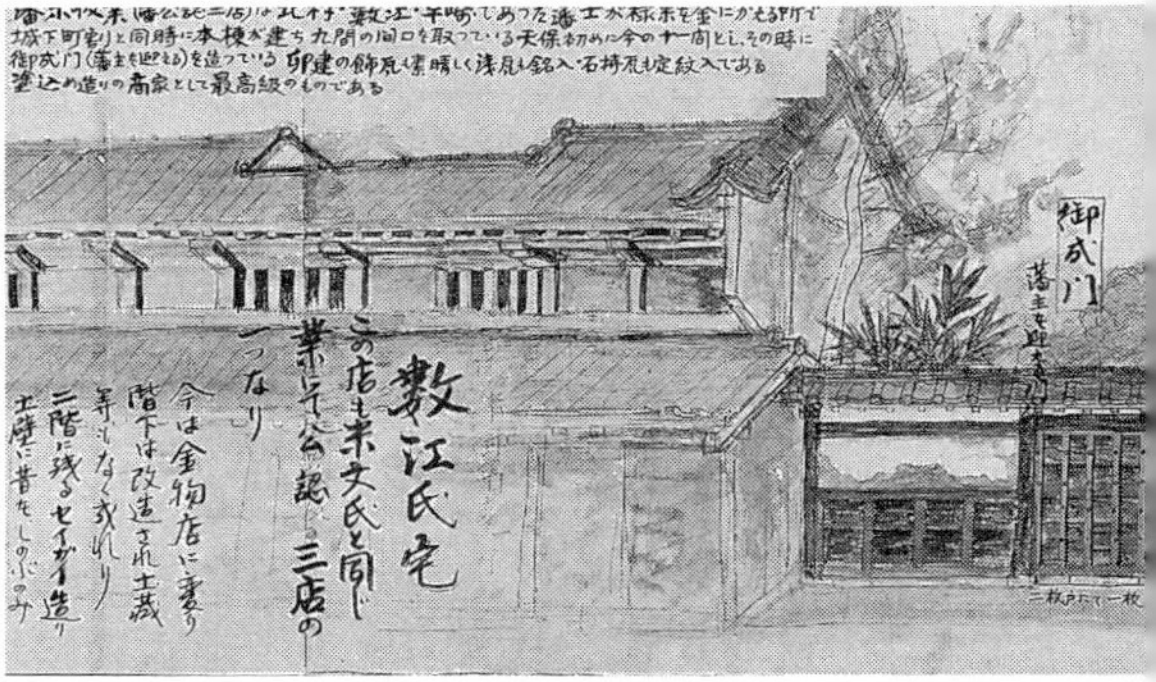

四十九町の北村家と数江家

上田氏が描いた北村家（前頁上図）は慶長期の町割りと同時に屋敷地を与えられた旧家で、通称米文《こめぶん》と呼ばれた。天保初年に間口を拡げた際、殿様をお迎えする御成門と御成の間を新築した記録が残っていたという。御成門側の切妻に高くせせり立つ卯建《うだつ》に据えられた飾り瓦は、登り龍が彫り込まれ、当時でも現存第一のものであったという。

左図の数江家は、浅井郡丁野《ようの》村の出身で、彦根城下建設に際して四十九町に出て、はじめ主計《かずえ》を名乗ったという。元禄時代、藩主井伊直興の子息直恒《なおつね》が主計頭《かずえのかみ》を称するに際して、数江に改めた。代々木綿呉服販売を手がけて財をなし、江戸中期に藩の米札引換所を引き受け、幕末期には御用金調達や義倉掛りなど藩の財政に参画し、ついに扶持米を与えられるに至った。

幕末期の当主数江駿夫は、明治維新後も新政府の官吏となり、明治五年十月には、欧米へ遊学した旧藩主井伊直憲《なおのり》に同行した。町人出身者として初めて洋行した人物である。しかし、今は数江家の屋敷は失われてしまっている。

四十九町の東端には、江戸時代の藩士罪人を収容する「牢屋」が置かれていた。なぜ、町人屋

義言地蔵

敷地に設けられていたのか不明であるが、幕末期には悲劇の歴史が刻まれた。時は文久二年八月二十四日、井伊直弼の腹心として活動した長野主膳（義言）が、藩内のクーデターにより捕らわれ、三日後、牢内で処刑されたのである。

長野の遺体は墓地に埋葬されず、牢内に埋められた。牢内で心ないものが踏みつけることをはばかって、長野の門弟で四十九町に住んでいた中村長平《ちょうへい》が、その上に石のお地蔵様を置いた。これが、今に伝わる義言地蔵である。牢屋の建物は維新後に壊されたため、遺体は明治五年、長平が犬上県へ願い出て里根山の天寧寺に埋葬したが、義言地蔵は、悲劇の地に遺され、地域の人々によりいつも花が供えられている。

**魚屋町の町並**　魚屋《うおや》町は、下魚屋町・中魚屋町（職人町ともいう）・上魚屋町と続き、京橋通りに達するまで全て町人の町であった。かつて昭

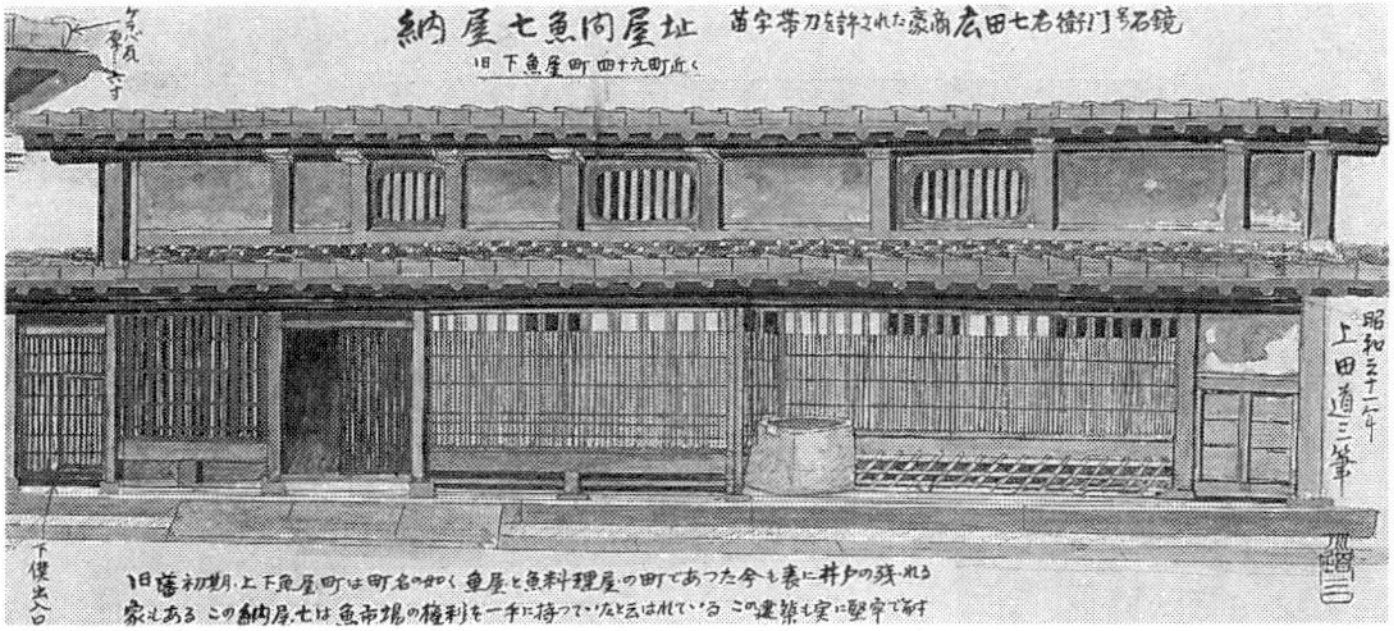

納屋七魚問屋址

和四十年代に調査された際、この通りに面した町家は一〇〇棟ほど遺されていたというが、現在では、その数は半数以下に減ってきている。

かつて、昭和四十九年に城下町彦根を考える会が結成され、町並保存への関心が高まっていたが、結局は住民全体の合意が得られないまま、積極的な保存対策を講じることができなかったのである。しかも、町家と町家の間が駐車場となったり、建て直しにより、玄関が道路に接し軒先が連なる町家独特の景観が途切れてしまい、いまでは町並といえる程の景観は少なくなってしまった。

この地域に現存する建物の内、唯一彦根市の指定文化財となっているのが、江戸時代には「納屋七《なやしち》」の屋号で知られた旧広田家住宅である。上田氏もこの屋敷の表構えを描き、「旧藩初期上・下魚屋町は町名の如く魚屋と魚料理屋の町であった。今も表に井戸の残れる家もある。この納屋七は魚市場の権利を一手に持っていたと云われている。この建築も実に堅牢で、耐震と防火設備の完備せる点、市内三軒の家の一

つと云われている。」と解説している。

**中藪片原町の町並**　滋賀大前の道は、現在ではまっすぐ広い道に突き当たる。かつてこの道は、外堀の土居に突き当たり、道は右手へ曲がり、中藪口御門に通じていた。門を出ると、外堀には土橋が架けられ、対岸には町人の町並が広がっていた。

明治四十年代には、すでに外堀の幅は半分以下に狭められ、かつての土居とともに畑地となっていた。昭和十年代に、以前は彦根の春の風土病と思われていたマラリアを撲滅するため、このあたりの外堀をはじめ、市内の外堀のほとんどが埋め立てられた。中藪から池州口に通じる堀外の道は新たに拡幅され、「昭和新道」と呼ばれるようになり、現在の銀座商店街へ通じる幹線道路となった。

この堀外に面した町は、江戸時代には中藪片原町と呼ばれ、中藪の足軽組屋敷の街区（現在の彦根西高等学校周辺）の西側に、武家屋敷や町人の町並が続いていた。

上田氏が描いた当時も、町家数軒が町並を留めており、

中藪片原の家

切妻平入りと入母屋藁葺き屋根の町家が並ぶ、村と町の境目のような城下周縁の景観を見せていた。今では、もちろん藁葺き屋根の民家は見られず、これらの町並はほとんど遺っていない。ただし、画中の右二軒は、実際には現存する左端の吉川善五郎邸よりも上手《かみて》にあったものを、上田氏が画中でつないだものである。

（母利）

【参考文献】「彦根市史稿」（彦根市立図書館蔵）
筒井正夫「地域史の中の近代化遺産」
（『新しい歴史学のために』二四五号　二〇〇二年）
鈴木栄樹「最期の彦根藩主井伊直憲の西洋遊学」
（佐々木克編『幕末維新の彦根藩』　二〇〇一年）

## 松原周辺 ― 湊と内湖の風景

**湖岸の景勝地・松原**　国道八号からおりて城北通りをまっすぐ進む。左手に彦根城が見えるあたりから、左右に野球場やスイミングセンターが続き、松原橋の交差点に行き着く。この交差点をさらに直進すると、彦根港は目前だ。この辺り一帯は江戸時代の松原湊にあたる。彦根港から少し離れて北東にかんぽの宿、そこから湖岸に沿って約一キロは松原の名にふさわしく松の並木が続く。しかし、最近ところどころ松枯れをおこしており痛々しい。

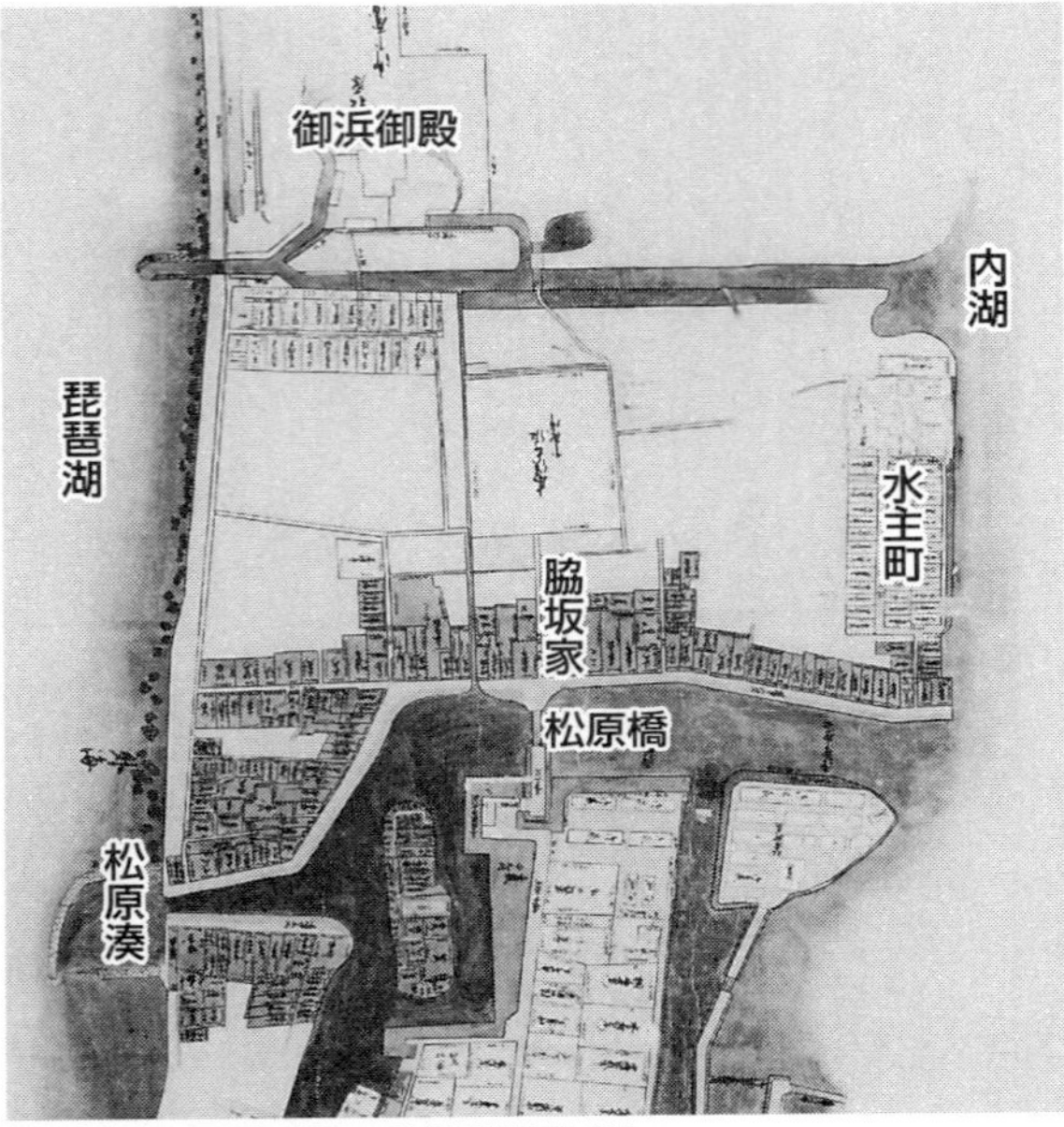


御城下惣絵図（松原付近：彦根城博物館 蔵）

彦根から松原内湖を望む（彦根市立図書館 蔵）

夏には、獲物を狙う釣り人や水泳・水上バイクを楽しむ人々が大勢訪れ、松原の湖岸は活気づく。七月の下旬になると、有名な鳥人間コンテストの舞台にもなる。八月一日には花火大会もあり、夏を楽しむ人々で賑《にぎ》やかになる。

この松原町は、彦根市内では最も景観が変わった地域のひとつである。現在、松原の湖岸から山手に向かって、体育センターや総合運動場といった種々の体育施設、城北幼稚園・城北小学校・近江高等学校といった学校、畑や田んぼ、住宅地がひろがるが、戦後しばらくまで、ここには内湖があった。上の写真は内湖があった当時の彦根城本丸からの光景である。右手前に見えるのは江戸時代の井伊家下屋敷のひとつ玄宮園《げんきゅうえん》、中央に広がるのが松原内湖、左上に見える山が磯山である。内湖に浮かぶ小島は葦地《あしち》である。この松原内湖は古くから周辺に住む人々の格好の漁場となり、日々の生活を支えていた。それと同時にこの内湖は絶景の

松原干拓地現況

場所として知られ、観光地として賑わった。江戸時代には多くの屋形船が行き交っていたという（『ふるさと城北』）。

**内湖の干拓**　時の流れと共に松原内湖も変化していったが、大正から昭和二十年代はじめにかけての変貌は著しかった。まず、大正時代になってすぐに耕地整理が行われ、畑地を田地にした時の不用の土で内湖の西側が埋め立てられ田地に変わった。ついで大正十二年（一九二三）の港湾起工にともない内湖の南側の一部が埋め立てられ、昭和十二年（一九三七）には総合運動場が、昭和二十年には水産試験場ができた。昭和十九年から二十三年にかけては農耕地拡張のために大規模な内湖の干拓が行われた。この干拓事業は昭和十九年五月、農地開発営団により琵琶湖干拓事業所松原工区事務所で開始された。当時の新聞には「干拓部隊続々来県」（昭和二十年一月六日「朝日新聞」）とあり、県外からも多数の動員があったことが知られる。

玄宮園外図（松原部分：彦根城博物館 蔵）

昭和二十一年十月からは農林省の直轄事業となり、昭和二十三年三月に完成した。現在はさらに埋め立てて土地を上げ、農耕地から宅地へと変化し、前述の学校や住宅が建ち並ぶにいたっている（『彦根郷土史研究』二八～三〇、前川与一氏「松原町概略史」、『彦根市史』下冊）。

**松原湊と家並**　江戸時代、松原湊・米原湊・長浜湊を彦根三湊《ひこねさんみなと》といい、彦根藩の湖上水運を担っていた。このうち城下北部に隣接した松原湊は、城下への物資輸送の拠点であると同時に、藩の年貢米を松原御蔵から大津蔵へ廻送するのが主要な役目であった。松原湊に到着した物資は、ここから松原橋をくぐり、松原内湖を経て城下の船町に送られた。上の写真には、松原橋を境として琵琶湖側（写真上部）に帆のある船が、城下側（写真下部）に帆のない船が描かれている。松原橋があるため、そこから中は帆船が入ることができなかったらしい（彦根城博物館展示図録『湖上水運の盛

衰と彦根三湊』)。

松原橋をはさんで、東側には彦根藩の年貢米を納める米蔵やそれを扱う商人、水主衆《かこしゅう》の住む水主町があり、西側には御蔵米を保管する松原御蔵があった。水主衆とは、藩主の専用船を扱う船頭連中のことである。松原内湖が現在までに消えたのとは逆に、水主町の町並は今なおお昔の面影を残しており、まちの南入口には「井伊水軍水主町跡」と刻まれた石碑が建つ。

上の図は、松原町にお住まいの脇坂信隆氏所蔵の上田道三氏の絵で、現在の松原橋交差点から百間《ひゃっけん》橋《ばし》まで続く家並を描いている。信隆さんの夫人ふみさんによると、この家並に挟まれた道は、リヤカーが通れるくらいの細い道だったとのことだ。

脇坂家は脇坂淡路守の流れを汲むといわれ、江戸時代には軍船を多く造ったという(『彦根郷土史研究』五、上田道三氏「彦根藩時代の民家を探ねて」)。

脇坂権左衛門邸（脇坂信隆氏蔵）

この絵には左側（北東側）に民家の住居が、右側（南西の岸辺側）に米蔵や船蔵が描かれている。上田氏前掲論文によると、このような「住家と米蔵と道路を挟んで両側に数丁続いた形式は、全国でも他に類を見」ず、「住居の構造も我国の民家最古の形と云われる『大社造《おおやしろづくり》』の流れを汲む切妻《きりつま》、妻入造《つまいりづくり》」であり、このような民家が「古代の形態のまま集団的に残っているのも大変珍しい」とされている。

なお、ここに描かれた住家向かいの米蔵は、領内各村々から送られてきた年貢米を松原御蔵に納めるまでの期間に利用された（前川氏前掲論文）。

**百間橋と回転橋**　松原湊周辺の歴史を振り返ると、有名な橋が二つあった。百間橋と回転橋である。

百間橋は江戸時代より前、石田三成によって松原内湖上に架《か》けられた。百間の三つの橋が稲妻状につながった全長約三百間の橋で、松原の武家屋敷や米蔵と佐和山城とを連絡する役割があった（『彦根市史』上冊）。その姿は見事だったらしく、「三成に過ぎたるものが二つあり島の左近と百間橋」とうたわれたほどであった。前川氏前掲論文によると、この百間橋の東橋詰は現在の総合運動場東隅付近の松原干拓東排水路に沿う十字路の辺り、西橋詰は松原水主町北部の松原干

彦根松原の回転橋（昭和30年頃：彦根市立図書館 蔵）

拓西排水路より西側約三〇メートル付近なのだという。百間橋の歴史について詳しいことは今のところよく分からない。現在は、前川氏の推定地よりも南西の、城北通り脇の短い橋が「百間橋」と呼ばれ、その名残をとどめるばかりである。

回転橋は、現在の松原橋の前身で、旧彦根港湾（現在の船町交差点西側）の工事にともない大正十三年（一九二四）から着工し、昭和二年（一九二七）に完成した。長さ三十三・五メートル、幅三・六メートルの鉄製で、県道の橋としては当時全国で唯一の回転橋であった。旧港湾に大型の船舶が出入する際には、作業員が二人がかりで橋を回転させて通した（本頁写真）。一日平均一一回、多いときには一日二六回も回っていたという。しかし、老朽化に加え、現在の港湾の完成（昭和四十二年四月）により旧港湾に船が出入することがなくなり、橋も回転する必要がなくなった。そして、同年九月十一日、現在の松原橋起工式の

御浜御殿（明治頃：彦根城博物館 蔵）

日にその幕を閉じた（『ふるさと城北』）。

**御浜御殿**　彦根城から一キロほど北に向かった琵琶湖岸近くに、約二万平方メートルの敷地を有する旧彦根藩松原下屋敷（御浜《おはま》御殿《ごてん》）がある。江戸時代には、井伊家の屋敷は彦根城内の表御殿《おもてごてん》（現在の彦根城博物館）のほかに、下屋敷が二つあった。そのうちのひとつは黒門外の屋敷（玄宮楽々園）であり、もうひとつがこの御浜御殿である。

この下屋敷は、藩主が馬の調練を見に来たときの休憩場所で、井伊直中《なおなか》による造営といわれるが、これに関する記録は十分見つかっていない。現在わかっている範囲で文献史料に初めて登場するのは文化七年（一八一〇）で、そこには「松原御下屋敷御普請御用多之処」（『侍中由緒帳』６）とあり、このころに造営があったとみられる。

敷地の周りには昭和二十年代までは堀があったが、今は埋められて道路になっている。敷地内の主な建物には、造営時の奥座敷棟・台所棟と明治期の玄関棟・大広間棟の四棟がある。また、琵琶湖の水位と連動して水面が上下する汐入《しおい》り式の池を中心とした庭園があり、江戸時代の代表的な大名庭園として貴重である（『彦根藩下屋敷建物調査業務報告書』、『ふるさと城北』）。

余談だが、この広い庭の奥にはキツネやタヌキが親子で住みついている。しばしば鳴き声や草の中を駆け回る音がする。ここには危険がないからか、はたまた餌が意外に豊富にあるからなのか、とにかく居心地は悪くないらしい。文化的に貴重な庭園も、手入れが行き届かない状態では動物たちにとっては自然に近いようである。

なお、この御浜御殿は平成十四年（二〇〇二）三月に国の名勝に指定されたが、現在は井伊氏の個人宅となっているため、一般公開されていない。（井伊）

# おわりに

本書を計画するにあたり最初に考えたことは、上田道三氏の絵とともに城下町彦根や街道の歴史景観を紹介することでした。しかし、編集案を練る内に、上田氏が何故こんなにたくさんの民家を描き続けたのかを考えさせられるようになりました。結局、彼の描いた民家の絵から、そこに描かれた民家が持つ江戸時代の歴史や、その地域の歴史を紹介するだけではなく、彼が「記録画」にこだわった思いを伝えるため、近代以降の歴史景観の変化もまとめることにしました。

あいにく短い準備期間であったため、また紙面の制約もあり、本書で紹介できたのは上田氏の絵のごく一部です。また、城下町彦根の全域を網羅することも到底できませんでした。触れるべき所が抜けている点、ご了承ください。

本書を編集していく過程で、上田氏が昭和五十五年に書かれた「彦根の夢」と題する一文を、ご遺族から紹介されました。やや長文ですが全文を掲げておきます。

## 彦根の夢

中山道の鳥居本宿場跡は、江戸期の面影を心憎い迄に留めた家並を持っている。国八線（国道八号線）を暴走する文明凶器と裏腹に、眠るが如き道筋を残している。高宮の家並も良いが、昭和看板が目障りである。全国でも古い道筋の面影が少なくなった現在に、鳥居本だけが数多く残されて、目障りの看板も少なく復元に適している。

犬山の明治村は他から寄せ集められた良きものを持つが、鳥居本は実在する建造物を資料的に元へ戻し、我が国で残り少ない街道風景、宿場の面影を観光と学術両面で役立てて欲しいと思う。

脇本陣の遺構、合羽店も二、三再現し、旅籠屋も五、六軒手を入れれば簡単に直せる。神教丸の素晴しい外観と内部構造も実に見ごたえがあるし、摺針峠の茶屋や望湖堂の上段の間を持つ建築美は、死蔵するには余りにも惜しい。合羽看板・袖壁に残る家紋と屋号、神教丸の内、外の大看板、その他の民俗資料も今なら多く残されている。鳥居本宿で二十戸の復元をやる気なら、僅かな資金で出来る。

佐和山城下街《(ママ)》の一部と外内濠の復元も少しやりたい。武家屋敷は、市内の各種の長屋門らと足軽屋敷の移築も可能である。城跡は登城道の整備と各丸跡に少し石積等をほどこし、落城跡の面影を表現してハイキングと歴史教材コースとしたい。

彦根城の方は完全復元を望むも、せめて主要地点の大半を原形に復してほしい。佐和山城跡と相反した豪華さを出してこそ、共存の道が開けると思う。彦根という小都市に、天下を左右した山城と平山城の二つの名城をもち、宿場と街道筋・城下街形態迄有し、その上に山あり水澄む自然美に恵まれている点、『江戸文化の学術都市』の条件完備は他の都市の追随を許さぬものである。

造成された観光は消えもするが、歴史の上に立ち原形が多く残された地の復元は世界でも永続している。曲げられた科学万能が文化を人類を荒せば荒す程、古人は静かな自然を見直し、良さに愛着と憩いを求めるは当然であろう。外国の観光地の殆んどが城郭遺跡であるを考える時、一彦根市での復元も結構だが、国でなすべき義務すらあると思える。

日本が多くの城を持ちながら、一ケ城すら完全に近い復元をしていないのは、外国に対して恥しい限りではないか。幸い当市は国の中央に位置し、一番復元可能の城を有している。彦根の夢が幸いに実現を見れば、日本人が創造した城郭三形式の内、山城と平山城の形態を一ケ所で研究出来る利点を、多くの外人客も見落とさないであろう。要は彦根の二五八精神の事なかれ主義を捨て、二五の十でなく、十二・三の飛躍を市民が持たねば夢で終わると私は思う。

上田道三

『随想ひこね』（彦根市郷土教育研究会発行）より

上田氏の描いた「彦根の夢」の多くは、今となっては実現不可能でしょう。町並はもちろん一つひとつの民家ですら、遺されたものは数少なくなりました。しかし、今なにか手を打たなければ、まさしく夢に終わってしまうことも事実です。

巻末に収録しました座談会では、上田氏が夢を追いかけた「足跡」をたどり、また現在、彦根の町づくりにかかわっておられる市民の方々に、その経過や苦労談、そして問題点などを話していただきました。また、座談会当日ご出席することができなかった上田氏の長女菅井恭子氏からは、「父の思いで」として原稿を寄せていただきました。上田氏が彦根に帰って来られた当時、まだ弟浩二氏が幼年であったため、間違いがあってはとのご配慮でした。座談会とは別に、それぞれのご記憶として収録させていただきました。あわせてご覧下さい。

本書の編集を通じて感じたことは、町づくりを行っていく上で、歴史景観を遺していくことの難しさでしたが、また一方では、市民一人ひとりが将来の町づくりに関心をもち、議論しあうことの大切さでした。問題は、行政だけでなく、私たち自身が何を行動すべきかが問われていることです。

上田氏が描いた時代から見れば辛うじて遺されている、それでも全国的に見れば、江戸時代の城下町の構成要素をよく遺している彦根の歴史景観を、ただ「保存」するだけではなく、町づくりに活かすことを積極的に考えていかなければ、市民の大きな負担になるだけでしょう。この課題は、上田氏から私たち市民に託された、大きな宿題ともいえるでしょう。

最後に、本書の編集にご協力いただいた皆様に深く感謝もうしあげます。

彦根城博物館学芸員　母利美和

# 父の思い出

菅井恭子

**京都時代**　父は、尋常小学校六年生で彦根から京都にいた義姉恒の所に行ったという。その後、恒の知人で画家榊原紫峰《しほう》さんの紹介で、奈良在住の不染鉄二《ふせんてつじ》の内弟子となる。不染さんは俗人離れした人で、絵の方は当時「不染張り」と言う言葉があったほど、独特の南画風の画風を編み出した。しかし、生活は変わっており、中学校には行ったが絵は殆ど教えて貰えなかった。それでも、その影響は大きく、絵専に入る前の数年間、不染張りを忘れるために志摩、湘南、三宅島に一人遊んだという。父の絵に奈良大和路の絵が多いのも、細かい筆遣いもこの時の影響であろう。

昔、父が切り抜いていた新聞の美術欄に、「上田道三の風景画は、その中に何気なく、人物が描かれていて、単なる風景画ではなく、人の息づかいが感じられる、暖かみのある物になっている」と言うような意味の批評があった。父もその批評が気に入って、切り抜いていた。展覧会のたくさんの絵の中から取り上げられるだけで、たとえ批判であっても話題になった証拠だと言って、自分が活字になったものは小さなものまで切り抜いていた。たしかに、風景画のどこかに人物が描かれている。そう思って卒業制作（口絵）を見たら、市電の中に人影があった。

学歴のない父は、一九二九年に「湘南風景」が第一〇回中央美術展覧会に入選したのがきっかけで、実技試験と面接だけで京都絵画専門学校（絵専）に入る。一九三二年、父二十四歳の頃である。父は実技の成績は入学時三番、卒業時一番だったと自慢していた。真偽のほどは定かでは無いが、一九三五年に卒業し、そのまま研究科に残った。法隆寺の模写、修復などを手がけ良い勉強になったと言っていた。研究生の時に文展初入選。美人画の巨匠、中村大三郎先生に薦められ門下生となる。父は風景画だったので、直接絵の指導は無かったが可愛がられたらしい。

**帰彦のきっかけ**　第一回日展。今思うとあれが中央画壇での最後の絵だった。一九四五年、真如堂の家の二階の画室で黙々と出品制作に取り組んでいた父、出来上がった絵を二階の窓から降ろし、リヤカーの上に戸板を敷き、毛布に刳るんで真如堂の坂道を、そろそろと岡崎の美術館まで運ぶ父にくっついて行った思い出が、鮮やかに残っている。美術館の入り口で随分長く待った。あの時、なぜ父は八歳の私を連れていったのか。その絵が入選はしたものの最終的に賞から漏れ、いよいよ絵から、京都から離れる決心をしたらしい。

また、思いがけず中村先生が早死にされたことも大きかった。画壇の内幕など見聞きし、敗戦で親友の南家有吉を失い、時代にも自分にも画壇にも見切りをつけ、母にも相談せず、あんなに愛着を持っていた家屋敷・家財全部を、二束三文で売り払ってしまった。母と弟妹は堀川の生徒さんの離れを借り、学校のある私は父とすぐ隣の家を借りて住んだ。

その後、一九四六年の十二月に、田舎の彦根に引き上げた。悪いことに彦根にあるはずの家は無く借家住まい。戦後、彦根での私たち家族の状態は絵どころではなく、父はこれ幸いと高校野球に、釣りにと、毎日遊び回り、鶏も飼っていた。でも地蔵盆には提灯に絵を描いたり、紙芝居を作って自作自演したりした。

父は大柄な体に似合わず几帳面で、何でも小さな字でぎっしり用紙一杯に記録していた。記録画に、夢中になったのも解る。彦根に帰ってからの約一〇年間、スケッチ以外、筆を殆ど持たなかった。でもお城の写生はまめに出掛けていた。

**記録画への道**　一九五七年頃、芹橋十三丁目に転居。足軽屋敷跡で、周りはまだ昔の家並が並んでいた。のちに父がお城の絵ばかりでなく、古い武家屋敷や民家、古文書、古絵図に夢中になるきっかけになったかもしれない。近くに図書館長の西田集平さんの家もあり、図書館に通う内に気が合ってずっと親しくして頂いた。後に小田輝子先生とともご一緒させて頂いた。史談会に入ったのは久保田さんや、小学校時代の同級生、百々さんの勧めではなかったかと思う。

そんな生活の中でも、画壇の内幕や、中井先生、中村先生、上村松園・松篁、福田平八郎、堂本印象の話など時々父から聞かされた。やはり中央画壇から離れ、都落ちした自分の、昔の若かった頃の姿を聞いて欲しかったのだろう。自負と劣等感の入り交じった父の姿をそこに見た。後世に残るのは極々限られた人と、作品のみだ。でも記録画は残る、とも言っていた。

父が記録画に本格的に取り組みだしたのは、一九六一年頃からだ。これと思う家にお邪魔して、写生させて頂いたり、お話を伺ったりしていたようだ。史談会に力を入れだしたのも、この頃からである。お城の全景図を井伊さんに依頼され、二点描き、内湖の描かれた俯瞰図風の方を選ばれた（口絵）。もう一つは市の方に寄付させて頂いた畳一枚くらいのお城の正面図に近いものである。滋賀の風俗画を描くため、県内に足をのばすようになったのは、一九六七・八年以降だと思う。木之本や余呉、長浜などは出掛けたが、湖南、湖西の方は古い絵を参考にしたはずだ。

彦根に戻ってからの父は、売れない記録画ばかりに熱中し、周囲から変人と思われていたが、それほどの変人では無い。私から見ると寧ろ母より俗人だった。好きな人に頼まれると、色紙や小さい絵は随分書かせて貰っていた。とくに古い民家で書かせて頂いた家の方から頼まれ、随分その家を書いた筈だ。勿論家計の足しには成らなかったが、自分の書く画材の費用にはなった。「京都時代から俺の絵は不思議と買ってくれる人がいて、展覧会の大きな絵も随分買って貰った。油絵と違って上から又書くことが出来ないから、展覧会の絵は売れないと始末に悪いのだ。雅叙園の絵もその一つだ。だから光子（母）は知らないが絵の具代は自分で稼いだ」と自慢していた。

晩年、父は筆の省略に面白みを見いだして、文人画に似た色紙などを好んで書くようになった。本格的な絵を描くために、最初に弟子入した不染さんの影響を無くすのに苦労したらしいが、晩年は恐ろしいもので、その絵筆に似てきた様に思う。

私が彦根を離れてから、市の功労者表賞、県の文化功労賞を頂いた。父が長年苦労をかけた妻への最高のプレゼントは、絵には最期まであまり関心の無かった母に、市・県の功労者という形で世間に認められた事だと思う。それで母の苦労は癒されたと思う。最期の母は父に対して良い思い出だけが残っていたので、私は本当に幸せな夫婦だったと思う。

座談会

# 上田道三さんの足跡

会　場：彦根市立図書館

出席者：上田道三氏のご子息　上田浩二氏

〃　の姪　平居圭子氏

彦根史談会会長　中野修吾氏

〃　会員　皆川重徳氏

〃　会員　長谷川他家夫氏

司　会：彦根城博物館学芸員　母利美和氏

**司会**　本日は、お忙しいなかお集まりいただきありがとうございます。このたび、彦根史談会と博物館が協力して、上田道三氏が描いた彦根の民家・町並の絵画を中心に、古絵図・古写真により、中山道の鳥居本・高宮、中山道から城下町に至る脇街道沿いと城下町の、歴史景観の移り変わりを紹介する書物を刊行することになりました。今日は、上田氏を生前にご存じの方々にお集まりいただき、上田氏の人物像や画業を振り返る機会としたいと思っております。

**上田**　親父は生前中はもちろんのこと、また昭和五十九年三月十日に亡くなってからも、みなさんに支えられ、ご協力いただいたことを感謝申しあげます。

親父は、世の中の動きはまったく関知せず、わが道を行く芸術家そのもの一筋で、あまり人との出会いもなかったのですが、閉じ籠もってはだめだよと、みなさまの勧めで史談会の会員に入れていただき、視野が広くなったような人間でございます。

また一切、商い・商売ということについてはやらなかった。おふくろが「お父さん、あれだけ頼まれたんだったら描きなさいよ」と言っても、商売の絵は一切描かなかったので、生活は全部おふくろが支え、われわれを育ててくれました。しかし、人間として、画家としては、ただ一筋に自分の好きな道を歩んでいった非常に幸せな人間だなと思います。

中藪から芹橋十三丁目に移ったとき、奥の部屋に画室があったのですが、一切、家内にも子どもにも見せず、入れなかった。周りには絵の具皿、たばこの灰皿からいろいろなものがあったのですが、一切触らせなかったのです。ただ、金になる話は一切やらないが、町が変わっていく、どんどん潰れていくから描き続けるんだ、人のやらないことをやるんだと言っていました。

いまは広角レンズだのビデオだとか、いろいろなものがありますが、当時の親父は写真機では撮れなかった部分、撮れないだろうという部分を描いていました。民家を訪ねて、天井裏へ上がって見せてもらうなど、お金にならないような絵をずっと描き続けてきたのは事実でございます。

親父が亡くなった時、告別式に大勢の方が来ていただきましたが、私は学校を出てから名古屋で生活をしていたものですから、親父と付き合いのあった方をほとんど知らず、最近になって、平居さんから親父の交友関係を知るようになった状態です。

今日は、親父が整理していた資料の一部を持ってきました。実は親父が亡くなると同時に、彦根市のほうで何とかしていただけないかとお願いをいたしました。と申しますのも、当時私どもで膨大な絵を管理していくことができなかったからです。

また十三丁目の家も、親父は遺言でこの足軽の家はできるだけ残せ、おかしな工事はするなと言っており、その後おふくろが一人で、市のヘルパーさんにもお世話になりながら保存していました。しかし、おふくろが昭和六十二年に亡くなり、無住となってしまいました。一応鍵をかけ遺しておいたのですが、やはり用心が悪いし、事故や火災があっても困るという話も出てまいりました。ちょうどその頃、同じ町内で分けてもらいたいという方があり、親の遺言だから残しておかなければという気持ちの反面、近所にも迷惑をかけてはいかんということから手放しました。売ってしまえば家は壊されるだろうと思いましたが、もう持ちきれなかった。結局、遺言を守れず足軽の家は今は現存していません。

家に遺っていた親父の資料は箱につめ、家内の実家である「まからずや」の蔵へある程度預けたのですが、大きな物はそのまま家に置いたまま、手放してしまったわけです。その後、実家の蔵も壊すことになり、そのときに一部なくなっているものもあると思います。幸い中側の蔵には、写真、小さな絵、メモなどが残っておりますし、名古屋へも一部持ち帰っておりますので、これから、もう少し調べて、ご協力できるものはお渡ししたい、活用していただこうと思っております。

**平居**　いまもここにまいりますときに、教育委員会の花木課長のところへ行きましたら、「ぼくが小さいときに、おっちゃん、何してるのや言うほど、門口で毎日絵を書いてはった」とおっしゃっていました。そのお家が、ここに書かれている花木という百五十石の武家屋敷です（二二七頁の左上図）。

**上田**　これは滋賀県の環境衛生課から送っていただいた風呂屋の絵ですが、親父の絵を今でも挿絵とか、いろいろなものに利用いただいているということを知りました。本当にくしゃくしゃになっていた絵を、市で予算を立てて、きれいに表装いただいたということに、私は頭が下がります。

**平居**　最初に小田輝子先生がこれを放っておいたらあかん。市に寄付して、修理したほうがいいと言われたそうです。

**司会**　小田先生は上田道三さんのご自宅のすぐ斜め前ぐらいだったんですね。

**上田**　斜め前です。おふくろとも、昔も深い関係があ

小野小町生前の図（昭和10年頃）

りましてね。

**司会**　小田先生も絵を描かれますが、上田さんはお弟子さんとか、絵の活動を続ける中でお付き合いのあった方は、小田先生以外にはなかったのですか。

**上田**　それはないんでね。小田先生は洋画で油絵ですか。

**平居**　小田先生は小磯良平さんのところです。

**司会**　じゃあ、お弟子さんというのはお一人もいなかったわけですか。

**上田**　要するに、うちの親父も型破りでですね、京都では不染《ふせん》さんという、大和路だとか細かな絵を描く方に学んで、帝展とかいろいろなところに出していました。しかし画壇に入るというのは、派閥があったりするとかで、そういうことを一切嫌っていたようです。

**平居**　これは、小野小町の歌仙図を京都絵画専門学校のときに模写したもので、昭和十年頃の作品です。

**司会**　今日は、上田さんの絵の図録などをお持ちいただいていますけれども。

**平居**　雅叙園や、文化庁とか宮内庁お買い上げの作品もここにあります。

**司会**　いま見せていただいている絵は水路の絵ですが、絵の題材としては、日本画を志す方だったら、美人画や花鳥風月を描くことが多いと思うのですが、かなり日常生活の情景を切り取ったような絵もあるようですね。

**平居**　瀬戸風景や志摩の大王崎での海女の絵もあります。

**上田**　やっぱり風景画が好きだったですね。

**司会**　教育委員会にご寄贈いただいた中には、テニスコートを描いた絵がありましたね。

**上田**　あれは彦根城の裏側にあったものです。当時は旧港湾や回転橋がなくなっていく時期でしたね。

**司会**　もともと歴史好きで、歴史風景ばかりを描いてきたのではなくて、本当はもう少し幅の広いものが画題・素材になっていたような気がしますね。

**上田**　京都時代は風景中心で、彦根に来てからは、史談会のみなさまのご協力もあって歴史的な絵が中心になります。彦根に関するものをはじめ、安土城に行き写生したり、文献を調べたりしていたようです。

**司会**　彦根に帰って来られたのは何年頃だったのでしょうか。

**上田**　何年ぐらいかな、疎開して帰ってきました。（宮城県在住の長女恭子さんのお話では、食料難のため昭和二十一年に帰ってきたとのこと。）最初は中藪におり、食料難でニワトリを飼ったりしていた時期で、あまり絵は描かなかったようです。十三丁目へ引っ越してから絵を描くようになりました。

**平居**　京都の家は銀閣寺のそばにあり、二階が大きな画室だったのを覚えています。

**上田**　銀閣寺近くの真如堂に住んでおりました。大文字山も描いていました。

**平居**　最後の日展に提出するときには、リヤカーに作品を積んで運んだというのを長女の恭子さんが覚えているそうです。

**司会**　彦根で史談会に入られ、そこで視野が広がったというお話がありましたが、ここで今日ご出席の史談会の方々に、上田道三さんとの出会いなり、ご存じのことを、一人ずつお話しいただければと思います。まず中野さんからお願いいたします。

**中野**　身内の方から、いろいろお話が出ましたが、私は道三先生と二回ばかりお出会いして、お話を聞いたという程度であります。実は、昭和二十三年頃に、新制中学校ができ、そこに勤めていたとき、彦根史談会という会があるので入れという通知が各学校に回ってきました。当時は個人的に入るのではなくて、学校、団体で入るということで、私は西中の社会科主任の代表として、史談会に入会しました。史談会の出発は、元々歴史好きな者が数人寄って、夜に座談会のようなものを重ねてこられた会だったようです。その後、組織を広めていき、軌道に乗り始めたときに、私が入ったのでございます。

上田先生との出会いは昭和三十年前後で、お名前は知っておりましたが、絵描きさんとは知らずにおりました。あまり能弁でなく、ぼつぼつと話をされ、非常に郷土の町並が変わっていくということに憤慨しておられました。私は当時、彦根に来て間がなく、彦根という町を知りませんでしたので、彦根に対してえらい文句をいうおじさんやなと思いました。

しかし、いまから思えば、それは彦根を大事にする気持ちからおっしゃっていたんだと思います。先生の仲間の久保田弥一郎さんの感化も受けられ、郷土に対する思いが強くなっていかれたと思います。

私はそれより、むしろ道三さんの奥さんとのお付き合いが、一年間、長かった。当時、滋賀県立女子専門学校の和裁の先生をしておられ、よく動かれる方でした。道三さんの話が出ると「道楽もんや」と言っておられました。「言うことをきかん、頑固もんや」と言って、笑っておられたことを思い出しますが、やはりご主人を愛しておられたんじゃないかと思います。自分が稼いで、お子さんや家のために一生懸命に尽くしておられた。

私は数年前から体が自由になりましたので、史談会によく出られるようになりました。そのときに上田さんが描かれた絵を市へ寄贈し、表装して保存するということを聞きました。史談会では当時の会長が音頭を取られ、遺作展をしようということになり、いまから五、六年前、上田さんにいろいろお世話願って、市民ギャラリーで展覧会を開きました。

まだまだいろいろな絵を残しておられますし、もう一度思い返す展覧会をやりたい、絵を継承したいなという気持ちを持っております。

**司会**　ありがとうございます。

**平居**　叔父がＮＨＫに出たり、県の文化功労賞をいただいたときに、長女の恭子さんが小田先生に手紙を出したのですが、「父の（受賞の）ときに母が言った言葉を思い出しました。『お父ちゃんが世間に認められて本当にうれしい』。母は愚痴を言わない人でしたが、苦労が思わぬ形で報いられて、よほどうれしかったのでしょう」と、ここに書いています。

プリンスホテルに陛下が見えたとき、展覧になるからと、絵を借りに見えたことがあったのですが、「そんなん、いやや」言うて断らはったんです。それで変人だというのが、よけいに伝わったようなことがあります。

**上田**　変人というより石頭。変人はようわかっているから。

**中野**　ところが、奥さんはそういうご苦労が非常にあったと思いますが、端から見ると、天真爛漫というか、あまり苦にしておられない感じでしたね。

**上田**　おふくろはたしかにそういう面では、男だったらもっと成功していたんじゃないかなというぐらいだったですね。ところが親父はまったく世間知らずで、人ととっつきにくい。本当に、よく史談会のみなさんが支えていただいたな、という思いですよ。

**中野**　いや、そういう奥さんでこそ、絵が描けたんじゃないかと思うんですけどね。

**司会**　では、次は長谷川さんいかがですか。

**長谷川**　私は上田先生とは、特に親しくしていただいたというわけではございませんが、その当時、芹橋十二丁目に住んでいました。昭和三十八年から史談会に入っていたのですが、当時、史談会会長の久保田さんからいろいろと話を聞いており、「十三丁目の上田先生の家に、足軽屋敷の絵があるから、一度見せてもらえばよい」と言われて、お伺いしたのがはじめなんです。そのときは原画を鉛筆で描いておられ、記憶に残っているのが大名屋敷の大名行列ですね。それと床の間に牡丹の絵が一枚飾ってあったのが記憶にあるんですけどね。

**上田**　桜田門の時の井伊大老の行列などを描いていましたから、その時分じゃないですか。

**長谷川**　たしかそれはね、昭和四十四〜五年だと思うんです。

**司会**　その絵は、いま博物館にありますが、そういえば、あれは明治の風俗画シリーズとよくタッチが似ていますね。

**上田**　人物があまりうまくないです。風景画は得意だったですけど。

**司会**　皆川さんはいかがですか。

**皆川**　私は個人的なお付き合いはほとんどありません。ご親戚に迪子《みちこ》さんという娘さんがおいでになったんですが、昭和四十年から五十年代は城西小学校に勤めておりましたので、そのお嬢さんを一年間もたせていただいた時のことだけしか知りません。ただ、史談会の会員にしていただき、ここ五、六年になるんですが、展覧会や展示会をするときに、ギャラリーから絵を出してきて、「これ、道三さんの絵や」というので、何点か見せていただきました。特に地図なんかは詳しく書いておられますね。足軽屋敷なども。私も伯父の家が足軽の出でしたので、どのへんに住んでたのかと、その地図を一生懸命見たことがございます。

**司会**　史談会に一番最初に入るきっかけになったのは、今日、西田集平さんとお聞きしたのですが、西田さんも上田さんのお宅の近くに住んでおられたんですよね。

**上田**　そうですね。

**中野**　いま壊しております市場街に、彦根の生き字引という、後に史談会の会長もされた久保田弥一郎さんがおられました。そして図書館がその近くにありました。

**平居**　今の西地区公民館ですね。

**中野**　そこに行く道ですので、おそらく上田さんは通りながら。

**上田**　休憩がてらね。疲れるから。

**中野**　久保田さんと仲良うしておられて、そういうことで興味も深められたんじゃないですか。

**司会**　史談会は、今も図書館に事務局があるんですが、西田さんも図書館の館長を務めておられたし、彦根の歴史研究をしていく人の拠点みたいなものになっていたという感じですね。

**上田**　歴史的な影響は、やはり西田館長さんや史談会のおかげで、親父はそこに入っていったと思うんです。文学的なことだとか、専門的なことはわからないけれども、ほかで表せない部分をおそらく自分が絵で表したんだろうと思いますね。

**平居**　お医者さんの八木原さんとの交流もありましたね。

**司会**　八木原さんも史談会のメンバーだったんですね。

**中野**　そうですね。

**上田**　八木原先生のことは親父からも聞いています。いろいろ資料も貰っていましたから。

**中野**　当時の史談会の幹部は、西田さんも含めて、本当にそういう好きな人がいた。現在のように組織が大きくなりますと、寄り合いのたびに事務的な話ばかりで、突っ込んで研究することがなく非常に寂しいと思っています。

**司会**　ちょうど昭和三十年代ぐらいから、前の『彦根市史』の編纂が始まっていまして、昭和二十三年に井伊家の資料が公開され始めて、大老の研究がどんどん進んだことにより、井伊市長の時代に『彦根市史』を作るということで、それ以前から蓄積されていた中川泉三《せんぞう》さんの『彦根町史稿』を土台に開始されました。その中心メンバーの中に西田さんが入っておられ、非常に彦根では歴史研究が盛んになった時代です。失われていく町並とかに対する不満もあるんだけれども、そういう街全体で歴史研究が非常に盛んになる雰囲気とか、古いものを見直そうとか、そういう動きがあることにすごく影響を受けられたんでしょうね。

**上田**　それと、井伊家の普通は持ち出せない資料なども、家内の親元の奥村さんを通じて見せていただいたことも大きかったと思います。（長女恭子さんのお話では博物館の前館長を務められた井伊正弘氏との出会いが、井伊家の資料を見せていただくきっかけになったということです。）それから、井伊市長さんの気持ち、意向を聞いて、彦根城の鳥瞰図も完成させたいという思いがあった。そういうところを望んでみえたんじゃないか。先代から、ずっと立花町の「まからずや」の奥村家とは非常に行き来があり、そういう中から、井伊家とのおつき合いも出来たわけですね。

**司会**　そうすると、芹橋に移られてから、史談会に入ったり、井伊市長との出会いがあって、もう一度絵を描き始めたわけですね。

**上田**　そうですね。中藪にいるときは写生には行ってましたね。芹川や芹川堤の紅葉など、昔の芹川は立派な並木でしたね。芹川の絵は家に残っています。

**平居**　これが下図ね。

**上田**　これは芹川の一部です。いま、だいぶ伐られていますが、紅葉になると非常にいいですね。

**司会**　ところで、史談会の会誌『彦根郷土史研究』第五集に、上田道三さんが「彦根藩時代の民家を訪ねて」という文章を書かれておりましてね。これは昭和三十五年なんですが、その中にこう書いてあります。「井伊大老開国百年を迎え、その偉業・遺徳を偲びつつ、年々失われていき、現在すでに残り少ない彦根の民家を絵に残し、記録にとどめたいとの念願から、専門以外の道にまで手をつけたのであったが、絵にすることだけで精一杯の私には、古書、資料等の調べが十分できなかったことを残念に思っている。」

あとも文章が続いているのですが、井伊大老開国百年というのは、現在は市民ギャラリーとなっている開国記念館ができた年で、昭和三十五年ぐらいですね。開国記念館ができたころを一つのきっかけにして、ということを書いておられるんですが、この段階ではここに載せてある一覧表の民家は全て書いているはずだし、今遺っている絵もだいたい一致しています。絵を調べていくと、一番早い年代が三十一年に描いたものです。今日見せていただいた彦根城の図には三十年という年号が入っており、そうすると、描き始めたのは、その頃というふうに考えたらいいんでしょうか。上田さんが何か、彦根の町を見て、感じ始めたときだということになるんですかね。

**平居** 銀座街の防災建築ができたころが、その頃ではないですか。

**司会** あれは三十五・六年頃からだと思います。計画そのものはもうちょっと前からあって。

**上田** 港湾がほら。船が奥まで来ていたけれども、回転橋がなくなり、新しい港ができて。

**平居** 四十三年ですか、回転橋がなくなったのは。

**司会** そうすると、三十年代の初めぐらいから上田さんが絵を描かれ始めて、三十五年頃には彦根の城下町の景観を描いた民家シリーズが、ほぼ完成していたようですが、あと上田さんの絵には滋賀県内の明治時代の古い風俗を描いた絵が百点ぐらいあります。それと彦根城そのものを描いた絵とかがあり、いままで私が上田さんの絵を見てきた中では、大きく三つぐらいに分けられるんじゃないかなと思っているのです。

いまお話を聞いている中で、武家屋敷・町人屋敷などの民家を描いた時期は、ほぼそれでいいんだろうと思うのですが、明治の風俗画シリーズを描いた時期は、その民家シリーズが終わって、すぐそういう仕事へ入られたのですか。

上田　そうですね。というのは、例えば山の湯とか、銭湯が昔は多かったんですが、なくなっていくことも、親父は残念がっていましたね。だから、家に風呂があったのだけれど、わざわざ銭湯へ行ったりしています。私も連れて行ってもらいましたけれども。そういういろいろな生活様式が変わっていくことを、絵に残しておきたいという思いがあったことは事実です。

だけど、姉も言っていましたが、人物は下手だから、そんなことやめなさいと。親父は頑として聞かない人で、歴史のほうが肝心だということで、タッチは下手だけれども、そういうものを描いていましたね。

司会　明治の風俗画シリーズを拝見しますと、同じように建物を描いているのですが、民家シリーズで建物を描いているのとタッチが全然違いますね。

上田　全然違いますね。細かくは描いていないんですよね。

司会　実際見て描いたものではないからでしょうか。

上田　差別化、分けていると思う。それと早く仕上げるというか、そんな描き方があるんでしょうね。

平居　それがおもしろいのは、これの描き方でね。筆の先のないので描いたんです。

上田　つまようじで描いたり、お箸で描いたりしていましたから。本来は、親父はそんな性格じゃない。きれいに、細かく、葉っぱ一枚一枚描く模写の仕方なんですよ。恩師の不染さんは、そういう細かな絵を描かれる方なんですね。

司会　画家にしてみたら、若い修行時代が終わって、四十歳代ぐらいで、ある程度画風も定まり脂が乗りかかって、その頃に一番精力的に彦根の城下町を描いた。それで、少し区切りがついて、明治の風俗画へ移って、そのときには少し、風景を写生するというスタイルから一歩引いてですね、次の関心という心境だったんでしょうか。上田さんが彦根の城下町や明治の風俗を描いているころに、彦根の町がどんどん変わっていっていますね。そのころに、周囲のみなさんにそういうことを嘆いたり、何か漏らされていたりしたということはありますか。

上田　それはもう、先ほどおっしゃったように、ぶつぶつ。まあとにかく愚痴の多い人でした。

中野　お話もきちきちっとする。言いにくいことを言われて。

**上田**　ズバッと言うほうで。言いたいこと言っていましたよね。

**中野**　細かいことも十分気をつけておられたということは覚えていますな。

**上田**　私は実社会へ出て、すぐにフジパンを築かれた創業者の秘書として仕えました。大きな屋敷で寝起きを共にして、庭の草むしりから池の掃除、便所掃除、運転手もしていました。四六時中余裕のない生活で、一カ月して彦根に帰ってきました。そのとき親父に「人のやらんことを、おまえは男である以上足跡を残せ」と言われました。「便所掃除から草むしりでもいいじゃないか。おまえ、何言っているんだ」と叱られました。

**平居**　ここへ来るときも、まだちょっと時間早いけれど早めに行こうと言ってました。

**上田**　そうしたことが、親父の私に対する教育でしたね。まず人間として足跡を残せ。

**平居**　「死んだらな、わしの価値がわかるんやさかい」と言ってたそうです。その頃みんなは知らん顔してたんですけどね。

**上田**　幸せもんですよ。

**中野**　上田さんの絵は、看板でも文字まで分かるように書いてある。きちんとこう、緻密な下書きをして。

**上田**　私がそういうこと知ったのも、ごく最近です。親父のいろんなものを見てね、初めていま理解したぐらいで、若いときには、全然知らんかったんです。

**中野**　立派な歴史資料になっていますね。

**司会**　そうですね。いま、上田さんから最近知ったというお話もありましたが、まだまだ私たちの知らない上田道三さんの姿があるんじゃないかと思います。これを機会に、上田さんの絵をもう一度見直すきっかけにし、今後とも、史談会や、彦根市でも上田さんの絵や資料をもう一度整理しながら、上田さんの「足跡」をたどってみたいと思っています。どうも本日はありがとうございました。

**上田**　いろいろと、どうもありがとうございました。

（終了）

座談会

# 町づくりと歴史景観

会　場：彦根城博物館
出席者：夢京橋　田部　益男　氏
花しょうぶ通り商店街　小西　基晴　氏
登り町グリーン通り商店街　中村　泰始　氏
市場商店街　西村　武臣　氏
中央商店街　近藤　謙次　氏
滋賀県立大学人間文化学部教授　濱崎　一志　氏
滋賀大学経済学部教授　筒井　正夫　氏
計画工房主宰　戸所　岩雄　氏
司　会：彦根城博物館学芸員　母利　美和　氏

**司会**　本日は、彦根で活動された画家故上田道三氏が、昭和三十年代から四十年代にかけて描かれた、彦根の武家屋敷・町家・彦根城などの絵を通じて訴えられた彦根の歴史景観に対する思いをどう受け継いだらよいか、みなさんのご意見をうかがいたいと思います。

上田氏が制作活動された時代は、日本の高度経済成長期で、大がかりな都市開発や都市整備事業により、日本全国の歴史景観が大きく様変わりを見せた時期です。彦根も同様で、この時代に防災、都市計画などにより大きな変容を余儀なくされています。おそらく上田氏は彦根の歴史風景を、今描いておかなければいつしか失われていくと察知し、制作活動を決心されたと思われます。

それから約四〇年たった現在、彦根の町は夢京橋の修景事業にはじまり再び大きな変貌を遂げつつあります。これは、将来の彦根の町風景を方向づける大きな岐路といえますが、それぞれの町づくりにおいて、必ずしも市民レベルの十分な意見交換がなされているとはいえません。

今回、さまざまな立場で町づくりに関わっておられる方々からご意見を交換していただき、将来の彦根の町づくりや歴史景観を考える機会となればと願っています。

それでは、各商店街の方々から、お一人ずつ、商店街の歴史と町づくりの経緯をお話しいただければと思います。

**田部**　現在、夢京橋キャッスルロードのある本町通りは、彦根城の築城とともに出現し、中堀に懸かる京橋から続く町が本町でした。江戸時代は、おそらく城下町の生活用品を調達する町でなかったかと思います。私の家も「ひものや（桧物屋）」という屋号があり、木細工で彦根城にお付き合いがあったのではないかと考えています。明治・大正になり、官公庁や病院・学校が本町界隈にできました。それに伴い文房具屋に転換された方も多く、うちも昭和のはじめ頃は文房具屋でした。

道路拡張事業の話が出てきたのは昭和六十年頃でした。当時、道幅は六メートルで結構広かったのですが、県道であり、車社会においては狭いという理由からでした。住民に対しては、どんな町にすれば良いかとのアンケートがあり、町並検討委員会的なものが住民で組織され、いろいろな意見が出ました。最終的には江戸期の城跡の石垣や堀や橋が目の前にあるというロケーションの中で、江戸情緒の漂う町が一番だろうとの同意を得て、まちなみ委員会を組織して事業を進めてきました。

反対がなかったわけではありませんが、取り立てて大きな反対はなかった。それは行政やコンサルタントの先生方のご努力があり、我々は一緒に活動させていただいたことが一番大きかったと思います。現在、道路は十八メートル、両側にはそれぞれ家が一メートルセットバックしているので、合計二十メートルの道幅です。一日に約一万台の車が通っているため、観光面でいえば少々合わないのですが、県道拡幅事業から出発したのですからやむを得ないところです。

事業を進めているとき、車を別のところへ置くとか、町並を後ろへ置く、また道路の下を全部駐車場にするという話もありましたが、予算的な面もあり、現在の形になったわけです。

それと、いま町を動かしているのは地権者のみなさんです。商店街が動かしていると思われがちですが、実際は住んでいる人が力を合わせて、町や通りを守り育てているわけです。一番大事なことは、上のほうから強制的に「しなさい」ではなく、自発的に町をきれいに守って行くことが必要だと思います。

**小西**　花しょうぶ通り商店街の小西です。私どもの商店街の近くには七曲りという仏壇や仏具を造る町や、袋町の飲み屋街、いわゆる色街があります。また、古くから商業集積が非常に厚かった銀座街に隣接しています。トップブランドの商店街ではないのですが、どこかのおかげで小さな商売が潤っていたのが、花しょうぶ通りの原型かなと思います。

戦前から彦根の代表的な商店街の一角を担っていたものの、規模はそれほど大きくなく、職・住接近、つまり住居と商業施設が一致したような小さな商店街の集まりであったと聞いています。

私は今年で四十九歳になりますが、子どものころ、昭和三〇年代の前半は小さな間口の商店がぴっちり埋まっていました。証券会社、銀行、郵便局、病院、歯医者、呉服屋、菓子屋から自転車屋、アイスクリーム屋、洋食屋とあらゆる業種が並んでいました。非常に便利な何でもある町だったと記憶しています。これが花しょうぶ通り商店街のかつての姿でした。

以前は「上夷通り商店街」という名前でしたが、郊外に商業施設や住環境が発展していく中で、町が空洞化してきていました。そんななかで町のご婦人たちや町に長く住んでおられる方など、さまざまな方が寄り合って話し合い、彦根市の花である花しょうぶをモチーフにした町づくり活動をやろうということになりました。そして商店街の人たちが中心になって始めたのが、花しょうぶ通りです。始まったのは平成八年五月二十日で、歴史は六年というところです。

町並については、商店や住居は高齢者世帯になっており、いつの間にか空き家になっているということが出てきました。何か衰退していく町に誇りが持てないという気持ちや意見がある一方で、何としてももう一度、この町は住みやすくて楽しいんだよということを感じたいというご意見が多く出ました。そこで景観整備をやってみようかということになったわけです。夢京橋キャッスルロードが大きな刺激でもあったわけです。

そこで、われわれもアンケートをしたり、町並を調べたりしました。平成八年に町の構想を立ち上げ、翌年に研究事業をしました。建物調査では木造が九二%、二階建てが八〇%以上、昭和二十年以前の建築が七五%という結果が出ました。江戸時代からやっている店、寺子屋の家、彦根藩から「布市」という屋号をもらった酒屋さんもあります。下世話な言葉でいうと「商売になりそうな」、かっこよくいうと「商業資本になりそうな」景観や歴史的な建物もたくさんあり、それを活かして元気がよかった彦根の時代を思い起こさせるような町並にしたいという住民の希望が多かったので、夢京橋のように江戸情緒ということでなく、現状の景観を損なわずにリファインしようという方向で考えることにしました。

行政からの支援もない商店街だったので、コストをかけずに、現状を美しく使って、商業的な基盤も固めていきたいなどの条件を、どう満たしていけばいいかということで、戸所先生を始めいろいろな方にアドバイスを受け、現状の町並を修復する方向で進めてきたわけです。

町のみなさんがどれだけ事業に参画するかということでは、商店街は当然ですが、郵便局、銀行、医院、お寺の方もそれぞれの意味合いの中で参加していただくのが一番必要かなと思います。また事業の一環として、県立大学の学生さんたちに我々の商店街をモデルとして企画提案してもらいました。

そのうちメディアにも取り上げていただき、町のなかでこの活動を知らない人にも、活動状況がだんだん伝わってきて、大きな力となり事業がなし得たかなと考えております。

現状の悩みは町並はある程度整備されましたが、商売の構造はなかなか変わらない。たとえばアンケートを取ると、七五％は跡継ぎがいないのです。そうするとあと十年もすると厳しいかな、みたいなことも出てきます。そういうビジネスの受け手や、その後の通りの商売のあり方を、どうしていけば良いかという課題がなかなか解決されないのが現状です。人や資本や情報が集まる町にするためには、もう少し違う手法もあるのではないか模索しつつ、今後の町づくりの活動をやって行こうと考えています。

**中村**　登り町グリーン通りの中村です。登り町の裏手に幟旗（のぼりばた）持ちの武家が住んでいた旗手町とか御旗町という旧町名があり、その表の通り部分を「のぼりまち」と呼んだようです。江戸時代の地図では「幟町」という名前が記録されています。

明治頃に川原町という町名に変わりましたが、登り町という呼び名はずっと続いており、昭和八年頃に通りに出店している店が寄り、「繁栄会」を結成しました。昭和三十年に久左の辻でどん突きになって折れ曲がっていた道が拡幅されたとき、両側の店先を削り取ったため、ほとんどの店に庇を出した形状が残っておりません。

アーケードの老朽化とともに、夢京橋さん、花しょうぶ通りさんが商店街をきれいにされたように、町並改修の話が平成十年頃出てきました。

平成十一年に振興組合を結成して、話を進めて行きました。結果としては、アーケードはなくして、道幅を広く町を明るくして、店先をきれいにつくり直すほうがいいということになり、当時、滋賀文化短期大学の織田先生などにいろいろご相談をして、現在の広く明るい町並のアドバイスをいただきました。

夢京橋や花しょうぶ通りのような、古い町家建築にしなかったのはどうしてですかとよく言われます。先ほども申したように前を切り落とした店のつくりが大多数で、庇のある形状にするには、セットバックするか道路にはみ出すしかなかったわけで、擬洋風のファサードが現状の構造的には自然でした。また各商店主から、明るい色合いの町並にしたいという希望があり、町家風だと黒い色合いになるため、擬洋風という提案が取り入れられたように記憶しています。平成十二年にファサード工事があり、翌年、県道の改修事業をからめて、歩道、車道の改修をしていただきました。

**西村**　市場商店街の西村です。われわれの町は大正十年に公設の市場としてつくられた町です。昭和の終わり頃までは、食料品を中心として約八〇の店があり、近傍近在から、たくさんの人が買い物に来られました。町を歩くと肩と肩がぶつかるというような毎日の賑わいがあったと聞きます。

平成に入り、郊外の大型店や周辺都市にもいろいろ商業施設が出来、徐々に衰退してきました。昭和五十七年に、行政のほうから再開発事業の話があり、全部壊して大きな建物を建てようということで十五、六年計画を検討してきました。ところが再開発計画はバブルの影響で大型店舗が出店しない。また彦根の道路形態が大型店に向かないということで、暗礁に乗り上げました。商店街ではやめるという話もできず困っていた平成八年頃、商工会議所を中心とした中心市街地再生事業委員会というのができました。その事業委員会の一番最初の仕事が、この再開発計画を壊すということから始まったのです。これで一旦町づくりは幕を閉じたわけです。

そう言うもののこれからどうするんだという話になり、まずは町におられる二代目さんや若い方一〇名ほどに集まってもらい、何とか頑張ろうという話をしました。そして平成八年に、町に喝を入れようということで「檄の会」というのを設立しました。

そして戸所先生に来ていただき、ご指導を受けながら今日まで進めてきたわけです。地域全体を考えても、なかなか進まないなら、まずそのエリアの中の一区画を自分たちの資金で建て替えようかという話から始めました。そしてその一区画の案がまとまってきて、これはいけるという感覚を持ち、その前後ぐらいから彦根市に相談しました。ちょうどその時、「中心市街地活性化法」が施行され、そのなかの「街中再生土地区画整備事業」というメニューがあるということを聞きました。早速、一番に手を挙げたところ、国の条件にぴったり合い、第一号の「街中再生土地区画整備事業」が平成十一年八月に認可されたわけです。そして、同時に区画整理組合を設立いたしました。

この区域の権利者は七七名おられます。区画整備事業ではみなさんにヒアリングさせてもらって、土地の利用法についてもお聞きしました。あなたはこの町で、この区画整理事業で、どのように土地を利用されますか。あなたは建物を建てて自分でお住まいされますか、建物を建てて自分で商いをされますか、建物を建ててテナントとして貸されますか。建てない人については、土地を任されますか、土地を売られますか。そういう分類のなかで換地をさせていただきました。

事業を進めていくなかで、これまでの市場、つまり食品の町の再生は無理という感覚を持ちました。というのも、市場商店街ができた背景は、近郊在住からたくさんの人が来られた時期でした。芹川から北、現在の旧城下町にあたる人口は、最盛期には一万四〜五〇〇〇人でしたが、今は一万人です。そして最終的には六〇〇〇人ぐらいになるという推定になっています。つまり地元指向の商店街ではこれから立ち行かないという思いがありました。その間にも徐々に店舗がなくなり、いま営業しているのは二三店舗です。

この考え方については反発もあり、町の人に受け入れていただくために、三年ぐらいかかりました。とにかく食品業界の人は頑張ってやる人は継続してくれと。その他については、外来者に楽しんでもらう新しい町を形成しようとお願いした経過があります。

町並については夢京橋のように江戸町家風でいくべしという話もありましたが、そうすると隣の銀座商店街は昭和のビルの町ですから、夢京橋・市場の江戸町屋風から急にビルになってしまいます。そこで江戸—大正—昭和というかたちで回遊する案になったわけです。

大正ロマンではあまり成功した例がないということですが、われわれは大正時代の建物をつくるのではなく、日本古来の生活様式と外国様式を導入した、明治・大正の元気ある日本人の気持ちを入れた町づくりをしたいということを打ち出しているわけです。

このように苦難の連続の町づくりで、成功するか、失敗するかはまだわからない未知の話です。しかし、人々が楽しく住まい、楽しく生きて行くためには、どうしても飲食店が必要です。私達はカフェを中心にした町づくりを進め、人が楽しく集う町にしたい。物品販売はそれに付随するものと捉えながらいま進めているわけです。まったくの試行錯誤の最中です。

**近藤**　中央商店街の近藤です。四月頃でしたか、市から中山道四〇〇年記念事業の関連で、中央町にはかつて伝馬町があり、何店か参加して、旗を揚げて協力してくれないかというお話がありました。そのときは伝馬町の意味もわかりませんでしたが、先日博物館の母利さんから詳しく聞き、中山道と関係あるんだ、彦根の市内へは脇街道でつながり、荷物の行き来で関連し、城下町の物流拠点であったことを改めて理解しました。

昔、えびす講のときは駅前からずっと人並が続き、銀座、中央町にも人がいっぱい出ていたことを覚えています。私の記憶では、中央町は道路拡幅のため昭和四十五年から五十年ぐらいの間にセットバックされ、一六メートルのきれいな道路になり、アーケードがつきました。当時、私は大学生で、きれいな道路になったなと思っていました。それからもう三〇年近く経ったわけですが、商店街では一〇年程前から、アーケードを始め、商店街の活性化について、県や市の補助を受けながら検討しています。

ところが、アーケードについてはアンケートをとった結果、まだ見た目はきれいだ、雨漏りがあるもののまだ大丈夫やないかという意見もかなりあり、なかなか意見がまとまらず現状のままです。

今後、立花町以北は市民会館から道が拡幅されて中央町につながるため、多少危機感みたいなものもあります。話し合いのなかでは、基本的には水と緑を取り入れ、アーケードを取ってしまえばという意見が半分ぐらいありますが、アーケードはいるのと違うかという話もあり、まだまだ曲折のなかで、みんなの意見を取りまとめて、少しずつ進んでいる状況です。

**司会**　みなさんどうもありがとうございました。次に、実際に都市計画や、それぞれの町づくりにかかわってられるご専門の方に、お話しいただきたいと思います。

まず最初は、滋賀県立大学の濱崎先生から、現在の彦根市、特に城下町を中心としたところの都市景観がどのように残っているのかお聞かせいただけますか。

**濱崎**　彦根は他の城下町と比べ、多様な要素がよく残っています。たとえば、姫路と較べると、姫路城はよく残っていますが、駅を降りて姫路城に行くまでの間は、ほとんど再開発でなくなってしまっています。

それに対して彦根城は天守がそのまま現存してお

り、城内もよく残っています。周辺にも復元された表御殿や、下屋敷の槻御殿、玄宮園、松原の浜御殿など、江戸時代の彦根城を構成する基本的な要素がセットで全部残っている。また、第二郭の内曲輪の上級武家屋敷は少ないもののいくつか残っていますし、さらに町家、武家・足軽屋敷など城下町を構成するものが、わりと欠け落ちることなく全体によく残っており、本当は世界遺産に一番指定しやすいものなのです。現状ではうまく行っていないのですが、城下町として多様な構成要素を抱えたまま残っているという意味では、彦根はかなりユニークです。

二五・六年前、私はまだ学生のときだったのですが、伝統的建造物群保存地区（伝建地区）に指定したいという意向があり、魚屋町のあたりから調査をしました。結局、内部の意見がまとまらず、伝建地区の申請が取れなかったという経緯があります。

最近また現況を調査してみますと、具体的な数字は忘れたのですが、江戸期の建物は半分になっていました。しかも、よくないかたちで減っており、駐車場に変わったり、セットバックして前に駐車場、後ろに家を置かれるという形にされますので、軒や二階の庇のラインが乱れた状態で、町並がどんどん崩れています。いまから伝統的な景観を残すというのは、かなりぎりぎりの線ではないかと考えており、特に魚屋町あたりはかなり厳しい状況になっています。

立花町もそこそこ残っており、調査しました。ここの場合、都市計画道路の拡幅がかかっているのですが、なかには非常にユニークな家がいくつかあります。最悪の場合、曳家も考えなければいけないのですが、奥行きに制限があり、かなり困難なところがあります。立花町の方たちは、もう少し現状を生かした形で町づくりをしたいと言っておられるのですが、今から都市計画道路の建設がどの程度時間がかかるか分からないなかで、解決策を見いださなければいけないと考えています。

それから、足軽組屋敷のあたりも、結構町はフレームごとよく残っています。この地域は非常に静かです。幅員が狭くて車が走り込めないので、大半が徒歩か自転車で、時折バイクが通るぐらいという意味で、逆に非常に静かな環境が保たれている。この地域を調べると、車で動き回る人たちではなく、生活範囲の狭い方、たとえば、銀座街の平和堂や市場街で買い物をされている人たちにとっては、かえって暮らしやすいのではないかと思います。

立花町は一方通行とはいえ、結構車が通るため、かなり危険な思いをして調査しました。それに対して足軽組屋敷の調査では、車も通らず、非常に気持ちがゆっくりします。そこに住む人の住み分けが進むと、足軽組屋敷はかえって住みいいのではないかという気がしています。

あと、やや市街地からはずれた七曲りのあたりも非常によく残っており、そういったところを今から活かして、彦根の城下町の特徴的な地域として何とか残して行けないかと考えているところです。

**司会**　ありがとうございます。

次に、今後、彦根の町を考えて行くときに、近代以降の歴史的な町並、あるいは建物のよさをどういうふうに考えて行けばいいのか、滋賀大学の筒井先生からお話いただきたいと思います。

**筒井**　ここ数年来、彦根城を中心にした地域の近代化遺産、すなわち明治以降の近代を押し進めて行く過程で造られた建造物や石碑など、彦根城の周りにどういうものがあるかを少し調べています。

一般的に申しますと、明治以降の近代化が進められるときに、城下町が拠点になって、近代化を行っています。お城がないところ、つまり既に取り壊したところでは、城跡が陸軍の駐屯地や学校として利用されています。仙台市や金沢市がよい例です。また城が残された町でも、政治行政の中心地として、士族の屋敷地を近代化のためにフルに利用していますので、それにかかわるいろいろな建物がかなり残っているわけです。

たとえば教育関係でいえば、城下町には藩校があり、また寺子屋も集中しているところです。彦根の場合は城内に旧高等商業学校（滋賀大学）、彦根中学（彦根東高）などができ、藩校の跡地には商業学校の建物を引き継いでいた彦根西中学もある。すべて城内にそろっているわけです。

それから、城下町にそれまで育ってきた伝統的産業を中心にして、各産業も近代化しますが、近代的な製糸工場もできてきます。明治初頭に造られた県営彦根製糸場は、関西一円に近代的な製糸業を普及させる役割を果たしました。あたかも東の富岡製糸場のような存在ですね。そうした流れの中で近江絹糸ができるとか、鐘紡の工場が誘致されるとか、近代的な繊維産業の一群のものが残されていきます。

金融業では、明治初期に国立銀行がつくられますので、いまの滋賀銀行の前身の一つであった旧百三十三国立銀行が設立され、いまも銀座支店として立派な建物を残しています。この銀行は製糸業や鉄道事業等を金融的に支えてきました。金融機関はそれだけではなくて、信用組合、郵便局などが、まさにセットになって残っている。これもなかなか珍しいのです。交通機関では、地元でつくられた近江鉄道の駅舎や車両などが、かなりよく残されております。

また彦根の風土に関わる建造物として、明治二十年代に設立された彦根測候所があります。この建物は、琵琶湖と北陸、それからこちらの内陸と、東西南北の気候がここで交差するという、非常に重要な気候風土上の観察拠点として機能してきました。

お城を中心にして、城下町と湖辺。それから、すぐ先に鈴鹿山系。そして農村が広がり、そこに街道がある。日本を縮図にしたような風土がここに凝縮されています。そういう面からも様々な建造物が、いま言ったような形で残されているんです。

彦根というと、井伊直弼のイメージがあまりにも強く、その後の彦根が、結果的には直弼の政敵であった明治政府のほうに付き従って近代化を進めて行ったこともあり、直弼にすごく思い入れのある人は、かえって明治以降の彦根がどうなっていったのか、ぼやけていってしまうことがあったわけです。つまり直弼以降の明治期は、彦根の人にあまり意識されずに来てしまいました。しかし、明治以降のいわゆる近代化遺産という面も、非常に多様で、しかもユニークなものがコンパクトに、お城の周りに点在しているのです。

町おこしといえば、すぐ近くの長浜が思いおこされますが、北海道の小樽、最近では北九州の門司なども近代化遺産に注目して、むしろ高度経済成長期に遅れていたところを起爆剤として、町おこしに成功しています。彦根は近世のものが前段階として非常によく残っており、また近代以降も決してひけを取らない形でかなり残っているという感じがします。

さらに、全国的に有名な人物がいるということもポイントです。たとえば、書道の大家、日下部鳴鶴が彦根にいました。一つの町で有名人が一人いたら、町おこしの目玉になって全国から人が来るわけですが、彦根には直弼以外にも、近代のなかで発掘できる人物がかなりいるという気がします。

**司会**　ありがとうございます。続いて、戸所先生から、歴史景観を保存しながら、実際に町づくりをやっていく上での問題点などをお話しいただければと思います。

**戸所**　町づくりにかかわった一番初めのケースが夢京橋だったのですが、それまでは小さな建物や公民館、地域のコミュニティ施設というものをつくっていたわけで、自分自身どのようにかかわっていくのかと大変悩みました。先程田部さんのお話にもあったように、本町は江戸時代の歴史的なコード（建築の構成要素）をかぶせるということが、当然のごとく、案として出されました。ただ、それは住民にとって、彦根の古い、暗いイメージを行政側から押し付けるという感があり、案の定、その案に対して受け入れられないという経緯もございました。ただ、町づくりを進めるにあたって、自分たちの町を自分たちで一度考えてみようと、奥野先生や田部さんたちを中心とした、住民主体の委員会をつくり、話し合いを何度も開くうちに町に対する誇りや愛着があることが判ってきたわけです。

その中で、一番議論になったのは格子と深い軒の出です。格子でいうと、道と個人の生活を適度に遮へいしながら、適度にうまく結び付けている。町行く人とそこに生活する人をうまく結び付ける装置として大変有効な手だてだと考えられるわけです。また、軒の深さは個人的な生活の場所と道の間の中間領域みたいなものを、うまく演出して行くことができます。

この歴史的、文化的景観を残しながら町づくりをする大きなメリットは、自分たちがいままで感じてきたよさをそのまま継承できることです。歴史的なたたずまいを使った町づくりをしていくことで、その町に対する誇りも受け継ぐことになるのではないでしょうか。

もう一つの問題点は、先ほどの西村さんのお話にもありましたように、人がそこで生活する町は、多様性がないことにはその魅力は継続しないことです。しかし、一方ではその多様性が無制限に認められると、場合によっては地域とつながらなくてもいいという、個人主義的な多様性みたいなものが、町の豊かさや景観を崩して行くことがある。

場合によっては、住み分けていくという必要があるのかとも思います。たとえば、このエリアはこういう景観なので、このようなたたずまいが好きな人が住んで行けばいい。堅苦しいと思う人は、少し多様性を持った町のエリアに住むというように。私も住んでいる旧内町の景観条例が問題になってきていますが、ある住民のコンセンサスを取ろうとするならば、その多様性を認めることができない部分がどうしても出てくるのですね。

夢京橋で一番初めに掲げたのは、オールド・ニューという、新しくて古い、古くて新しいということでした。これはいくつかの多様性を許容した価値観を町づくりの中に持ち込みましょうという意味合いで用いたものです。うまく自分たちの問題として取り組んでいこうということを象徴した言葉だと思っています。そういう多様性と歴史の連続性を、どのように彦根の町づくりに取り込んでいくのかが問題です。

彦根の町づくりには大きな可能性があるが、最初の母利さんの言葉のように、今、大きな岐路に立っているという思いがしております。

**司会**　ありがとうございます。現在、彦根市では内町、旧外堀の内側の部分の景観保存条例を検討中だということで、この条例制定に関しては、筒井先生も戸所先生も、委員として、専門家あるいは市民の立場ということで参加いただいていると思いますが、現状での問題点や、そこで感じられたことをお話しいただきたいと思います。

**戸所**　実は大変大きな問題が含まれていると思います。これはある意味で、本来町づくりというのは、今日お集まりの方々みたいに、そこに住んでおられる方が自分たちが問題意識を持って、町づくりを解決して行くという運動体であるべきものが、先ほど夢京橋で最初に反発を受けたような形で行政側が用意をした。われわれもその委員に入っているから責任重大なんですが、住民の意思や意向が、十分に議論されないまま、条例化されようとしている。

委員会でも筒井先生が特に言っておられますが、近代化遺産の問題や多様性を求めるという意味で、そこに住む人々の議論が必要なはずです。これは彦根において、大きな町づくりの方向性を示して行く重要な議論であるにもかかわらず、タイムスケジュールによって、決まりつつある。

今後は、住民の議論が必要だと提案をしていきたい。と言うのも、本当に歴史的コードだけをかぶせてもらうのが自分の町の豊かさにつながるのかと、疑問に思っておられる方もある。そういう声や議論を踏まえた上で、条例が制定されて行くのならいい方向ですが、実は不明確なままに進みつつあるのが現状であると思っています。

**司会**　内町、つまり旧外堀内の範囲は非常に広い範囲で、いま進行中の市場商店街の四番町スクエアも入っていますし、道路拡幅を進めている立花町も入ってきます。このことは委員会の議論に出ているのでしょうか。

**戸所**　それは単純に市場を特別区としています。しかしここだけを特別区とするのではなく、いままで市場商店街で出てきた議論をもとに、このエリアの中にそういうエリアを認めて、住民がこういう形をつくっていくということをきちんと位置付けをしないことには、これは特別区だから特別扱いですよという議論はちょっとおかしいと思っています。

**司会**　濱崎先生のお話の中で、戸所先生もその辺に気がつかれていたと思うのですが、あまり広い範囲で考えると問題になるのではないでしょうか。たとえば、城下町の西部は繊維工場がたくさん残っていますが、これを江戸時代の歴史景観に戻せという議論をすれば、大変なことになります。そういうことを整理しないまま、線引きをすれば、将来の彦根の町づくりにとって大変な問題になりそうな気がするのですが、町づくりの現場にかかわっておられる方はどう考えておられますか。

**中村**　歴史的景観は、江戸時代の建物だけが対象ではないと思うのです。いまお話を聞いてイメージしたのは、ヴォーリズの建物のように、その時代を連想させる本物の建物というのが、歴史的景観になると思うのです。登り町グリーン通り商店街の景観は、その場をきれいにするための景観であるため、たとえば五〇年、三〇年先に見てもらったとき、平成十何年頃の建物だなとは思っていただけない。そういう意味で「本物」

だけを対象にして、ピックアップして残すというのだったらわかるのですが、江戸時代の建物だけを絞って残すとか、現在の建物をこのままの状態で残すという話になると、何か全然意味は違うと思います。またピックアップして重要か重要でないかというのは、個人の判断だけでなく、行政レベルで徹底的にやられたほうが、後々のためにはいいと思うのですが。

**西村**　ここ一〇年ぐらい前までは建物は近代化、近代化でしたが、その後、急に軌道修正される。何か無理やりという感じがあります。夢京橋の景観はいいのですが、もうひとつ住みにくいのではないかなという気もする。都市計画として行政からボンと持ってきた形で、住民との合意形成があとからというところに、いつも矛盾を感じています。

**戸所**　夢京橋についてを自分たちの町づくりの基本的な事例にするかどうかに対しては、本当に何度も議論して、そこで自分たちが選択をしたんだと思います。基本的にはプロセスがなければいけない。

**筒井**　内町の事業は、イメージとして内町イコール江戸期ということで、濱崎先生がいわれたように、当時の建物が残っているのは確かですが、問題の一つはそれが行政から設定されることなのです。もう一つは、江戸期のものが全国的に珍しい形で残っている状況と、近代の重要な歴史景観が共存している場合、それらをどうするかを徹底的に議論する必要がある。その結果、例えばここは江戸期のものが最大のアイデンティティだから、それでやって行こうという結論が住民合意の上で導かれる。しかし、そこになお残る近代以降の貴重な建物を忘れ去ってしまってはいけないと思うのです。行政が行う区画整備等に際しても細い配慮が必要です。

もう一つは、古い民家は冷暖房もうまく使えないし、暗くて窓も少ない。しかし中を改造すれば、快適さを得ることもできます。また実は古い民家に住みたいと思う人もいますが、さてというとなかなかスムーズに貸してくれないという現状もあります。

そこで住み分けも重要ですね。自分は新しい団地のほうに行って、本当に住みたい人に貸すなりして守ってもらうという、家主と借り手の接点をつなぐ機構ができていないわけです

**濱崎**　京都の西陣では、西陣織りをしていた町家が空き家になって行くものの、京都の人はなかなか外部の人に貸さないわけです。ところが、町家を改装して住むという会をつくった人たちが中継ぎをすることにより、いまでは西陣の町家が活性化しています。小学校も、そこに移り住んで来た人たちの子どもが通うようになり、いいほうに向かっている。特に陶芸家、画家などは町家の奥に機織り機を置いてあったところがアトリエとして使えると好評です。

**司会**　内町の景観保存条例とともに、もう一つ世界遺産登録の問題があります。これはだいぶ前から出ており、当初彦根市は彦根城をということで手を挙げて、審査の結果落ちてしまいました。その結果、白紙の状態に戻ったのではなく、候補としてはまだ残っている。その残り方というのは、濱崎先生がおっしゃったように、江戸時代の城下町を構成するさまざまな要素が、部分的ではあれ残っているので、そうした要素を生かしながら、城下町全体として遺産登録をしよう、あるいは城下町周辺の景観も含めてということで検討されているようです。そこには、内町という範囲とは別のものが設定されている。たとえば、足軽組屋敷や七曲りなども大事ですという提案がそこでされているんですね。

そのへんの問題も含めて、住民の側から現状の歴史景観あるいは近代以降の歴史景観も含めて、町づくりはどうあるべきなのかというのを、もう少し積極的に発言して行ってもいいんじゃないか、そういう時期なのじゃないかなと、僕は思っています。

**戸所**　今しないと、手遅れになりますね。そこに住む人たちが町づくりをやることが、自分の豊かさにつながるのかどうか。どこかの時点で、みんなが確認することか必要なのかなという思いがしますね。

**司会**　昭和四十九年ぐらいに「城下町彦根を考える会」が発足して、その時期は大変いろいろな議論があって活動が盛んだったのですが、いまはほとんど活動されていません。たとえば中央町が、これから町づくりに取り組んで行くという時、いろいろな立場の外部の人に来ていただき、そこで話を聞くとかいうことがあってもいいんじゃないかと思いますね。行政はその手助けとして関わっていく。

**田部**　それは大いにいいことですね。これまでとは違い行政が呼び水を持ってくるということはいいことですね。夢京橋が半分ぐらい進んでいた頃、足軽屋敷を見直そうという二・三人の方がおられ、夢京橋がどのようにみんなの意見を統一したかということを聞いて来られました。その後、市から調査費が出て調査はされたのですが、結局、案で終わってしまった。つまりみなさんの賛同を得られなかったわけですが。

**戸所**　自分たちの町を考えて行く一番大きなモチベーションとしては、一番初めに住民が自分の問題としてとらえて、身銭を切るということでしょうね。結果として、行政のお手伝いや補助金をもらわないことにはできませんが、出発点としては「欅の会」のように身銭を切ってやり、そこで汗水、時間を費やすということが、ものごとの出発点かなと思います。

**田部**　ところで、われわれは京橋に夢を付けたのが夢京橋のネーミングでしたが、町づくりの中で、古い町名を活かすことも歴史景観とともに有効ではないかと思います。昔の味わいのある地名を何とか残してもらいたいと思います。

**司会**　そうですね。住居表示とは別に、地域の愛称みたいな形で残していく。そうすれば愛着も持てますね。

**筒井**　話は変わりますが、彦根の場合は、滋賀大経済学部、県立大があるので、四年間ここにいる学生をどう考えていくかです。滋賀大だけでも毎年二〇〇〇人以上いるのですから、これはものすごい財産だと思うのです。この若者にとって魅力ある町になれば、彼らは、社会に出たあと、また町に帰って来るのです。また滋賀大学では現在登録文化財の講堂などを地域の人々にも開放していこうという作業を進めています。

**戸所**　今の学生さんは、どこか町と関係ないところで生活しているような感じがあります。昔、おばあちゃんが一人で住んでいる家の二階が下宿で、卒業後訪ねて来られるのです。だから、ぜひ学生さんが町の生活の中に入って来られるような場所をつくっていきたいですね。

**筒井**　いまみんなワンルームマンションに住んでいますね。高齢者と学生、知恵を持った高齢者と二〇代の若者が触れ合う場を町づくりに活かしてもらいたいですね。いまの子はゲームセンターがあるとかいうわゆるキンキラの町はもう飽きていますね。かといって、本当に古いところではどう暮らしていいかわからない。彦根はいい環境が揃っていると思うんですね。うまい手だてさえできれば。

**小西**　われわれもぜひ協力します。県立大学の学生が、花しょうぶの行事をよく手伝ってくれますが、地域のお年寄りなどと一緒にやるのが楽しいといいます。私達は嫌がるかなと思ったんで、意外でした。バイト代も出していないのですが、楽しんで来てくれるのです。

**濱崎**　八坂で一軒家を借りて、そこに学生に入ってもらい、地域の中で生活してもらおうということで、家を借りようとしました。ところが、息子さんは承知されたのですが、おじいさんがこの家は手放さんと言われて、最後の最後で話がだめになったケースもあります。

**戸所**　それでもあきらめずに、ねばり強くやっていきましょう。

**司会**　学生さんが彦根のよさを知って、社会に出て他の町に住んだ時、彦根との町の違い、あるいは都会に住んだ時のギャップを感じて、また戻ってくるという場合もあるわけですよね。

**戸所**　彦根の宣伝をしてくれますよ。彼らが全国に散らばってね。

**田部**　いま、夢京橋で営業していますと、三～四〇年前に、彦根にいたということで来てくださいますね。そういう意味では何十年後かにプラスになる可能性もあります。

**筒井**　京大の西田幾太郎の哲学の道とまでは行かなくても、彦根の著名人にちなんだネーミングを施すとか、そんな仕掛け、企画をやって行けば、彦根でおもしろいことが、もっと出てくると思いますね。

**西村**　いつも感じているのは、長浜市は年間二〇〇万という観光客が来られていますが、彦根城は五〇万です。よその人から見れば、彦根が何らかの仕掛けをすれば、もっと魅力が出るのにと言われますね。何とか具現化していきたいなと思いますね。

**司会**　これまでの観光行政が、お城に頼り過ぎてしまったということでしょうか。

**西村**　それと私達が反省したのは、彦根の商売人は「観光客は金を落とさないからいらない」と言うのです。今までは、近隣の消費者だけで商売になったのですが、これからはいろんなところから人がきてもらわねば成り立たない時代です。つまり発想の転換を図らなあかん時代になっている。そのへんが彦根が長浜と違ったところではないかと思います。絶対に見直していく必要があります。

**筒井**　七曲りとかちょっと遠いエリアまで、外国でよくあるミニバスみたいなもので周遊させるような、細かいエリアごとのスポットを見て歩ける仕組みがあればいいですね。

**司会**　広い範囲で面的に全部見なくても、ポイントポイントで見どころがあれば、そこを整備するなり、住民主体で整備されていけば、すごく魅力がある町になると思いますよね。それをやらないといけないでしょうね。

**戸所**　これを機会に酒を飲みながらでも、議論できるような会ができればいいですね。

**筒井**　それと情報を流すということも必要です。秋から滋賀大学は町おこしのフォーラムなどをやりますので、メールを流します。情報ネットワークをきちっとするには事務局がいるかと思いますが、今日来たメンバーと連絡を密にするだけでも、すごく活性化していくと思いますね。

**田部**　私も地元にそういうリーダーが出てくることを望んでいますけどね。

**司会**　まだまだご意見が尽きそうにありませんが、結論を出すという場でもありません。自由な立場でご意見を出していただき、ありがとうございました。ただ、一つの方向性、共通した認識は、住民自身が考える場を、住民自身が持って行かないといけないということが少なくとも言えるのではないかと思います。またそれが今の彦根に求められているんだという気がします。長時間、お付き合いいただきまして、みなさんありがとうございました。

（終了）

## ■商店街位置関係

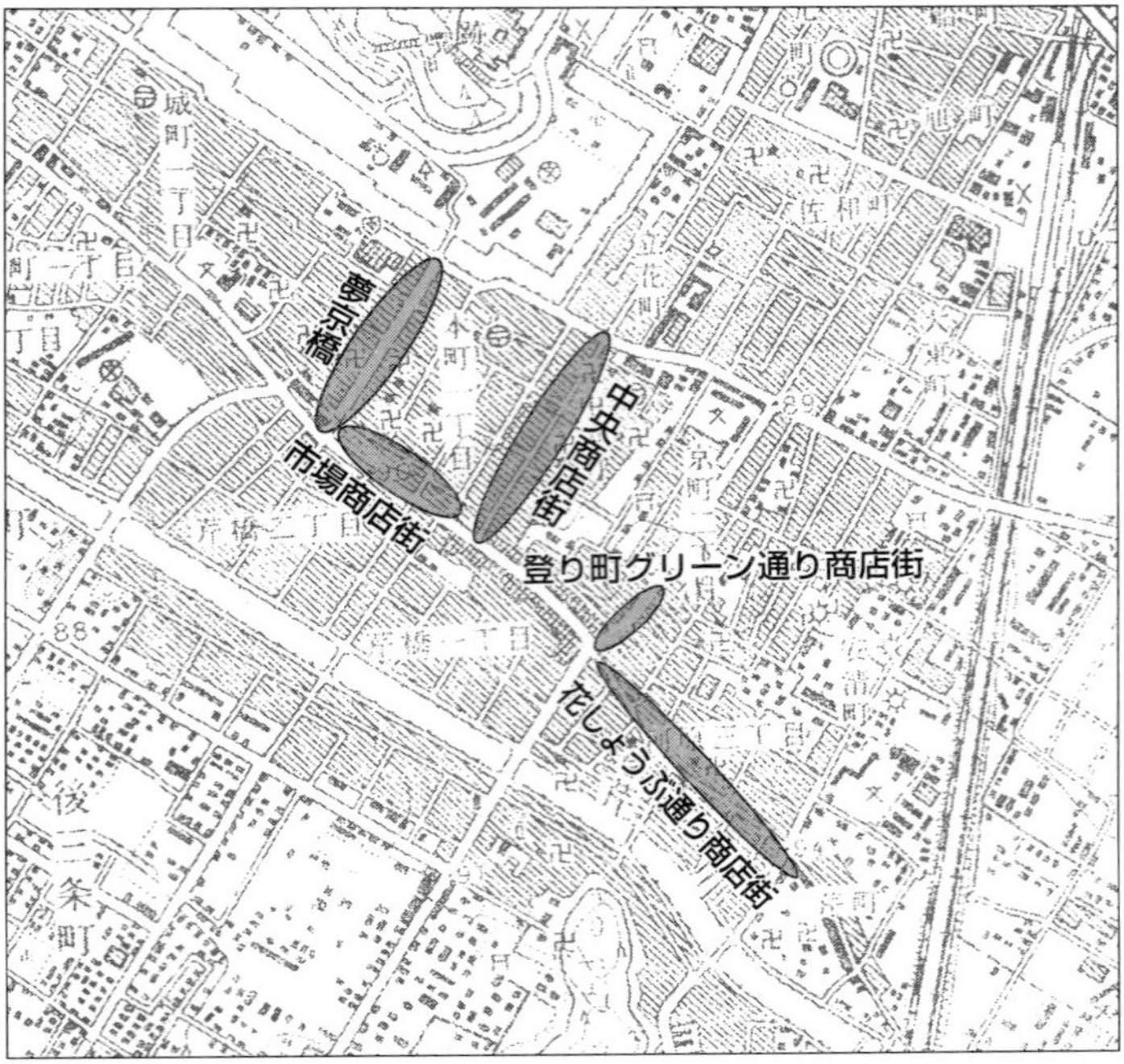


## ■協力機関・協力者

（敬称略・順不同）

東京国立博物館・滋賀大学経済学部附属史料館・龍潭寺・宗安寺・日本聖公会彦根聖愛会教会・彦根市高宮出張所・彦根市教育委員会文化財課・市史編さん室・彦根城博物館・彦根市立図書館・石田承玉・石田文子・岩根順子・上田浩二・児玉義昭・小西基晴・近藤謙治・近藤嘉男・塩谷　務・渋谷　博・嶋田計男・菅井恭子・杉山由昭・高橋邦夫・竹田雅彦・田部益男・寺村一晃・戸所岩雄・豊田　綾・筒井正夫・中井　均・中村　尚・中村愛子・中村　宏・中村富栄・中村武三・中村泰始・西村武臣・西村　忠・濱崎一志・平居圭子・前川敏子・藪野光子・脇坂信隆・脇坂ふみ・和田敬一

## ■上田道三氏略歴

| | |
|---|---|
| 明治41年9月28日 | ：彦根市で生まれる。 |
| 昭和10年 | ：「彦根城跡」交友会展出品。 |
| 昭和11年 | ：京都市立絵画専門学校卒業（五年制）。 |
| | ：第一回文部省美術展入選（文展）。画題「瀬戸風景」。 |
| 昭和12年 | ：「緑蔭（彦根城）」京展入選。 |
| 昭和13年 | ：第三回文展入選。画題「海村」。 |
| 昭和15年 | ：京都市立絵画専門学校研究科卒業（五年制）。 |
| 昭和17年 | ：第七回文展入選。画題「志摩の村」文部省蔵。 |
| 昭和18年 | ：「金鵄発祥地」御聖地展。宮内省蔵。 |
| 昭和20年 | ：大東亜展入選（文展代行）。画題「野に働く」。 |
| 昭和21年 | ：第一回日展入選。画題「大王崎風景」。3月まで京都市に在住。 |
| | ：同年4月、彦根市に帰住し、日本城郭資料画、記録図の制作をはじめる。 |
| 昭和25年 | ：この頃より城郭の資料集とスケッチに専念し、習作・部分図、約50点完成。 |
| 昭和30年 | ：「彦根城原形全景図」完成。 |
| | ：この頃から彦根の古民家・武家屋敷の記録画制作を始める。昭和54年までに、「武家屋敷及び古民家絵巻集」総延長150mを制作。 |
| 昭和33年 | ：「彦根城郭旧観全景図」完成。彦根城博物館蔵。以後、昭和53年までに「城郭関係画図」約80点を制作。 |
| 昭和33年 | ：「埋木舎全構造絵巻」全四巻　10m完成。 |
| 昭和35年 | ：「佐和山古城図」完成。『彦根市史』上巻に掲載。 |
| 昭和40年 | ：「佐和山天守閣図」完成。 |
| 昭和41年 | ：「佐和山古城図」再び描く。 |
| 昭和42年 | ：「桜田変井伊家供立図」完成。彦根城博物館蔵。 |
| 昭和44年 | ：「桜田変井伊家供立図」完成。 |
| 昭和47年 | ：「滋賀明治民家画集」彩色画120図完成。 |
| 4月1日 | ：彦根市文化財委員に委嘱される。 |
| 11月3日 | ：彦根市より彦根市功労者として表彰される。同日、彦根文化連盟より文化功労者としても表彰される。 |
| 昭和54年2月5日 | ：滋賀県文化功労賞を受賞する。 |
| 昭和59年3月30日 | ：彦根において永眠。 |
| 昭和61年 | ：故上田氏所蔵の記録画が彦根市に寄贈される。 |

＊本書の図版中、とくに所蔵者の記載のない記録画は彦根市に寄贈されたものである。

## ■執筆者紹介

（五十音順）


井伊　岳夫（いい　たけお）
1969年生まれ
彦根市教育委員会事務局市史編さん室職員
「江戸時代における天皇陵と幕府・民衆」（日本史研究会・京都民科歴史部会編『陵墓からみた日本史』青木書店、1995年）

小林　　隆（こばやし　たかし）
1966年生まれ
彦根市教育委員会事務局市史編さん室職員
「語り部たちのまなざし―彦根市民の伝承活動を素材として―」（『神戸大学史学年報』第11号　1996年）
『近江路散歩　24コース』（山川出版社　2001年　共著）

齊藤　祐司（さいとう　ゆうじ）
1961生まれ
彦根市文化体育振興事業団職員（彦根市教育委員会市史編さん室勤務）
「解説　相州警衛関係絵図」（『彦根城博物館叢書1　幕末維新の彦根藩』2001年）

野田　浩子（のだ　ひろこ）
1970年生まれ
彦根城博物館史料課学芸員
「大名殿席「溜詰」の基礎的考察」（『彦根城博物館研究紀要』12号 2001年）

母利　美和（もり　よしかず）
1958年生まれ
彦根城博物館史料課学芸員
「『公用方秘録』の成立と改編」（『彦根城博物館研究紀要』9号　1998年）
「井伊直弼の政治行動と彦根藩―意思決定と側近形成過程を中心に―」（『彦根城博物館叢書1　幕末維新の彦根藩』2001年）

渡辺　恒一（わたなべ　こういち）
1967年生まれ
彦根城博物館史料課学芸員
「十八世紀後半の彦根藩町人代官制度」（『彦根城博物館研究紀要』8号　1997年）
「町人代官―彦根藩の代官制度―」（『シリーズ近世の身分的周縁5　支配をささえる人々』吉川弘文館　2000年）

（肩書は2002年9月現在）



**城下町彦根―街道と町並―**　―上田道三が描いた歴史風景―　淡海《おうみ》文庫25

2002年9月21日　初版1刷発行
2007年4月20日　初版3刷発行

企　画／淡海文化を育てる会
編　者／彦 根 史 談 会
発行者／岩　根　順　子
発行所／サンライズ出版
滋賀県彦根市鳥居本町655-1
☎0749-22-0627　〒522-0004
印　刷／サンライズ出版株式会社





ISBN978-4-88325-134-6　C0021

# 淡海文庫について

「近江」とは大和の都に近い大きな淡水の海という意味の「近(ちかつ)淡海」から転化したもので、その名称は「古事記」にみられます。今、私たちの住むこの土地の文化を語るとき、「近江」でなく、「淡海」の文化を考えようとする機運があります。

これは、まさに滋賀の熱きメッセージを自分の言葉で語りかけようとするものであると思います。

豊かな自然の中での生活、先人たちが築いてきた質の高い伝統や文化を、今の時代に生きるわたしたちの言葉で語り、新しい価値を生み出し、次の世代へ引き継いでいくことを目指し、感動を形に、そして、さらに新たな感動を創りだしていくことを目的として「淡海文庫」の刊行を企画しました。

自然の恵みに感謝し、築き上げられてきた歴史や伝統文化をみつめつつ、今日の湖国を考え、新しい明日の文化を創るための展開が生まれることを願って一冊一冊を丹念に編んでいきたいと思います。

一九九四年四月一日